GOSTARÍAMOS
DE INFORMÁ-LO
DE QUE AMANHÃ
SEREMOS MORTOS
COM NOSSAS
FAMÍLIAS

PHILIP GOUREVITCH

GOSTARÍAMOS DE INFORMÁ-LO DE QUE AMANHÃ SEREMOS MORTOS COM NOSSAS FAMÍLIAS

Histórias de Ruanda

Tradução
José Geraldo Couto

1ª reimpressão

COMPANHIADEBOLSO

Copyright © 1998 by Philip Gourevitch
Publicado mediante acordo com Farrar, Straus and Giroux, LLC, Nova York

Grafia atualizada segundo o Acordo Ortográfico da Língua Portuguesa de 1990, que entrou em vigor no Brasil em 2009.

Título original
We Wish to Inform You that Tomorrow We Will
Be Killed with Our Families: Stories from Rwanda

Capa
Jeff Fisher

Preparação
Cássio de Arantes Leite

Revisão
Renato Potenza Rodrigues
Vivian Miwa Matsushita

Atualização ortográfica
Verba Editorial

Dados Internacionais de Catalogação na Publicação (CIP)
(Câmara Brasileira do Livro, SP, Brasil)

Gourevitch, Philip
  Gostaríamos de informá-lo de que amanhã seremos mortos com nossas famílias : Histórias de Ruanda / Philip Gourevitch ; tradução José Geraldo Couto. — São Paulo : Companhia das Letras, 2006.

  Título original: We Wish to Inform You that Tomorrow We Will Be Killed with Our Families: Stories from Rwanda

  ISBN 978-85-359-0892-3

  1. Direitos humanos – Ruanda 2. Ruanda — Genocídio — Aspectos sociais 3. Ruanda — História — Século 20 4. Ruanda — Política e governo 5. Ruanda — Relações étnicas 6. Tutsi (Povo africano) — Guerra — Narrativas pessoais I. Título.

06-5324   CDD-364.1510967571

Índice para catálogo sistemático:
1. Ruanda : Genocídio : Problemas sociais 364.1510967571

Todos os direitos desta edição reservados à
EDITORA SCHWARCZ S.A.
Rua Bandeira Paulista, 702, cj. 32
04532-002 — São Paulo — SP
Telefone: (11) 3707-3500
www.companhiadasletras.com.br
www.blogdacompanhia.com.br
facebook.com/companhiadasletras
instagram.com/companhiadasletras
twitter.com/cialetras

para meus pais

Dizimação significa o assassinato de uma em cada dez pessoas de uma população. Na primavera e no verão de 1994, um programa de massacres dizimou a população da República de Ruanda. Embora os assassinatos tenham sido executados com baixa tecnologia — geralmente com facão —, eles se consumaram com vertiginosa rapidez: de uma população original de cerca de 7,5 milhões, pelo menos 800 mil pessoas foram mortas em apenas cem dias. Os mortos de Ruanda se acumularam numa velocidade quase três vezes maior que a dos judeus mortos durante o Holocausto. Foi o mais eficiente assassinato em massa desde os bombardeios atômicos de Hiroshima e Nagasaki.

Na cidade montanhosa de Gikongoro, no sul, faltara eletricidade durante a noite; o bar da hospedaria era iluminado por meia dúzia de velas e os olhos dos três soldados que me convidaram para beber brilhavam com a cor de laranjas sanguíneas. Passava de mão em mão um único copo de cerveja, do qual fui o último a beber um gole — um ritual para dizer que eu não seria envenenado. Os soldados estavam bêbados demais para conversar, mas um civil no grupo deles, um homem vestido de agasalho esportivo negro brilhante, parecia determinado a demonstrar sua sobriedade. Estava sentado bem ereto, com os braços cruzados sobre o peito e o olhar enviesado, ao mesmo tempo ausente e avaliador. Perguntou meu nome num inglês duro, robótico, com cada sílaba pronunciada de modo preciso e abrupto. Eu lhe disse: "Philip".

"Ah." Agarrou minha mão. "Como em Charles Dickens."

"Aquele era Pip", eu disse.

"*Grandes esperanças*", ele citou. Soltou minha mão. Seus lábios formaram um bico, e ele me avaliou com seu olhar desprovido de humor. Depois disse: "Sou um pigmeu da selva. Mas aprendi inglês com um bispo anglicano".

Não me disse seu nome. O soldado a meu lado, que vinha se inclinando para a frente, dormindo apoiado sobre o cano de sua metralhadora, caiu de repente sobre o próprio colo, acordou num solavanco, riu e bebeu mais um pouco. O pigmeu não lhe deu atenção. "Tenho um princípio", anunciou. "Acredito no princípio do *Homo sapiens*. Está me acompanhando?"

Arrisquei um palpite. "Você quer dizer que toda a humanidade é uma coisa só?"

"Essa é a minha teoria", disse o pigmeu. "Esse é o meu princípio. Mas tenho um problema. Tenho de casar com uma mulher branca."

"Por que não?", eu disse. Depois de um instante, ponderei: "Mas por quê, se somos todos a mesma coisa? Quem se importa com a cor de sua mulher?".

"Ela *tem* de ser uma branca", disse o pigmeu. "Só uma mulher branca pode entender meu princípio universal do *Homo sapiens*. Não posso casar com uma negra." O evidente desgosto com que ele proferiu esta última palavra persuadiu-me a acreditar, pelo bem de sua futura esposa. "Esse é o meu problema", continuou ele. "Como vou atingir esse objetivo? Você tem essa chance. Eu não." Olhou em volta pela sala escura e quase deserta, e estendeu uma mão vazia. Uma expressão amarga dominou seu rosto, uma atmosfera de desapontamento resignado, e ele disse: "Como vou conhecer a mulher branca? Como faço para encontrar a esposa branca?".

A pergunta não era inteiramente retórica. Eu havia entrado no bar com uma holandesa, depois ela sumiu — foi para a cama —, não sem antes causar impressão; acho que o pigmeu queria que eu arranjasse as coisas para ele. "Tenho uma ideia", disse ele. "A Holanda. O bispo, meu professor, tinha viajado pelo mundo inteiro. Para mim, a Holanda é pura imaginação. Só que é real para mim."

Estou contando isso aqui, no começo, porque este é um livro sobre como as pessoas imaginam a si próprias e umas às outras — um livro sobre como imaginamos nosso mundo. Em Ruanda, um ano antes do meu encontro com o pigmeu, o governo adotara uma nova política, segundo a qual todo mundo do grupo majoritário hutu era convocado a matar todo mundo da minoria tutsi. O governo e um impressionante número de seus súditos imaginavam que exterminando os tutsis poderiam fazer do mundo um lugar melhor — e o assassinato em massa começou.

De uma hora para outra, algo que mal podíamos imaginar

desabava sobre nós — e ainda mal podíamos imaginá-lo. Isso é o que mais me fascina na existência: a peculiar necessidade de imaginar o que é, de fato, real. Durante os meses de matança em 1994, à medida que eu acompanhava as notícias de Ruanda, e depois, quando li que as Nações Unidas haviam decidido, pela primeira vez em sua história, que era necessário usar a palavra "genocídio" para descrever o que estava acontecendo, eu frequentemente me lembrava do momento, perto do fim de *O coração das trevas*, de Conrad, em que o narrador Marlow está de volta à Europa e sua tia, achando-o exaurido, cercava sua saúde de cuidados. "Não era minha saúde física que precisava de cuidados", diz Marlow. "Era minha imaginação que precisava de alívio."

Comecei a visitar Ruanda em maio de 1995, e não fazia muito tempo que eu estava lá quando conheci o pigmeu em Gikongoro. Eu não teria adivinhado que era um pigmeu: tinha quase 1,65 metro de altura. Ao identificar-se, parecia estar se posicionando à margem da questão entre os hutus e os tutsis, e se relacionando comigo como um companheiro de fora — um observador distanciado. Ainda assim, embora ele nunca dissesse uma palavra sobre o genocídio, fiquei com a impressão de que este era o verdadeiro tema do nosso diálogo. Pode até ser que fosse possível falar de outro assunto em Ruanda, mas eu nunca tive uma conversa substancial na qual o genocídio não figurasse, mesmo que silenciosamente, como o ponto de referência a partir do qual brotavam todos os outros entendimentos e desentendimentos.

Então, quando o pigmeu falou sobre *Homo sapiens*, eu ouvi um subtexto. Os pigmeus foram os primeiros habitantes de Ruanda. Eram um povo da selva, olhado de cima para baixo pelos hutus e os tutsis, como um resquício primitivo. Na monarquia pré-colonial, os pigmeus serviam como bobos da corte, e, uma vez que os reis de Ruanda eram tutsis, a lembrança desse papel ancestral fez com que, durante o genocídio, os pigmeus às vezes fossem condenados à morte como serviçais do governo real, enquanto em outros lugares eles eram recrutados pelas milícias hutus como estupradores — para acrescentar uma nota de sarcasmo à violação das mulheres tutsis.

Muito provavelmente, o bispo anglicano que educou o homem que encontrei na hospedaria devia olhar a educação de um selvagem tão original como um desafio especial ao dogma missionário de que somos todos filhos de Deus. Mas talvez o pigmeu tenha aprendido bem demais suas lições. Claramente, em sua experiência, a unidade da espécie humana não era um fato, mas, como dizia, uma teoria, um princípio — uma proposição do sacerdote branco. Ele havia levado a sério essa proposição, até descobrir seus limites proibitivos. Em nome do universalismo, aprendera a desprezar o povo e a selva de onde viera, e a amar a si próprio por desprezar essa herança. Agora havia concluído que uma esposa branca era o elo que faltava para provar sua teoria, e a improbabilidade de tal casamento estava testando duramente sua fé.

Tentei aliviar a frustração do pigmeu sugerindo que, mesmo para um homem branco cercado de mulheres brancas — mesmo na Holanda —, encontrar uma parceira compatível pode se mostrar um grande desafio. "Estou falando sobre o africano", disse ele. "O africano é doente." Ele conseguiu, pela primeira vez, dar um pequeno e retorcido sorriso.

"Existe um romance", prosseguiu ele. "O livro é *O morro dos ventos uivantes*. Está me acompanhando? Esta é minha teoria mais geral. Não interessa se você é branco ou amarelo ou verde ou um negro africano. O conceito é o *Homo sapiens*. O europeu está num estágio tecnológico avançado, e o africano está num estágio mais primitivo de tecnologia. Mas toda a humanidade precisa se unir na luta contra a natureza. Este é o princípio de *O morro dos ventos uivantes*. Essa é a missão do *Homo sapiens*. Concorda comigo?"

Eu disse: "Estou ouvindo".

"A luta da humanidade para subjugar a natureza", disse o pigmeu, apaixonadamente. "É a única esperança. É o único caminho para a paz e a reconciliação: toda a humanidade unida contra a natureza."

Recostou-se de novo em sua cadeira, com os braços cruzados sobre o peito, e ficou em silêncio. Depois de um momento, eu disse: "Mas a humanidade faz parte da natureza, também".

"Exatamente", disse o pigmeu. "É exatamente esse o problema."

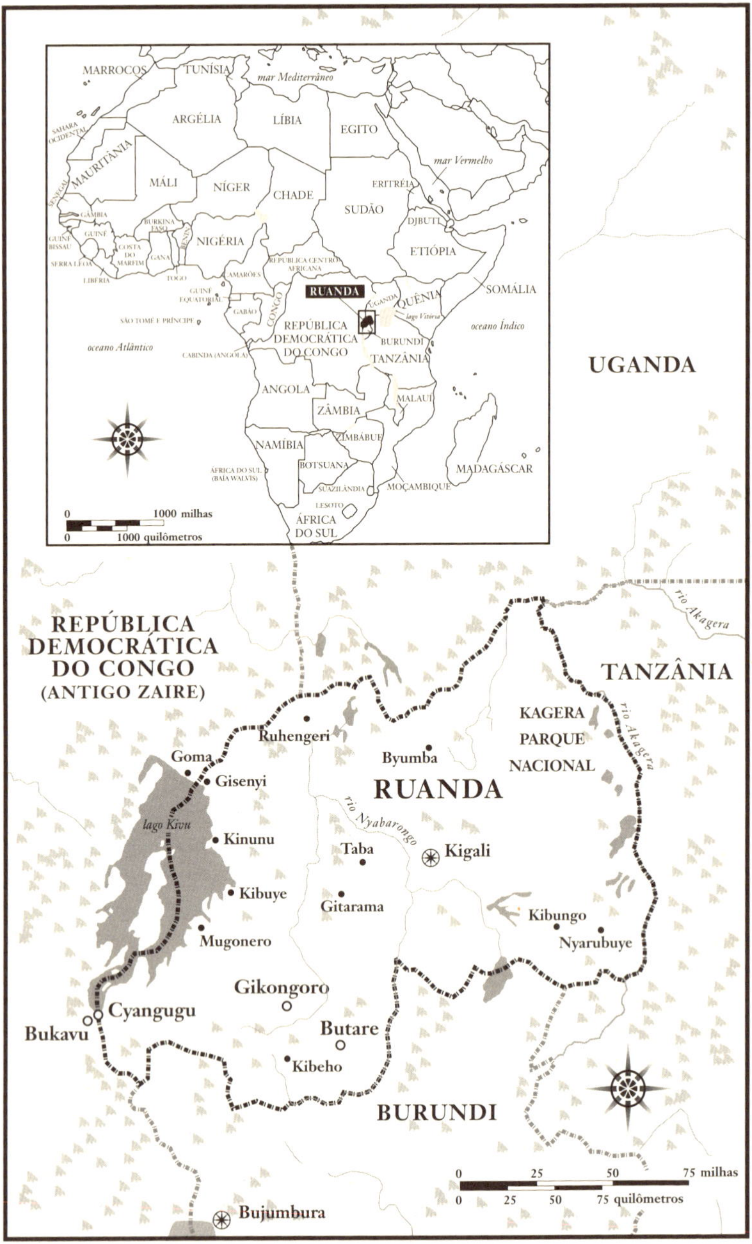
MARROCOS
TUNÍSIA
mar Mediterrâneo
SAHARA OCIDENTAL
ARGÉLIA
LÍBIA
EGITO
MAURITÂNIA
mar Vermelho
SENEGAL
MÁLI
NÍGER
CHADE
ERITRÉIA
SUDÃO
GÂMBIA
BURKINA FASO
DJIBUTI
GUINÉ
GUINÉ BISSAU
BENIN
NIGÉRIA
ETIÓPIA
COSTA DO MARFIM
GANA
SERRA LEOA
REPÚBLICA CENTRO-AFRICANA
LIBÉRIA
TOGO
CAMARÕES
RUANDA
SOMÁLIA
GUINÉ EQUATORIAL
UGANDA
QUÊNIA
GABÃO
CONGO
SÃO TOMÉ E PRÍNCIPE
lago Vitória
REPÚBLICA DEMOCRÁTICA DO CONGO
oceano Índico
BURUNDI
oceano Atlântico
CABINDA (ANGOLA)
TANZÂNIA
ANGOLA
MALAUÍ
ZÂMBIA
ZIMBÁBUE
NAMÍBIA
ÁFRICA DO SUL (BAÍA WALVIS)
BOTSUANA
MADAGÁSCAR
SUAZILÂNDIA
MOÇAMBIQUE
LESOTO
0 1000 milhas
ÁFRICA DO SUL
0 1000 quilômetros
UGANDA
rio Akagera
REPÚBLICA DEMOCRÁTICA DO CONGO (ANTIGO ZAIRE)
TANZÂNIA
KAGERA PARQUE NACIONAL
rio Akagera
Ruhengeri
Byumba
Goma
Gisenyi
RUANDA
lago Kivu
rio Nyabarongo
Kinunu
Taba
Kigali
Kibuye
Gitarama
Kibungo
Mugonero
Nyarubuye
Gikongoro
Cyangugu
Bukavu
Butare
Kibeho
BURUNDI
0 25 50 75 milhas
0 25 50 75 quilômetros
Bujumbura

PARTE UM

Leôncio, filho de Aglaion, voltava do Pireu, próximo da face externa do muro norte, quando viu alguns cadáveres que jaziam perto do carrasco, e sentiu o desejo de observá-los melhor. Ao mesmo tempo sentiu repulsa diante da ideia, e tentou virar o rosto. Por algum tempo lutou consigo mesmo e tapou os olhos com as mãos, mas no fim o desejo venceu, e abrindo bem os olhos com os dedos, ele correu para os corpos, dizendo: "Pronto, malditos, deleitem-se com o adorável espetáculo".

Platão, *A república*

1

Na província de Kibungo, no leste de Ruanda, região de pântanos e pastos perto da fronteira com a Tanzânia, há uma montanha rochosa chamada Nyarubuye, com uma igreja onde muitos tutsis foram chacinados em meados de abril de 1994. Um ano depois da matança eu fui a Nyarubuye com dois oficiais militares canadenses. Viajamos num helicóptero das Nações Unidas, voando baixo sobre as montanhas na névoa matinal, com as bananeiras parecendo densas chuvas de estrelas verdes sobre as encostas. O capim crescido inclinou-se para trás quando pousamos no centro do pátio da escola paroquial. Um soldado solitário materializou-se com seu Kalashnikov, e apertou nossas mãos com tímida e rígida formalidade. Os canadenses apresentaram a documentação para a nossa visita, e eu entrei numa sala de aula que estava com a porta aberta.

Pelo menos cinquenta cadáveres em decomposição cobriam o chão, enrolados em panos, seus pertences espalhados e esmagados. As cabeças cortadas a facão haviam rolado para os lados.

Os mortos se pareciam com retratos dos mortos. Não cheiravam. As moscas não zumbiam sobre eles. Haviam sido assassinados treze meses antes e ninguém os removera. Pedaços de pele pendiam dos ossos aqui e ali, muitos deles arrancados dos corpos, desmembrados pelos assassinos ou por animais de rapina — aves, cachorros, insetos. As figuras mais completas pareciam-se bastante com gente, algo que foram uma vez. Uma mulher enrolada num trapo estampado de flores jazia perto da porta. Os ossos de seu quadril descarnado estavam levantados e suas pernas levemente abertas, com o esqueleto de uma criança estendido entre elas. O torso da mulher estava escavado. Suas costelas e sua coluna dorsal saltavam através do pano apodrecido. Sua cabeça estava tombada para trás e sua boca estava aberta: uma estranha imagem — meio agonia, meio repouso.

Eu nunca estivera entre mortos antes. O que fazer? Olhar? Sim. Eu queria vê-los, suponho; viera para vê-los — os mortos haviam permanecido insepultos em Nyarubuye para servir de lembrança — e lá estavam eles, expostos de maneira tão íntima. Eu não precisava vê-los. Já sabia o que acontecera em Ruanda, acreditava nas informações que recebera. Ainda assim, olhando para os prédios e os corpos e ouvindo o silêncio do lugar, com a basílica em estilo italiano, grande e deserta, elevando-se ao lado, e flores delicadas e decadentes, fertilizadas pela morte, brotando entre os cadáveres, era tudo estranhamente inimaginável. Quer dizer, continuava sendo necessário imaginar aquilo.

Aqueles mortos ruandeses estarão comigo para sempre, eu acho. Eis por que me senti compelido a ir a Nyarubuye: para que grudassem em mim — não a experiência deles, mas a experiência de tê-los visto. Eles haviam sido assassinados ali, e jaziam mortos ali. O que mais se podia ver logo de cara? A Bíblia inchada pela chuva sobre um cadáver, ou, esparramadas pela sala, as pequenas coroas de palha trançada usadas pelas ruandesas para equilibrar as enormes cargas que levam sobre a cabeça, e as cabaças de água, e um pé de tênis Converse entalado de alguma maneira numa pélvis.

O soldado com o Kalashnikov — sargento Francis do Exército Patriótico Ruandês, um tutsi cujos pais haviam fugido para Uganda com ele quando ainda era um menino, depois de massacres similares (mas menos extensos) no início dos anos 1960, e que havia lutado para voltar para casa em 1994, para encontrá-la desse jeito — disse que os mortos naquela sala eram em sua maioria mulheres estupradas antes de serem mortas. O sargento Francis tinha lábios levantados e roliços, como os de uma garota, e andava com o traseiro arrebitado, inclinando-se para a frente, numa postura estranhamente resoluta. Ele era, a um só tempo, cândido e extremamente oficial. Seu inglês tinha o timbre rigoroso dos exercícios militares. Depois de me dizer o que eu estava vendo, olhei para os meus pés. A lâmina enferrujada de uma machadinha estava estendida ao lado deles, na poeira.

Algumas semanas antes, em Bukavu, no Zaire, no gigantesco mercado de um campo de refugiados que abrigava muitos milicianos hutus de Ruanda, eu havia observado um homem esquartejando uma vaca com uma machadinha. Ele era bastante hábil em seu trabalho, dando golpes fortes e precisos, que faziam um ruído lancinante. O grito de estímulo dos assassinos durante o genocídio era "Faça seu trabalho!". E agora eu via que era de fato trabalho, aquela carnificina; e trabalho duro. Eram necessárias muitas machadadas — dois, três, quatro, cinco golpes duros — para cortar a perna da vaca. Quantas machadadas seriam necessárias para desmembrar uma pessoa?

Considerando a enormidade da tarefa, é tentador especular com teorias sobre loucura coletiva, explosão da horda, uma febre de ódio que se transforma num crime passional de massa, e imaginar a orgia cega da multidão, com cada um de seus membros matando uma ou duas pessoas. Mas em Nyarubuye, e em milhares de outros lugares neste pequeno país, nos mesmos dias de uns poucos meses de 1994, centenas de milhares de hutus trabalharam como assassinos em turnos regulares. Havia sempre a próxima vítima, e a próxima. O que os animava, além do frenesi do primeiro ataque, a suportar a exaustão física, a confusão e a sujeira?

O pigmeu em Gikongoro disse que a humanidade faz parte da natureza e que nós devemos ir contra a natureza para seguir vivendo e ter paz. Mas a violência coletiva também precisa ser organizada; ela não ocorre a esmo. Mesmo hordas e motins têm um desígnio, e uma destruição ampla e sustentada requer um grande objetivo. Ela precisa ser concebida como um meio para alcançar uma nova ordem, e embora a ideia por trás dessa nova ordem possa ser criminosa e objetivamente muito estúpida, ela deve ser também constrangedoramente simples e ao mesmo tempo absoluta. A ideologia do genocídio é todas essas coisas, e em Ruanda ela ganhou o nome de Poder Hutu. Para aqueles que começaram a exterminar sistematicamente um povo inteiro — mesmo sendo uma pequena e submissa subpopulação de cerca de 1 milhão e 250 mil homens, mulheres e crianças, como os tutsis em Ruanda — a sede de sangue certamente ajuda. Mas os engenheiros e executores de uma chacina como aquela diante da porta em que eu estava não precisavam gostar de matar, e podiam até achar o ato desagradável. O que é preciso acima de tudo é que queiram que suas vítimas morram. Eles têm de desejar isso com tanta força que esse desejo se torne uma necessidade.

Então eu ainda tinha muito a imaginar enquanto entrava na sala de aula e pisava cuidadosamente entre os cadáveres. Esses mortos e seus assassinos haviam sido vizinhos, colegas de escola ou de trabalho, às vezes amigos, até mesmo parentes por afinidade. Os mortos viram seus assassinos treinando nas milícias nas semanas antes do fim, e era sobejamente sabido que estavam treinando para matar tutsis; era anunciado no rádio, estava nos jornais, as pessoas falavam disso abertamente. Na semana anterior ao massacre em Nyarubuye, a matança começou na capital de Ruanda, Kigali. Os hutus que se opunham à ideologia do Poder Hutu eram denunciados publicamente como "cúmplices" dos tutsis. Estavam entre os primeiros a serem mortos quando o extermínio se desencadeou. Em Nyarubuye, quando tutsis perguntaram ao prefeito, ligado ao Poder Hutu, como poderiam fazer para ser poupados, ele lhes sugeriu que se abrigassem na igreja. Os tutsis obedeceram, e alguns dias depois o prefeito apareceu lá para matá-los. Chegou liderando uma quadrilha de soldados, policiais, milicianos e cidadãos, distribuiu armas e ordens para que o trabalho fosse bem realizado. Não precisava fazer mais nada, mas dizem que matou alguns tutsis por conta própria.

Os assassinos matavam durante o dia todo em Nyarubuye. À noite cortavam os tendões de Aquiles dos sobreviventes e iam banquetear-se atrás da igreja, fazendo churrasco com o gado de suas vítimas em grandes fogueiras e bebendo cerveja. (Cerveja em garrafa, cerveja de banana — os ruandeses podem não beber mais cerveja do que outros povos africanos, mas bebem quantidades prodigiosas dela todas as horas do dia.) E, pela manhã, ainda bêbados depois do tempo de sono conseguido em meio aos gritos de suas vítimas, os assassinos de Nyarubuye voltavam ao trabalho e matavam mais. Dia após dia, minuto a minuto, tutsi por tutsi: por toda a extensão de Ruanda, trabalhavam assim. "Era um processo", disse o sargento Francis. Posso ver o que aconteceu, podem me contar como foi, e depois de quase três anos percorrendo Ruanda e conversando com ruandeses, eu posso lhes dizer como foi, e vou dizer. Mas o horror — a idiotice, a perda, a pura maldade — continua indefinível.

Como Leôncio, o jovem ateniense do livro de Platão, presumo que vocês estejam lendo isto porque desejam observar mais de perto, e que vocês, também, estejam adequadamente perturbados pela sua curiosidade. Talvez, examinando comigo esse extremo, vocês esperem encontrar alguma compreensão, alguma luz, alguma centelha de autoconhecimento — uma moral, ou uma lição, ou uma pista sobre como se comportar neste mundo: alguma informação desse tipo. Não descarto essa possibilidade, mas quando se trata de genocídio, ainda se pode distinguir o certo do errado. A principal razão que me levou a observar mais de perto as histórias de Ruanda é a de que ignorá-las me deixa ainda mais desconfortável diante da existência e do meu lugar nela. O horror, enquanto horror, me interessa apenas na medida em que para entender o legado de um crime é preciso ter dele uma memória detalhada.

Os mortos em Nyarubuye eram, temo dizer, lindos. Não havia como negar isso. O esqueleto é uma coisa maravilhosa. O caráter fortuito das formas, a estranha tranquilidade de sua rude exposição, aqui o crânio, ali o braço dobrado num gesto indecifrável — essas coisas eram belas, e sua beleza só aumentava a afronta do lugar. Eu não conseguia me fixar em nenhuma reação sensata: repulsa, alarme, tristeza, dor, vergonha, incompreensão, tudo isso, claro, mas nada que fizesse realmente sentido. Eu só olhava, e tirava fotos, porque eu me perguntava se teria realmente podido ver o que eu estava vendo enquanto estava vendo, e também porque eu desejava uma desculpa para olhar um pouco mais de perto.

Atravessamos a primeira sala e saímos pela outra porta. Havia outra sala, e outra, e outra, e outra. Estavam todas cheias de corpos, e mais corpos estavam espalhados no capim, e havia crânios esparsos no capim, que era espesso e maravilhosamente verde. De pé do lado de fora, escutei um ruído de trituração. O velho coronel canadense tropeçou à minha frente, e vi que, sem que ele notasse, seu pé pisara sobre um crânio, quebrando-o. Pela primeira vez em Nyarubuye, meus sentimentos entraram em foco, e o que senti foi uma pequena mas feroz raiva daquele homem. Então ouvi outro ruído, e senti uma vibração sob o pé. Eu havia pisado em um, também.

Ruanda é um espetáculo de se ver. Por toda a sua região central, uma sinuosa sucessão de encostas íngremes e cortadas em patamares cerca povoados de beira de estrada e fazendas solitárias. Sulcos de barro vermelho e marga negra mostram o trabalho recente da enxada; eucaliptos prateados cintilam contra verdejantes plantações de chá; as bananeiras estão em toda parte. No que se refere ao relevo, Ruanda produz variações incontáveis: florestas tropicais irregulares, redondos morros isolados, pântanos ondulantes, largos platôs de savana, picos vulcânicos pontudos como dentes afiados. Durante a estação das chuvas, as nuvens são enormes, baixas e velozes, a neblina ocupa os vales das montanhas, relâmpagos iluminam as noites, e durante o dia a terra resplandece. Depois das chuvas, o céu se abre, o terreno ganha um aspecto áspero sob o mormaço chapado e invariável da estação seca, e nas savanas do parque Akagera os incêndios selvagens enegrecem as colinas.

Um dia, quando eu regressava a Kigali, vindo do sul, enquanto o carro subia uma encosta entre dois vales sinuosos e pelo para-brisa viam-se nuvens arroxeadas, perguntei a Joseph, o homem que me dava uma carona, se os ruandeses se davam conta do belo país que possuíam. "Belo?", ele disse. "Você acha? Depois de tudo o que aconteceu aqui? As pessoas não são boas. Se as pessoas fossem boas, o país poderia ser OK." Joseph me contou que seu irmão e sua irmã haviam sido assassinados, e estalou levemente a língua contra os dentes. "O país está vazio", disse. "Vazio!"

Não eram só os mortos que estavam faltando. O genocídio fora interrompido pela Frente Patriótica Ruandesa, um exército rebelde liderado por tutsis que haviam fugido de perseguições anteriores, e, conforme a FPR avançava país adentro no verão de 1994, cerca de 2 milhões de hutus fugiam para o exílio sob as ordens dos mesmos líderes que os exortaram a matar. Apesar disso, exceto por algumas áreas rurais do sul, onde os hutus em retirada não tinham deixado nada além de mato crescido nos campos em volta de casas de adobe em ruínas, eu, como forasteiro, não conseguia ver o vazio que cegava Joseph para a beleza de Ruanda. Sim, havia edifícios destruídos por granadas, casas incendiadas, fachadas cravadas de balas, estradas escavadas por morteiros. Mas esses eram os estragos da guerra, não do genocídio, e no verão de 1995 a maioria dos mortos fora sepultada. Quinze meses antes, Ruanda havia sido o país mais densamente povoado da África. Agora o trabalho dos assassinos parecia exatamente como eles queriam que parecesse: invisível.

De vez em quando, covas coletivas eram descobertas e escavadas, e os restos mortais eram transferidos para sepulturas coletivas novas e adequadamente consagradas. Ainda assim, nem mesmo os ossos eventualmente expostos, o número notável de pessoas amputadas ou deformadas por cicatrizes e a superabundância de orfanatos lotados poderiam ser tomados como evidência de que o que havia acontecido em Ruanda era uma tentativa de eliminação de todo um povo. Para isso, só havia as histórias das pessoas.

"Cada sobrevivente se pergunta por que ainda está vivo", disse-me o abade Modeste, pároco da catedral de Butare, a segunda maior cidade de Ruanda. O abade Modeste havia ficado escondido durante semanas em sua sacristia, comendo hóstias, antes de mudar para baixo da escrivaninha de seu escritório e, finalmente, para o forro do telhado da casa de umas freiras vizinhas. A explicação óbvia para sua sobrevivência era que a FPR viera para libertar a região. Mas a FPR só chegou a Butare no começo de julho, e aproximadamente 75% dos tutsis de Ruanda haviam sido mortos já no início de maio. Nesse aspecto, pelo menos, o genocídio fora inteiramente bem-sucedido: para suas vítimas, não era a morte que parecia um acidente do destino, mas a vida.

"Tive dezoito pessoas assassinadas em minha casa", disse Etienne Niyonzima, um ex-homem de negócios que se tornou deputado na Assembleia Nacional. "Tudo foi completamente destruído — um lugar de 55 por cinquenta metros. No meu bairro mataram 647 pessoas. Eles as torturaram também. Você precisava ver como matavam. Tinham o número da casa de todo mundo, e marcaram com tinta vermelha as casas de todos os tutsis e dos hutus moderados. Minha mulher, que estava na casa de uma amiga, levou dois tiros. Ainda está viva, mas" — ele ficou em silêncio por um instante — "não tem mais os braços. Os outros que estavam com ela foram mortos. A milícia abandonou-a achando que ia morrer sozinha. Todas as 65 pessoas da família dela em Gitarama foram assassinadas." Niyonzima estava escondido na época. Só quando já fazia três meses que estava longe da mulher foi que soube que ela e quatro de seus filhos haviam sobrevivido. "Bem", ele disse, "um filho recebeu um corte de facão na cabeça. Não sei para onde foi." Sua voz enfraqueceu, e ele tossiu. "Desapareceu." Niyonzima estalou a língua e disse: "Mas os outros ainda estão vivos. Honestamente, não entendo como fui poupado".

Laurent Nkongoli atribuiu sua sobrevivência à "Providência e também aos bons vizinhos, sobretudo a uma velha que disse: 'Fuja, não queremos ver seu cadáver'". Nkongoli, um advogado que se tornou o vice-presidente da Assembleia Nacional depois do genocídio, era um homem robusto, com um gosto pelos ternos com colete e gravatas coloridas, e movia-se, enquanto falava, com viva determinação. Mas antes de seguir o conselho da vizinha e fugir de Kigali, no final de abril de 1994, ele havia, segundo disse, "aceitado a morte". "Isso acontece a certa altura. A gente espera não morrer com crueldade, mas espera morrer, de todo modo. Não ser morto por um facão, de preferência, mas por um tiro. Se você pudesse, pagaria para ser morto com um tiro. A morte era mais ou menos normal, uma resignação. A gente perdia a vontade de lutar. Houve 4 mil tutsis assassinados em Kacyiru" — um bairro de Kigali. "Os soldados os trouxeram aqui, e ordenaram que se sentassem, pois atirariam granadas. E eles se sentaram."

"A cultura ruandesa é uma cultura do medo", prosseguiu Nkongoli. "Eu me lembro do que o povo dizia." Adotou uma voz cantada, e seu rosto assumiu uma expressão de desgosto: "'Deixe-nos rezar, depois nos mate', ou 'Eu não quero morrer na rua, quero morrer em casa'". Retomou sua voz normal. "Quando você está resignado e oprimido a esse ponto, já está morto. Isso mostra que o genocídio foi preparado por muito tempo. Detesto esse medo. Essas vítimas do genocídio foram psicologicamente preparadas para esperar a morte só pelo fato de serem tutsis. Elas vinham sendo assassinadas havia tanto tempo que já estavam mortas."

Lembrei a Nkongoli que, mesmo com todo o seu ódio ao medo, ele também aceitara a morte antes de sua vizinha o exortar a fugir. "Sim", disse ele. "Fiquei esgotado com o genocídio. Você luta por tanto tempo que uma hora cansa."

Todo ruandês com que eu falei parecia ter uma pergunta irrespondível favorita. Para Nkongoli, a pergunta era como tantos tutsis haviam podido se deixar matar. Para François Xavier Nkurunziza, um advogado de Kigali, que era filho de um hutu e de uma tutsi e casado com uma tutsi, a pergunta era como tantos hutus haviam se permitido assassinar outras pessoas.

Nkurunziza escapara da morte por pura sorte, percorrendo o país de um esconderijo a outro, e tinha perdido muitos parentes. "O conformismo é muito profundo, muito arraigado aqui", disse-me. "Na história de Ruanda, todo mundo obedece à autoridade. As pessoas reverenciam o poder, e o nível de educação não é suficiente. Você pega uma população pobre e ignorante, joga uma arma na mão de cada um e diz: 'É sua. Mate'. Eles obedecerão. Os camponeses, que eram pagos ou forçados a matar, observavam as pessoas de um patamar socioeconômico mais elevado para ver como elas se comportavam. Portanto, as pessoas influentes, ou os grandes homens de negócios, são as grandes figuras do genocídio. Eles podem pensar que não mataram porque não tiraram vidas com suas próprias mãos, mas o povo os olhava à espera de ordens. E, em Ruanda, uma ordem pode ser dada muito silenciosamente."

À medida que eu viajava pelo país, recolhendo relatos do massacre, parecia quase como se, com o facão, o *masu* — uma clava cravejada de pregos —, umas poucas granadas bem colocadas e umas poucas rajadas de rifle automático, as ordens silenciosas do Poder Hutu haviam tornado obsoleta a bomba de nêutrons.

"Todos foram chamados a caçar o inimigo", disse Theodore Nyilinkwaya, um sobrevivente dos massacres em sua cidade, Kimbogo, na província sul-oriental de Cyangugu. "Mas digamos que alguém esteja relutante. Digamos que ele chegue com um pedaço de pau. Os outros lhe dizem: 'Não, pegue um *masu*'. OK, ele obedece, e acompanha os outros, mas não mata. Os outros dizem: 'Ei, ele pode nos denunciar mais tarde. Ele tem de matar. Todo mundo tem de ajudar a matar pelo menos uma pessoa'. Então, esse sujeito que não é um assassino é levado a matar. E no dia seguinte a coisa já se tornou um jogo para ele. Você não precisa mais forçá-lo."

Em Nyarubuye, até as pequenas estátuas votivas de terracota da sacristia foram metodicamente decapitadas. "Elas estavam associadas aos tutsis", explicou o sargento Francis.

2

Se você pudesse andar direto para o oeste a partir do memorial do massacre em Nyarubuye, atravessando Ruanda de uma ponta a outra, sobre os morros, pântanos, lagos e rios até a província de Kibuye, então, um pouco antes de cair no grande mar interior que é o lago Kivu, você depararia com outra cidade de montanha. Essa montanha chama-se Mugonero, e ela, também, é coroada por uma grande igreja. Embora Ruanda seja esmagadoramente católica, os protestantes evangelizaram grande parte de Kibuye, e Mugonero é sede da missão dos Adventistas do Sétimo Dia. O lugar, com suas construções de tijolos aparentes, lembra mais o campus de uma faculdade americana que uma aldeia africana. Limpas alamedas comunicam a grande igreja a uma capela menor, a uma creche, a uma enfermaria e a um complexo hospitalar que goza da reputação de oferecer um excelente serviço médico. Foi no hospital que Samuel Ndagijimana buscou refúgio durante as chacinas, e, embora uma das primeiras coisas que ele me disse tenha sido "Eu esqueço pouco a pouco", logo ficou claro que não esquecera tanto quanto gostaria.

Samuel trabalhava como assistente no hospital. Havia entrado no serviço em 1991, aos 25 anos. Perguntei-lhe sobre sua vida na época que os ruandeses chamam de "Antes". Ele disse: "Éramos simples cristãos". Isso era tudo. Eu podia ter perguntado sobre outra pessoa, que ele houvesse conhecido apenas de passagem e que não lhe dizia respeito. Era como se suas primeiras lembranças verdadeiras fossem dos primeiros dias de abril de 1994, quando ele viu milicianos hutus realizando exercícios públicos do lado de fora dos prédios governamentais em Mugonero. "Observávamos os jovens saírem toda noite, e as pessoas falavam sobre isso no rádio", disse Samuel. "Eram apenas membros dos grupos do Poder Hutu que iam, e aqueles que não participavam eram chamados de 'inimigos'."

No dia 6 de abril, algumas noites depois que a movimentação começou, o ditador hutu de longa data, presidente Juvénal Habyarimana, foi assassinado em Kigali, e uma panelinha de líderes do Poder Hutu que faziam parte do alto comando militar tomou o poder. "O rádio anunciou que as pessoas não deviam sair de casa", disse Samuel. "Começamos a ver grupos de sujeitos se reunindo naquela mesma noite, e quando saímos de manhã para trabalhar, vimos esses grupos junto com os líderes locais do Poder Hutu, organizando a população. A gente não sabia exatamente o que havia, só sabia que alguma coisa estava para acontecer."

No trabalho, Samuel observou "uma mudança de clima". Ele disse que "ninguém conversava mais com ninguém", e muitos de seus colegas passavam todo o tempo em reuniões com um certo dr. Gerard, que não fazia segredo de seu apoio ao Poder Hutu. Samuel ficou chocado com isso, porque o dr. Gerard fora educado nos Estados Unidos, e era filho do presidente da Igreja Adventista em Kibuye, portanto era visto como uma figura de grande autoridade, um líder da comunidade — alguém que serve como exemplo.

Depois de alguns dias, quando Samuel olhava para o sul, através do vale, viu casas pegando fogo em aldeias à margem do lago. Decidiu ficar no hospital da igreja até que os problemas terminassem, e famílias tutsis de Mugonero e arredores logo tiveram a mesma ideia. Essa era uma tradição em Ruanda. "Sempre que havia problemas, as pessoas corriam para a igreja", disse Samuel. "Os pastores eram cristãos. A gente confiava que nada aconteceria no local deles." De fato, muitas pessoas de Mugonero me disseram que o pai do dr. Gerard, o pastor Elizaphan Ntakirutimana, presidente da igreja, esteve orientando pessoalmente os tutsis a reunir-se no complexo adventista.

Tutsis feridos convergiam para Mugonero, vindos de todas as partes da região do lago. Eles vinham pelo mato, tentando evitar as incontáveis barreiras policiais montadas pelas milícias ao longo da estrada, e traziam histórias. Alguns contavam como, alguns quilômetros ao norte, em Gishyita, o prefeito estava tão frenético em sua impaciência para matar tutsis que milhares haviam sido chacinados ainda a caminho da igreja para onde ele os arrebanhara, e ali foram massacrados os que sobraram. Outros contavam como, alguns quilômetros ao sul, em Rwamatamu, mais de 10 mil tutsis se refugiaram na câmara municipal, e o prefeito havia trazido caminhões de policiais, soldados e milicianos com armas e granadas para cercar o local; atrás deles, ele armara populares com facões, para o caso de alguém escapar quando a fuzilaria começasse — e de fato haviam sobrado muito poucos fugitivos de Rwamatamu. Dizia-se que um pastor adventista e seu filho colaboraram estreitamente com o prefeito na organização da chacina em Rwamatamu. Mas talvez Samuel não tenha ouvido a respeito disso dos feridos que encontrou, que chegavam "baleados ou atingidos por granadas, amputados de um braço, ou uma perna". Ele ainda imaginava que Mugonero pudesse ser poupada.

Em 12 de abril, o hospital estava lotado por uns 2 mil refugiados, e o suprimento de água fora cortado. Ninguém podia sair. Milicianos e membros da Guarda Presidencial haviam sitiado o complexo. Mas quando o dr. Gerard soube que várias dúzias de hutus estavam entre os refugiados, arranjou para que fossem evacuados. Ele também trancou a farmácia, negando tratamento aos feridos e doentes — "porque eram tutsis", disse Samuel. Espiando para fora de seu cativeiro, os refugiados no hospital viam o dr. Gerard e seu pai, o pastor Ntakirutimana, rodando para cima e para baixo com milicianos e membros da Guarda Presidencial. Os refugiados se perguntavam se aqueles homens haviam esquecido seu Deus.

Entre os tutsis no complexo da igreja e hospital de Mugonero estavam sete pastores adventistas que logo assumiram seu papel costumeiro de líderes do rebanho. Quando dois policiais apareceram no hospital para anunciar que seu trabalho era proteger os refugiados, os pastores tutsis fizeram uma coleta e levantaram quase quatrocentos dólares para os policiais. Por vários dias, tudo esteve calmo. Então, quando caía a noite de 15 de abril, os policiais disseram que tinham de partir porque o hospital seria atacado na manhã seguinte. Foram embora num carro com o dr. Gerard, e os sete pastores aconselharam seus companheiros refugiados a se preparar para o fim. Então os pastores sentaram juntos e escreveram cartas para o prefeito e para o superior deles, pastor Elizaphan Ntakirutimana, o pai do dr. Gerard, pedindo a eles em nome de Deus que intercedessem a seu favor.

"E a resposta veio", disse Samuel. "Foi o dr. Gerard que a anunciou: 'Sábado, dia 16, às nove em ponto da manhã, vocês serão atacados'." Mas foi a resposta do pastor Ntakirutimana que arrasou o espírito de Samuel, e ele repetiu duas vezes, bem devagar, as palavras do presidente da igreja: "Já foi encontrada uma solução para o seu problema. Vocês devem morrer". Um dos colegas de Samuel, Manase Bimenyimana, lembrava da resposta de Ntakirutimana de um modo ligeiramente diferente. Ele me disse que as palavras do pastor foram: "Vocês devem ser eliminados. Deus não quer mais vocês".

Em seu cargo de assistente hospitalar, Manase servia como criado doméstico de um dos médicos, e havia permanecido na casa do médico depois de instalar a mulher e os filhos — por segurança — entre os refugiados do hospital. Por volta de nove horas da manhã de sábado, 16 de abril, ele estava alimentando os cachorros do médico. Viu o dr. Gerard rodando em direção ao hospital num carro cheio de homens armados. Então, ouviu tiros e explosões de granadas. "Quando os cachorros ouviram os gritos das pessoas", ele me disse, "também começaram a uivar."

Manase conseguiu chegar ao hospital — estupidamente, talvez, mas se sentia exposto e queria estar junto com a família. Encontrou os pastores tutsis instruindo os refugiados a se preparar para a morte. "Fiquei muito desapontado", disse Manase. "Eu achava que ia morrer, e começamos a procurar qualquer coisa com que pudéssemos nos defender — pedras, tijolos quebrados, pedaços de pau. Mas eles não serviam para nada. As pessoas estavam fracas. Não tinham nada para comer. A fuzilaria começou, e as pessoas foram caindo e morrendo."

Havia muitos atacantes, lembrou Samuel, e vinham de todos os lados — "da igreja, dos fundos, do norte, do sul. Ouvíamos os tiros, os gritos e o slogan que cantavam, 'Eliminem os tutsis'. Eles começaram a atirar em nós, e nós jogávamos pedras neles, porque não tínhamos outra coisa, nem mesmo um facão. Estávamos famintos, cansados, ficáramos sem água por mais de um dia. Havia gente sem os braços. Havia mortos. Eles matavam as pessoas na capela, na escola e depois no hospital. Vi o dr. Gerard, e vi o carro de seu pai passar pelo hospital e parar junto ao seu escritório. Por volta do meio-dia, fomos para um porão. Eu estava com alguns parentes. Outros já haviam sido mortos. Os agressores começaram a arrombar as portas e a matar, disparando e lançando granadas. Os dois policiais que foram nossos protetores agora eram agressores. A comunidade local também ajudou. Quem não tinha armas de fogo tinha facões ou *masus*. À noite, por volta de oito ou nove horas, começaram a lançar gás lacrimogêneo. As pessoas que ainda estavam vivas gritavam. Assim os invasores sabiam onde as pessoas estavam, e podiam matá-las diretamente".

Na média nacional, os tutsis chegavam a pouco menos de 15% da população de Ruanda, mas na província de Kibuye a relação entre hutus e tutsis era mais ou menos meio a meio. Em 6 de abril de 1994, cerca de 250 mil tutsis viviam em Kibuye, e um mês depois mais de 200 mil deles haviam sido assassinados. Em muitas aldeias de Kibuye, nenhum tutsi sobrevivera.

Manase me contou que ficou surpreso quando ouviu que "somente 1 milhão de pessoas" foram mortas em Ruanda. "Veja só quantas morreram só neste lugar, e quantas foram comidas pelos pássaros", disse ele. Era verdade que os mortos do genocídio foram uma grande bênção para os pássaros de Ruanda, mas os pássaros também foram úteis para os sobreviventes. Assim como as aves de rapina formam uma frota no ar diante do avanço de um incêndio na floresta, para se banquetear com os animais que fogem espavoridos do inferno, também em Ruanda durante os meses de extermínio os bandos de abutres, milhafres e corvos que sobrevoavam os locais de massacre desenhavam um mapa nacional no céu, sinalizando as zonas proibidas a pessoas como Samuel e Manase, que se esconderam no mato para sobreviver.

Algum tempo antes da meia-noite de 16 de abril, os assassinos no complexo adventista de Mugonero, incapazes de encontrar alguém que houvesse escapado da matança, foram saquear as casas dos mortos. Samuel, no porão, e Manase, escondido com sua mulher e filhos assassinados, viram-se inexplicavelmente vivos. Manase partiu imediatamente. Fugiu para a cidade vizinha de Murambi, onde se juntou a um pequeno grupo de sobreviventes de outros massacres, que também haviam buscado refúgio em igrejas adventistas. Por quase 24 horas, segundo ele, tiveram paz. Então o dr. Gerard veio com um comboio de milicianos. Houve fuzilaria de novo, e Manase escapou. Dessa vez, fugiu para as montanhas, para um lugar chamado Bisesero, onde o rochedo é alto e escarpado, cheio de grutas e frequentemente envolvido em nuvens. Bisesero foi o único lugar de Ruanda em que milhares de civis tutsis montaram uma defesa contra os hutus que tentavam matá-los. "Olhando para a quantidade de gente que havia em Bisesero, nos convencemos de que poderíamos não morrer", contou-me Manase. E no começo, disse ele, "só mulheres e crianças foram mortas, porque os homens estavam lutando". Mas, com o tempo, dezenas de milhares de homens também tombaram ali.

Nas cidades atulhadas de cadáveres de Kibuye, tutsis vivos tornaram-se extremamente difíceis de achar. Mas os assassinos nunca desistiam. A caçada se concentrava em Bisesero, e os caçadores chegavam em caminhões e ônibus. "Quando viram a força da resistência, chamaram milícias de locais distantes", disse Manase. "E eles não matavam simplesmente. Quando estávamos fracos, economizavam balas e nos matavam com lanças de bambu. Cortavam tendões de Aquiles e pescoços, mas não completamente, e deixavam as vítimas chorando por um longo tempo até morrer. Cachorros e gatos estavam lá, simplesmente comendo as pessoas."

Samuel também fugira para Bisesero. Ele havia ficado no hospital de Mugonero, "cheio de mortos", até a uma da manhã. Então se arrastou para fora do porão e, carregando "um que tinha perdido os pés", prosseguiu lentamente em direção às montanhas. O relato de Samuel sobre seu calvário depois da chacina em seu local de trabalho foi tão telegráfico quanto sua descrição da vida em Mugonero antes do genocídio. Diferentemente de Manase, ele encontrou pouco consolo em Bisesero, onde a única vantagem para as pessoas que resistiam era o terreno. Ele havia concluído que ser um tutsi em Ruanda significava a morte. "Depois de um mês", disse ele, "fui para o Zaire." Para chegar lá teve de atravessar áreas menos conturbadas descendo até o lago Kivu, e atravessar suas águas de noite numa piroga — uma jornada violentamente perigosa, mas Samuel não mencionou isso.

Manase permaneceu em Bisesero. Durante a luta, disse-me, "ficamos tão acostumados a correr que quando a gente não estava correndo, não se sentia bem". Lutar e correr deram coragem a Manase, uma sensação de fazer parte de um propósito maior que sua própria existência. Então foi baleado na coxa, e a vida mais uma vez se transformou em pouco mais que continuar vivo. Ele achou uma caverna, "uma rocha sob a qual passava um curso d'água", e fez dela sua casa. "De dia, eu estava sozinho", disse ele. "Só havia gente morta. Os corpos haviam caído na corrente, e eu os usava como uma ponte para atravessar a água e me juntar às outras pessoas à noite." Desse modo, Manase sobreviveu.

3

Ruanda tem boas estradas — as melhores da África Central. Mas mesmo as estradas contam uma história sobre a desgraça de Ruanda. A rede de estradas pavimentadas de pista dupla que parte de Kigali, tecendo uma teia meticulosa entre nove das dez capitais de província, exclui Kibuye. A estrada para Kibuye é um caos sem pavimentação, uma pista de enduro repleta de curvas fechadas dignas de uma montanha-russa, cuja superfície varia das pedras que chacoalham os ossos ao barro vermelho, que com a chuva vira uma lama profunda e chafurdante, e com o sol torna seus sulcos encrespados e duros como pedras. Não é por acaso que a estrada para Kibuye está nessas condições. Na velha ordem — "Antes" — os tutsis eram conhecidos em Ruanda como *inyenzi*, que quer dizer baratas, e, como sabemos, Kibuye estava fervilhando deles. Nos anos 1980, quando o governo contratou construtores de estradas da China, a rodovia para Kibuye era a última na lista para a execução das obras, e quando sua vez finalmente chegou, os milhões de dólares destinados à construção haviam evaporado. Assim a maravilhosa Kibuye, apertada entre o lago e as montanhas, orlada a norte e a sul por faixas de floresta primitiva, continuou sendo (com um hotel cheio de desocupados construtores de estradas chineses) uma espécie de Sibéria equatorial.

A viagem de mais de cem quilômetros de Kigali à cidade de Kibuye poderia em condições normais ser realizada em três ou quatro horas, mas durou doze para o meu comboio de jipes. Um aguaceiro começou logo depois de nossa partida, por volta das três da tarde, e às seis, quando a lama escorregadia e profunda de uma montanha fez atolar o primeiro de nossos carros, havíamos cumprido apenas metade da jornada. Caiu a noite e uma densa neblina nos cercou, intensificando a escuridão. Não vimos os soldados — uma dúzia de homens com Kalashnikovs, que vestiam chapéus de abas largas, capas militares impermeáveis e botas de borracha, tateando seu caminho na lama com a ajuda de varas de madeira — até aparecerem junto às janelas de nosso carro. Por isso não foi nada confortante ouvir deles que devíamos apagar nossos faróis, nos reunir num único carro e ficar em silêncio, enquanto esperávamos por socorro. Isso foi no início de setembro de 1996, mais de dois anos depois do genocídio, e os milicianos hutus ainda aterrorizavam Kibuye quase toda noite.

Num dos lados da estrada, a montanha formava uma parede, e no outro lado, despenhava-se numa plantação de bananas aparentemente vertical. A chuva definhara a ponto de tornar-se uma névoa úmida, e postei-me do lado de fora do carro designado, ouvindo os arrítmicos ruídos dos pingos que caíam das folhas de bananeira. Pássaros que não podíamos ver cantavam esporadicamente. A noite era uma espécie de xilofone, e fiquei vivamente alerta. "Vocês são um bom alvo", havia nos dito um dos soldados. Mas, enquanto nossas imediações estavam calmas, eu me sentia contente por estar ali, numa estrada intransitável no meio de um país que frequentemente parecia impossível, ouvindo e cheirando — e sentindo na pele — a espécie de meia--noite úmida e oscilante que cada ruandês devia conhecer e que eu nunca havia experimentado de modo tão desprotegido.

Passou-se uma hora. Então uma mulher no vale lá embaixo começou a gritar. Era um som selvagem e terrível, como o grito de guerra de um índio de filme americano batendo a mão na boca. Seguiu-se um silêncio breve como o tempo necessário a encher os pulmões de ar, e o ululante alarme recomeçou, agora mais alto, mais rápido e mais frenético. Dessa vez, antes que o fôlego da mulher terminasse, outras vozes juntaram-se à dela. A gritaria se irradiava pela escuridão. Interpretei que estávamos sendo atacados, e não fiz nada porque não tinha a menor ideia do que fazer.

Em poucos instantes, três ou quatro soldados materializaram-se na estrada, e caminharam pelo acostamento, sumindo em seguida entre as bananeiras. A gritaria contínua adensou-se em torno de um ponto focal, atingiu um pico de volume, e começou a diminuir até tornar-se um berro, em que a voz da mulher original insistia com uma fúria magnificamente inflexível. Logo o vale ficou em silêncio, exceto pelo ruído dos pingos nas folhas de bananeira. Passou-se mais uma hora. Então, justamente quando alguns carros chegaram de Kibuye para escoltar nosso grupo até nossas camas, os soldados escalaram a encosta de volta à estrada, liderando meia dúzia de camponeses esfarrapados que portavam porretes e facões. No meio deles vinha um maltratado e envergonhado prisioneiro.

Um ruandês do meu comboio fez uma investigação e anunciou: "Esse sujeito estava tentando estuprar a mulher que gritava". Ele explicou que aquele grito de guerra que tínhamos ouvido era um sinal convencional de perigo, e implicava um dever. "Se você ouve, grita também e corre para o lugar", disse ele. "Não tem escolha. Tem de fazer. Se ignorar esse grito, terá de prestar contas. É assim que os ruandeses vivem nas montanhas." Ele estendeu as mãos com a palma para cima e as movimentou de modo a indicar uma colcha de retalhos, que é o modo como a terra é dividida, lote por lote, cada lar bem isolado dos outros em seu território. "As pessoas vivem separadamente juntas", disse ele. "Então existe essa responsabilidade. Eu grito, você grita. Você grita, eu grito. Todos nós chegamos correndo, e aquele que fica calado, aquele que fica em casa, deve prestar explicações. Ele está associado aos criminosos? É um covarde? E o que ele espera que aconteça quando gritar? Isso é simples. Isso é normal. Isso é comunidade."

Pareceu-me um sistema invejável. Se você gritar, no lugar onde mora, pode ter esperança de ser ouvido? Se ouvir um grito de alarme, vai juntar sua voz a ele e correr para ajudar? Onde você vive os estupros são evitados (e os estupradores capturados) dessa maneira? Fiquei profundamente impressionado. Mas e se o sistema de dever comunitário for virado de cabeça para baixo, de modo que o assassinato e o estupro tornem-se a regra? E se a inocência tornar-se um crime e a pessoa que protege seu vizinho for condenada como "cúmplice"? Nesse caso, passa a ser normal jogar gás lacrimogêneo em esconderijos escuros para que as pessoas escondidas gritem e possam ser mortas? Mais tarde, quando visitei Mugonero, e Samuel me contou sobre o gás lacrimogêneo, lembrei da mulher gritando no vale.

Em meados de julho de 1994, três meses depois do massacre no complexo adventista de Mugonero, o presidente da igreja, pastor Elizaphan Ntakirutimana, fugiu com sua mulher para o Zaire, depois para Zâmbia, e dali para Laredo, no Texas. Não era fácil para os ruandeses obter vistos norte-americanos depois do genocídio, mas os Ntakirutimana tinham um filho chamado Eliel em Laredo, um anestesiologista naturalizado cidadão americano havia mais de uma década. Então o pastor e sua mulher conseguiram *green cards* — o status de "residente estrangeiro permanente" — e estabeleceram-se em Laredo. Pouco depois de sua chegada, um grupo de tutsis que viviam no Meio-Oeste dos Estados Unidos mandaram uma carta à Casa Branca, pedindo que o pastor Ntakirutimana fosse levado à justiça por sua conduta durante o massacre em Mugonero. "Depois de vários meses", disse-me um dos signatários da carta, "chegou uma resposta de Thomas E. Donilon, secretário de Estado assistente para assuntos públicos, manifestando solidariedade pelo que havia acontecido e então simplesmente reiterando toda a ajuda que os Estados Unidos estavam fornecendo a Ruanda. O que estávamos dizendo era: há um milhão de pessoas assassinadas, e há um homem solto. Portanto, ficamos muito frustrados."

No segundo aniversário do massacre de Mugonero, um pequeno grupo de tutsis foi a Laredo para fazer uma passeata e agitar cartazes diante da casa dos Ntakirutimana. Eles esperavam atrair a atenção da imprensa, e sua história era de fato sensacional: um sacerdote acusado de presidir a chacina de centenas de pessoas em sua congregação. Os sérvios suspeitos de crimes muito menos amplos na antiga Iugoslávia — homens sem a menor esperança de conseguir um *green card* americano — recebiam diariamente cobertura internacional da mídia, mas, exceto por umas poucas notas esparsas, o pastor foi poupado de tal aborrecimento.

Ainda assim, quando voltei a Nova York em setembro de 1996, uma semana depois de minha visita a Mugonero, soube que o FBI estava se preparando para prender Elizaphan Ntakirutimana em Laredo. O Tribunal Internacional das Nações Unidas para Ruanda, reunido em Arusha, na Tanzânia, o indiciara sob três acusações de genocídio e três de crimes contra a humanidade. O indiciamento, que incluía sob as mesmas acusações o dr. Gerard Ntakirutimana, assim como o prefeito, Charles Sikubwabo, e um homem de negócios local, confirmava a história que os sobreviventes me contaram: o pastor havia "instruído" os tutsis a se refugiar no complexo adventista, o dr. Gerard havia ajudado a separar os "não tutsis" dos outros refugiados; pai e filho haviam chegado ao complexo na manhã de 16 de abril de 1994, num comboio de agressores; e "durante os meses que se seguiram", ambos eram acusados de ter "procurado e atacado sobreviventes tutsis e outros, matando-os ou causando-lhes sérios danos físicos e mentais".

O indiciamento era um segredo, assim como os planos do FBI para a detenção. Laredo, uma cidade plana e quente, encaixada numa das curvas do rio Grande mais ao sul, fica de frente para o México, e o pastor tinha experiência em fugas.

* * *

O endereço que eu tinha do dr. Eliel Ntakirutimana em Laredo era viela Potrero, 313 — uma casa rural de tijolos no fim de uma pouco atraente rua sem saída. Um cachorro rosnou quando eu toquei a campainha, mas ninguém atendeu. Achei um telefone público e telefonei para a igreja adventista local, mas não falo espanhol, e o homem que atendeu não falava inglês. Eu recebera a dica de que o pastor Ntakirutimana estava trabalhando numa loja de alimentos naturais, mas depois de investigar nuns poucos lugares com nomes como Casa Ginseng e Fiesta Natural, que se revelaram especializados em remédios à base de ervas para prisão de ventre e impotência, voltei para a viela Potrero. Ainda não havia ninguém no 313. Descendo a rua, encontrei um homem molhando sua entrada de carro com uma mangueira de jardim. Eu disse a ele que estava procurando uma família de ruandeses, e indiquei. Ele disse: "Não sei nada sobre isso. Só conheço um pouco os vizinhos aqui do lado". Agradeci, e ele perguntou: "De onde o senhor disse que essa gente era?". Ruanda, eu disse. Ele hesitou um instante, e então disse: "Pessoas de cor?". Eu disse: "Eles vêm da África". Ele apontou o 313 e contou: "A casa é aquela. Cada carrão que eles têm. Mudaram-se daí faz mais ou menos um mês".

O novo telefone de Eliel Ntakirutimana não estava na lista, mas tarde da noite consegui que uma telefonista me desse seu endereço, e na manhã seguinte rodei até lá. A casa ficava na Estate Drive, num novo condomínio particular de aparência cara, projetado, como em Ruanda, com cada casa no interior de um complexo cercado por muros. Um portão eletrônico controlava o acesso ao condomínio, onde a maioria dos lotes ainda não passava de pradarias vazias. As poucas casas eram em estilo extravagante, vagamente mediterrâneo, cujo único atributo comum era a grandeza. A dos Ntakirutimana ficava no fim de uma estrada depois de uma outra cerca eletrônica de segurança. Uma empregada ruandesa descalça levou-me por uma garagem aberta que abrigava um Corvette conversível branco até uma vasta cozinha. Ela telefonou para o dr. Ntaki — ele havia abreviado seu nome numa cortesia profissional às línguas americanas — e eu lhe disse que estava procurando seu pai. Ele perguntou como eu encontrara sua casa. Contei-lhe isso, também, e ele concordou em me encontrar de tarde num hospital chamado Misericórdia.

Enquanto eu ainda estava ao telefone, a esposa do médico, Genny, uma mulher bonita e de aspecto afável, chegou em casa trazendo os filhos da escola. Ela me ofereceu uma xícara de café — "De Ruanda", disse, com orgulho. Sentamos em grandes sofás de couro ao lado de uma televisão gigantesca, numa saleta junto à cozinha, com uma vista para um pátio, um galpão para churrasco e, do outro lado de uma piscina azulejada, um pedaço de jardim. As vozes distantes da empregada ruandesa e de uma babá mexicana ecoavam nos pisos de mármore e nos altos tetos de cômodos mais distantes, e Genny falou: "No que diz respeito ao meu sogro, nós sempre fomos os últimos a saber qualquer coisa. Ele esteve no Zaire, esteve em Zâmbia, é um velho refugiado — mais de setenta anos de idade. Seu único grande desejo era aposentar-se e envelhecer em Ruanda. Então chega aqui e de repente começam a dizer que matou gente. O senhor sabe como são os ruandeses. Eles enlouquecem de ciúme e inveja. Os ruandeses não gostam de alguém que seja rico ou goze de boa saúde".

O pai de Genny também era um hutu que andara metido em política e fora morto por rivais em 1973. A mãe era uma tutsi que escapara por sorte de ser assassinada em 1994, e que ainda vivia em Ruanda. "Nós, mestiços, não odiamos nem os tutsis nem os hutus", disse Genny. Era uma generalização imprecisa — muitos mestiços mataram como hutus, ou foram mortos como tutsis —, mas Genny morava havia muito tempo no exílio, e explicou: "A maioria dos ruandeses que estão aqui na América, como meu marido, estão aqui há tanto tempo que assumem suas posições de acordo com a sua família. Se dizem que seu irmão matou, você toma o partido dele". Ela parecia não ter uma opinião definida sobre seu sogro, o pastor. "É um homem que não pode ver sangue nem quando alguém mata uma galinha. Mas tudo é possível", disse ela.

Pouco antes do meio-dia, o dr. Ntaki telefonou com um novo plano: almoçaríamos no Laredo Country Club. Então apareceu o advogado da família, Lazaro Gorza-Gongora. Ele era alinhado, cortês e muito direto. Disse que não estava preparado para deixar o pastor falar comigo. "As acusações são ofensivas, monstruosas e completamente destrutivas", disse ele, com uma desarmante tranquilidade. "As pessoas dizem o que querem, e os últimos anos de vida de um velho correm perigo."

O dr. Ntaki era um homem corpulento e falante, com olhos espantosamente saltados. Usava um relógio Rolex de mostrador de malaquita e uma camisa branca formal com colarinho bordado à mão. Enquanto levava Gorza-Gongora e eu até o clube de campo num Chevrolet Suburban que havia sido equipado para parecer uma sala de estar completa, com televisor e tudo, ele falou com grande interesse sobre os preparativos da cirurgia de coração do presidente russo Boris Yeltsin. O dr. Ntaki comandava, ele mesmo, a administração de anestesias intravenosas em pacientes de cirurgias cardíacas, e compartilhava a opinião de sua mulher de que qualquer acusação contra seu pai era produto da inveja de classe e do despeito típicos de Ruanda. "Eles nos veem como ricos e bem-educados", disse. "Não podem suportar isso." Contou-me que sua família possuía uma área de duzentos hectares — o que significa proporções imperiais em Ruanda — com plantações de café e banana, muito gado, "e todas aquelas coisas boas de Ruanda". Disse: "Você tem um homem com três filhos doutores e outros dois que trabalham com finança internacional. E você tem um país sem nenhuma pessoa com curso superior até 1960. É óbvio que todo mundo tem ressentimento contra ele e quer destruí-lo".

Comemos com vista para o campo de golfe. O dr. Ntaki entrou em detalhes sobre a política ruandesa. Ele não usava a palavra "genocídio"; falava em "caos, caos, caos", com cada um por si tratando apenas de salvar a própria pele. E foram os tutsis que começaram, ao matar o presidente. Lembrei-lhe que não havia evidência alguma ligando os tutsis ao assassinato e que, na verdade, o genocídio fora planejado meticulosamente pelos extremistas hutus, que entraram em ação menos de uma hora depois da morte do presidente. O dr. Ntaki me ignorou. "Se o presidente Kennedy tivesse sido assassinado neste país por um homem negro", disse ele, "a população americana certamente teria matado todos os negros."

Gorza-Gongora me viu transcrevendo essa absurda declaração em meu bloco de anotações e quebrou o seu silêncio. "O senhor diz 'extermínio', o senhor diz 'sistemático', o senhor diz 'genocídio'", disse ele. "Isso é só uma teoria, e acho que o senhor veio até Laredo para expor meu cliente como uma prova ardilosa dessa teoria."

"Não", eu disse, "vim porque um homem de Deus foi acusado de ter ordenado o assassinato de metade do seu rebanho, companheiros de fé, simplesmente porque eles haviam nascido como algo chamado tutsi."

"Onde está a prova?", perguntou Gorza-Gongora. "Testemunhas oculares?" Ele riu à socapa. "Qualquer um pode dizer que viu qualquer coisa."

O dr. Ntaki foi mais longe; detectou uma conspiração: "As testemunhas são todas joguetes do governo. Se elas não disserem o que o novo governo quer, serão mortas".

Mesmo assim, o dr. Ntaki disse que, contra a recomendação de seu advogado, seu pai estava preocupado com sua honra e desejava falar comigo.

"O pastor acredita que o silêncio sugere culpa", disse Gorza-Gongora. "Silêncio é paz."

Quando deixávamos o clube de campo, perguntei ao dr. Ntaki se ele alguma vez tivera dúvidas sobre a inocência de seu pai. Ele disse: "Claro que sim, mas...". E, depois de um segundo: "O senhor tem pai? Eu o defenderei com todas as minhas forças".

O pastor Elizaphan Ntakirutimana era um homem de postura rígida e serena. Estava sentado numa poltrona na sala de visitas do médico, segurando no colo uma pasta de papel manilha, e vestindo uma boina cinza sobre os cabelos cinza, uma camisa cinza, suspensórios pretos, calça preta, sapatos pretos de bico largo e óculos quadrados de aro de metal. Falava em quiniaruanda, a língua de seu país, e o filho traduzia. Ele disse: "Estão dizendo que eu matei gente. Oito mil pessoas". O número era umas quatro vezes maior do que tudo o que eu ouvira até então. A voz do pastor estava cheia de irada descrença. "É tudo cem por cento mentira. Eu não matei ninguém. Eu nunca disse a ninguém para matar pessoas. Eu não seria capaz de fazer essas coisas."

Quando o "caos" começou em Kigali, explicou o pastor, ele não pensava que fosse chegar em Mugonero, e quando os tutsis começaram a ir para o hospital, alegou que tinha de lhes perguntar por quê. Depois de uma semana, disse, havia tantos refugiados que "as coisas começaram a ficar um tanto esquisitas". Então o pastor e seu filho Gerard planejaram uma reunião para pôr em debate a questão: "O que vamos fazer?". Mas, naquele momento, dois policiais se apresentaram para proteger o hospital, e ele disse: "Não fizemos a reunião, porque eles já a haviam feito sem que pedíssemos".

Então, no sábado, 16 de abril, às sete da manhã, os dois policiais do hospital vieram à casa do pastor Ntakirutimana. "Eles me deram cartas dos pastores tutsis que estavam lá", disse ele. "Uma era endereçada a mim, a outra ao prefeito. Li a minha. A carta que me deram dizia: 'O senhor percebe que eles estão tramando, estão tentando nos matar; pode ir ao prefeito e pedir-lhe que nos proteja?'." Ntakirutimana leu isso, e em seguida foi ao prefeito, Charles Sikubwabo. "Eu lhe contei o conteúdo da mensagem dos pastores tutsis para mim, e dei-lhe a sua carta. O prefeito me disse: 'Pastor, não existe mais governo. Não tenho poder algum. Não posso fazer nada'."

"Fiquei surpreso", continuou Ntakirutimana. "Voltei para Mugonero e disse aos policiais que levassem uma mensagem aos pastores dizendo: 'Nada pode ser feito, e o prefeito disse também que não pode fazer nada'." Então o pastor Ntakirutimana pegou sua esposa e alguns outros que "queriam se esconder" e deixou a cidade de automóvel — foi para Gishyita, que era onde o prefeito Sikubwabo morava, e onde muitos dos refugiados que estavam em Mugonero foram feridos. "Em Gishyita", explicou, "as mortes já haviam ocorrido, portanto havia paz."

O pastor Ntakirutimana disse que só havia voltado a Mugonero em 27 de abril. "Todos estavam enterrados", me contou. "Nunca vi nada." Depois disso, continuou, "nunca fui a parte alguma. Permaneci em meu escritório. Com exceção de um dia, em que fui a Rwamatamu, porque ouvi dizer que lá também haviam morrido pastores e eu queria ver se achava pelo menos um filho deles que pudesse salvar. Mas não achei nada para salvar. Eles eram tutsis".

O pastor apresentou-se como um grande benfeitor dos tutsis. Disse que lhes havia dado empregos e abrigo, promovendo-os na hierarquia adventista. Levantou o queixo e declarou: "Durante toda a minha vida, não houve nem haverá ninguém que eu tenha ajudado tanto quanto aos tutsis". Ele não era capaz de entender como os tutsis podiam ser tão ingratos a ponto de lançar acusações contra ele. "Parece que não existe mais justiça", disse.

O nome Ntakirutimana significa "nada é maior que Deus", e o pastor me disse: "Acho que estou mais perto de Deus do que jamais estive em minha vida. Quando vejo o que aconteceu em Ruanda, fico triste, porque a política é uma coisa má. Uma porção de gente morreu". Ele não parecia triste; parecia cansado, aborrecido, indignado. "O ódio é o resultado do pecado, e quando Jesus Cristo chegar, será o único que vai acabar com ele", disse e, mais uma vez, acrescentou: "Tudo era caos."

"Dizem que o senhor o organizou", lembrei-lhe.

Ele respondeu: "Nunca, nunca, nunca, nunca".

Perguntei-lhe se lembrava das palavras exatas da carta enviada a ele pelos sete pastores tutsis mortos em Mugonero. Ele abriu a pasta que estava em seu colo. "Aqui está", disse ele, e estendeu o original manuscrito e uma tradução. Sua nora, Genny, pegou os documentos para me fazer cópias no aparelho de fax. O dr. Ntaki queria tomar um trago, e foi buscar uma garrafa de uísque. O advogado, Gorza-Gongora, me contou: "Sempre fui contra essa reunião com o senhor". Genny trouxe-me a carta. Estava datada de 15 de abril de 1994.

> Nosso querido líder, pastor Elizaphan Ntakirutimana,
> Como vai? Esperamos que esteja firme em meio a todos esses problemas que estamos enfrentando. Desejamos informar-lhe que soubemos que amanhã seremos mortos junto com nossas famílias. Por isso lhe pedimos que interceda em nosso favor e fale com o prefeito. Acreditamos que, com a ajuda de Deus, que lhe confiou a liderança deste rebanho que está para ser liquidado, sua intervenção será altamente reconhecida, assim como a salvação dos judeus por Ester.
> Nós o reverenciamos.

A carta estava assinada pelos pastores Ezekiel Semugeshi, Isaka Rucondo, Seth Rwanyabuto, Eliezer Seromba, Seth Sebihe, Jerome Gakwaya e Ezekias Zigirinshuti.

O dr. Ntaki acompanhou-me até meu carro. No caminho, me parou e disse: "Se meu pai cometeu crimes, mesmo sendo seu filho acho que ele deve ser processado. Mas eu não acredito em nada disso".

Vinte e quatro horas depois de nosso encontro, o pastor Elizaphan Ntakirutimana estava em seu automóvel, rodando para o sul pela Interestadual 80, rumo ao México. Para os agentes do FBI que o seguiam, sua marcha parecia errática — ele acelerava, diminuía, mudava de pista, acelerava abruptamente de novo. Alguns quilômetros antes da fronteira, foi detido e posto sob custódia. A imprensa norte-americana ignorou quase inteiramente a detenção. Alguns dias depois, na Costa do Marfim, o filho do pastor, dr. Gerard, também foi detido e rapidamente transferido para o tribunal das Nações Unidas. Mas o pastor tinha um *green card* norte-americano — e os direitos que o acompanhavam — e contratou Ramsey Clark, um ex-procurador-geral especializado na defesa de casos politicamente repugnantes, para lutar contra sua extradição. Clark alegou, com argumentos especiosos, que seria inconstitucional os Estados Unidos entregarem o pastor — ou qualquer outra pessoa — ao tribunal das Nações Unidas, e o juiz Marcel Notzon, que julgou o caso na corte federal distrital, concordou com ele. Em 17 de dezembro de 1997, depois de catorze meses numa prisão de Laredo, o pastor Ntakirutimana foi libertado sem restrições, e permaneceu livre por nove semanas, até que o FBI prendeu-o pela segunda vez, atendendo a uma liminar contra a decisão do juiz Notzon.

Quando eu soube que o pastor Ntakirutimana fora liberado para reunir-se com a família no Natal, voltei a examinar as anotações que fiz em Mugonero. Eu havia esquecido que depois de meus encontros com sobreviventes meu tradutor, Arcene, pediu-me que o acompanhasse até a capela do hospital, onde ocorrera uma porção de assassinatos; ele queria prestar reverência aos mortos, enterrados em covas coletivas ali perto. Ficamos em silêncio na capela vazia de bancos de cimento. No chão sob o altar havia quatro caixões em memória dos mortos, envolvidos em lençóis brancos, pintados com cruzes negras. "As pessoas que fizeram isso", disse Arcene, "não compreendiam a noção de país. O que é um país? O que é um ser humano? Eles não compreendiam nada."

Cuidado com aqueles que falam da espiral da história; eles estão preparando um bumerangue. Tenha à mão um capacete de aço.
Ralph Ellison, *O homem invisível*

4

Na célebre história, o irmão mais velho, Caim, era um lavrador, e Abel, o caçula, um pastor. Eles fizeram oferendas a Deus — Caim ofertou parte de sua colheita, Abel do seu rebanho. A oferta de Abel recebeu a consideração divina. A de Caim, não. Então Caim matou Abel.

Ruanda, no começo, foi ocupada por pigmeus que viviam em cavernas e cujos descendentes hoje são chamados de povo twa, um grupo marginalizado e privado de direitos de cidadania que não chega a 1% da população. Os hutus e os tutsis vieram depois, mas suas origens e a ordem de suas migrações não são conhecidas com precisão. Embora seja sustentado, convencionalmente, que os hutus são um povo banto que se estabeleceu em Ruanda primeiro, vindo do sul e do oeste, e que os tutsis são um povo nilótico que migrou do norte e do leste, essas teorias se baseiam mais na lenda do que em fatos documentados. Com o tempo, hutus e tutsis passaram a falar a mesma língua, seguir a mesma religião, casar-se entre si e viver misturados, sem distinções territoriais, nas mesmas montanhas, compartilhando a mesma cultura política e social em pequenas aldeias. Os chefes eram chamados *mwamis*, e alguns deles eram hutus, outros eram tutsis; hutus e tutsis lutavam ombro a ombro nos exércitos dos *mwamis*; por meio de uma política de casamentos e vizinhança, os hutus tornaram-se herdeiros dos tutsis, e os tutsis se tornaram herdeiros dos hutus. Por causa de toda essa miscigenação, os etnógrafos e historiadores chegaram ultimamente à conclusão de que os hutus e os tutsis não podem propriamente ser considerados grupos étnicos distintos.

Ainda assim, os nomes hutu e tutsi permaneceram. Eles tinham significado, e embora não haja um consenso sobre que palavra designa melhor esse significado — "classes", "castas" e "posições" são as favoritas —, a origem dessa distinção é indiscutível: os hutus eram lavradores e os tutsis eram pastores e pecuaristas. Essa era a desigualdade de origem: o gado é um bem mais valioso que a produção agrícola, e embora alguns hutus possuíssem vacas e alguns tutsis cultivassem o solo, a palavra tutsi tornou-se sinônimo de elite política e econômica. Acredita-se que a estratificação tenha se acentuado depois de 1860, quando o *mwami* Kigeri Rwabugiri, um tutsi, subiu ao trono ruandês e iniciou uma série de campanhas militares e políticas que expandiram e consolidaram seu domínio sobre um território quase do tamanho da atual República.

Mas não existe nenhum documento confiável sobre o Estado pré-colonial. Os ruandeses não tinham escrita; sua tradição era oral, portanto maleável. E, uma vez que sua sociedade era rigidamente hierárquica, as histórias que eles contam sobre seu passado tendem a ser ditadas por aqueles que têm poder, seja no governo, seja na oposição a ele. Evidentemente, no cerne dos debates históricos de Ruanda estão ideias conflitantes a respeito das relações entre hutus e tutsis, e por isso é frustrante que as raízes pré-coloniais dessas relações sejam largamente inacessíveis. Como observou o pensador político Mahmood Mamdani: "Que muito do que passava como fato histórico nos círculos acadêmicos tenha de ser considerado mera hipótese — se não pura ficção — está se tornando claro à medida que a sobriedade pós-genocídio obriga um crescente número de historiadores a levar a sério o uso político que vinha sendo feito de seus escritos, e seus leitores a questionar a certeza com que muitas afirmações eram apresentadas".

Portanto, a história de Ruanda é perigosa. Como toda história, ela é um relato de sucessivas lutas pelo poder, e em grande medida o poder consiste na habilidade de fazer com que os outros aceitem sua versão sobre a realidade — mesmo, como é frequentemente o caso, quando essa versão é escrita com o sangue deles. Ainda assim alguns fatos, e algumas conclusões, permanecem indiscutíveis. Por exemplo: Rwabugiri era o herdeiro de uma dinastia que alegava remontar sua linhagem ao final do século XIV. Quinhentos anos é um tempo muito longo para qualquer regime, em qualquer época e lugar. Mesmo que consideremos a possibilidade real de que os historiadores da corte estivessem exagerando, ou contando o tempo de uma maneira diferente da nossa, e que o reino de Rwabugiri tivesse só uns poucos séculos de idade, mesmo assim é uma idade madura, e essa longevidade requer organização.

Na época da ascensão ao poder de Rwabugiri, o Estado ruandês, tendo se expandido gradualmente a partir de uma única aldeia de montanha, administrava a maior parte do que hoje são as regiões central e sul de Ruanda, numa rigorosa e complexa hierarquia de chefes civis, políticos e militares, e de governadores, subchefes, e representantes do governador, sub-subchefes e representantes dos representantes do governador. Sacerdotes, coletores de impostos, líderes de clãs e organizadores do exército, todos tinham seu lugar na ordem que mantinha cada montanha do reino vassala do *mwami*. Intrigas cortesãs entre o inchado séquito do *mwami* eram tão elaboradas e ardilosas quanto uma trama de Shakespeare, com as complicações adicionais da poligamia oficial, e um privilégio de imenso poder para a rainha-mãe.

O próprio *mwami* era reverenciado como uma divindade absoluta e infalível. Era visto como a encarnação pessoal de Ruanda e, à medida que Rwabugiri estendia seu domínio, ele cada vez mais configurava o mundo de seus súditos à sua própria imagem. Os tutsis eram favorecidos para os altos cargos políticos e militares e, por meio de sua identificação pública com o Estado, geralmente gozavam também de maior poder financeiro. O regime era essencialmente feudal: os tutsis eram aristocratas; os hutus, vassalos. Ainda assim, o status e a identidade continuavam a ser determinados também por muitos outros fatores — clã, religião, clientela, coragem militar, até mesmo esforço pessoal —, e as fronteiras entre hutus e tutsis mantiveram-se permeáveis. Na verdade, em algumas áreas da atual Ruanda que o *mwami* Rwabugiri não conseguiu conquistar, essas categorias não tinham nenhum significado local. Aparentemente, as identidades hutu e tutsi só ganhavam sentido em relação ao poder do Estado; à medida que isso acontecia, os dois grupos inevitavelmente desenvolveram suas próprias culturas distintas — seu próprio conjunto de ideias sobre si mesmos e sobre os outros — de acordo com seus respectivos domínios. Essas ideias eram frequentemente moldadas pela via da negação: um hutu era o que um tutsi não era, e vice-versa. Mas, na ausência desses tabus inflexíveis que frequentemente marcam a separação entre grupos étnicos ou tribais, os ruandeses que buscavam valorizar essas distinções eram obrigados a dilatar minúsculas e imprecisas delimitações de fronteira, como a prevalência do leite na dieta do indivíduo e, especialmente, os traços físicos.

Na confusão das características de Ruanda, a questão das aparências é particularmente delicada, uma vez que frequentemente pode significar vida ou morte. Mas ninguém pode discutir os arquétipos físicos: para os hutus, rostos sólidos e redondos, pele escura, nariz achatado, lábios grossos e mandíbulas quadradas; para os tutsis, rostos delgados e compridos, pele não tão escura, nariz estreito, lábios finos, queixo estreito. A natureza fornece incontáveis exceções. ("Você não consegue nos distinguir uns dos outros", disse-me Laurent Nkongoli, o imponente vice-presidente da Assembleia Nacional. "*Nós* não conseguimos nos distinguir uns dos outros. Uma vez eu estava num ônibus e, como eu estava no norte, onde eles" — os hutus — "moravam, e estava comendo milho, como eles comem, disseram: 'Ele é um de nós'. Mas sou um tutsi de Butare, no sul.") Ainda assim, quando os europeus chegaram em Ruanda no final do século XIX, formaram uma imagem de uma imponente raça de reis guerreiros, cercada por rebanhos de gado de longos chifres e uma raça subordinada de camponeses pequenos e escuros, desencavando tubérculos e colhendo bananas. Os homens brancos presumiram que essa era a tradição do lugar e a consideraram um arranjo natural.

A "ciência das raças" estava na moda na Europa nessa época, e para quem estudava a África Central a doutrina-chave era a chamada hipótese hamítica, proposta em 1863 por John Hanning

Speke, inglês que ficou célebre por "descobrir" o grande lago africano que ele batizou de Vitória e identificá-lo como a fonte do rio Nilo. A teoria antropológica básica de Speke, que ele desenvolveu sem a menor base factual, era a de que toda a cultura e toda a civilização na África Central haviam sido introduzidas por um povo mais alto e de aparência distinta, que ele considerava ser uma tribo caucasoide de origem etíope, descendente do rei Davi bíblico, e portanto uma raça superior aos negroides nativos.

Muito do *Journal of the Discovery of the Source of the Nile* [Diário da descoberta da fonte do Nilo], de Speke, é dedicado a descrições da feiura física e moral das "raças primitivas" da África, em cuja condição ele encontrou "uma impressionante comprovação das Sagradas Escrituras". Em seu texto, Speke usa a história narrada no capítulo nove do Gênesis, que fala sobre Noé, quando este, aos seiscentos anos de idade, depois de ter conduzido sua arca sobre as águas do dilúvio até ancorar em terra firme, embriagou-se e desmaiou, nu, em sua tenda. Ao voltar a si, Noé soube que seu filho caçula, Cam, o vira nu; que Cam havia contado a seus irmãos, Sem e Jafé, sobre o espetáculo; e que Sem e Jafé, voltando castamente as costas ao pai, haviam coberto seu corpo com um manto. Noé reagiu amaldiçoando a descendência do filho de Cam, Canaã, dizendo: "Que ele seja, para seus irmãos, o último dos escravos!". Em meio às perplexidades do Gênesis, esta é uma das histórias mais enigmáticas, e tem sido objeto das mais desconcertantes interpretações — a mais notável é a de que Cam teria sido o primeiro homem negro. Para os senhores de terras do Sul dos Estados Unidos, o estranho episódio da maldição de Noé justificava a escravidão, e para Speke e os colonialistas de seu tempo, explicava a história dos povos africanos. Ao "contemplar esses filhos de Noé", ele constatava, maravilhado, que, "do mesmo jeito que eles eram então, se apresentam agora".

Speke inicia uma seção de seu diário, intitulada "Fauna", com as palavras: "Ao tratar desse ramo da história natural, vamos abordar primeiro o homem — o verdadeiro negro de cabelos encaracolados, nariz flácido e boca beiçuda". O aspecto dessa subespécie apresentava-se a Speke como um mistério ainda maior que o Nilo: "Como o negro viveu tantas eras sem avançar parece algo espantoso, quando todos os países que cercam a África são, comparativamente, tão avançados; e, julgando pelo progresso do mundo, somos levados a supor que o africano deve em breve sair de seu estado de trevas, ou será substituído por um ser superior a ele". Speke acreditava que um governo colonial — "como o nosso, na Índia" — poderia salvar o "negro" da perdição, caso contrário ele via "muito poucas chances" para a raça: "O que o pai fazia, ele faz. Põe a mulher para trabalhar, vende os filhos, escraviza tudo aquilo em que deita as mãos e, quando não está lutando para se apossar do que é dos outros, se contenta em beber, cantar e dançar como um babuíno, para espantar as preocupações".

Esse era o típico jargão da era vitoriana, e só choca pelo fato de um homem que se empenhara tanto em conhecer o mundo haver regressado com observações tão batidas. (E, no fundo, muito pouca coisa mudou; basta editar levemente as passagens acima — as caricaturas cruas, a questão da inferioridade humana e a referência ao babuíno — e teremos a espécie de perfil da África perdida que continua sendo ainda hoje o padrão na imprensa norte-americana e europeia, e nos apelos por doações de caridade lançados por organizações humanitárias de ajuda.) Ainda assim, ao lado de seus lamentáveis "negros", Speke achou uma "raça superior" de "homens tão diferentes quanto possível da ordem comum dos nativos", graças a suas "faces finas e ovais, grandes olhos, narizes empinados, revelando o melhor sangue da Abissínia" — ou seja, da Etiópia. Essa "raça" compreendia muitas tribos, incluindo os watusis — tutsis —, todas as quais criavam gado e tendiam a dominar as massas negroides. O que mais excitava Speke era sua "aparência física", que, apesar dos efeitos de encrespamento do cabelo e escurecimento da pele causados pela miscigenação, havia mantido "uma elevada estampa de fisionomia asiática, da qual uma característica notável é um nariz afinado, em vez de achatado". Emoldurando seus postulados em termos vagamente científicos, e recorrendo à autoridade histórica das escrituras, Speke declarou que essa raça dominante "semissem-hamítica" era de cristãos perdidos, e sugeriu que, com um pouco de educação britânica, poderiam ser quase tão "superiores em tudo" quanto um inglês como ele.

Poucos ruandeses vivos já ouviram falar de John Hanning Speke, mas a maioria deles conhece a essência de sua extravagante fantasia — a de que os africanos que mais se assemelhavam às tribos da Europa estavam inerentemente dotados de superioridade — e, quer eles a aceitem ou rejeitem, poucos ruandeses negariam que o mito hamítico é uma das ideias essenciais pelas quais eles compreendem quem são neste mundo. Em novembro de 1992, o ideólogo do Poder Hutu Leon Mugesera pronunciou um discurso famoso, conclamando os hutus a mandar os tutsis de volta à Etiópia pelo rio Nyabarongo, um tributário do Nilo que atravessa Ruanda. Ele não precisou repetir. Em abril de 1994, o rio estava atulhado de tutsis mortos, e dezenas de milhares de corpos jaziam nas margens do lago Vitória.

Uma vez que o interior africano havia sido "aberto" à imaginação europeia por exploradores como Speke, logo se seguiu o império. Num frenesi de conquista, os monarcas da Europa começaram a alegar direitos sobre vastas extensões do continente. Em 1885, representantes das grandes potências europeias realizaram um encontro em Berlim para estabelecer as fronteiras de seus novos territórios africanos. Regra geral, as linhas traçadas no mapa, muitas das quais definem ainda hoje Estados africanos, não guardavam nenhuma relação com as tradições políticas ou territoriais dos lugares que circunscreviam. Centenas de reinos e tribos que operavam como nações distintas, com suas próprias línguas, suas religiões e sua complexa história política e social, foram retalhados ou, mais frequentemente, aglomerados sob bandeiras europeias. Mas os cartógrafos em Berlim deixaram intactos Ruanda e seu vizinho ao sul, o Burundi, e designaram os dois países como províncias da África Oriental Alemã.*

Nenhum homem branco jamais havia estado em Ruanda na época do encontro de Berlim. Speke, cujas teorias sobre raça eram tomadas como evangelho pelos colonizadores de Ruanda, só havia dado uma espiada sobre a fronteira oriental do país, a partir do topo de uma montanha na atual Tanzânia, e quando o explorador Henry M. Stanley, intrigado pela reputação ruandesa de "feroz isolamento", tentou cruzar aquela fronteira, foi repelido por uma chuva de flechas. Até os traficantes de escravos passavam ao largo da região. Em 1894, um conde alemão chamado von Götzen tornou-se o primeiro branco a entrar em Ruanda e visitar a corte real. No ano seguinte, a morte do *mwami* Rwabugiri mergulhou Ruanda na turbulência política, e em 1897 a Alemanha instalou seus primeiros postos administrativos no país, hasteou a bandeira do império do *Kaiser* Wilhelm, e instituiu uma política de governo indireto. Oficialmente, isso significou a inserção de uns poucos agentes alemães no já existente sistema administrativo da corte, mas a realidade era mais complicada.

A morte de Rwabugiri havia desencadeado uma violenta guerra pela sucessão entre os clãs reais tutsis; a dinastia estava em grande desordem, e os líderes enfraquecidos das facções vencedoras colaboraram zelosamente com os chefes coloniais em troca de apoio. A estrutura política que resultou daí é frequentemente descrita como um "colonialismo dual", no qual as

---

* Uma vez que Ruanda e Burundi eram administrados como um território colonial conjunto, Ruanda-Burundi; uma vez que ambos eram povoados, em proporções iguais, por hutus e tutsis, e uma vez que seus destinos como Estados pós-coloniais têm se caracterizado pela violência entre esses grupos, eles são frequentemente vistos como as duas metades de uma experiência ou "problema" histórico e político único. Na verdade, embora os acontecimentos de cada país invariavelmente influenciem os acontecimentos do outro, Ruanda e Burundi sempre existiram desde tempos pré-coloniais como nações inteiramente distintas e independentes. As diferenças em suas histórias são com frequência mais reveladoras que as semelhanças, e a comparação tende a produzir confusão, a menos que cada país seja considerado primeiramente em seus próprios termos.

elites tutsis aproveitavam-se da proteção e da liberdade de ação concedidas pelos alemães para consolidar seus feudos internos e ampliar sua hegemonia sobre os hutus. À época em que a Liga das Nações transferiu Ruanda para a Bélgica como um espólio da Primeira Guerra Mundial, os termos hutu e tutsi haviam se definido claramente como identidades "étnicas" opostas, e os belgas fizeram dessa polarização a pedra angular de sua política colonial.

Na sua clássica história de Ruanda, escrita na década de 1950, o missionário monsenhor Louis de Lacger observou: "Um dos mais surpreendentes fenômenos da geografia humana de Ruanda é com certeza o contraste entre a pluralidade de raças e o sentimento de unidade nacional. Os nativos desse país têm o sentimento genuíno de formar um único povo". Lacger encantava-se com a unidade criada pela lealdade à monarquia — "Eu poderia matar por meu *mwami*" era um canto popular — e ao Deus nacional, Imana. "A ferocidade desse patriotismo é exaltada até o limite do chauvinismo", escreveu ele, e seu colega missionário padre Pages observou que os ruandeses "estavam convencidos, antes da penetração europeia, de que seu país era o centro do mundo, de que ele era o maior, mais poderoso e mais civilizado reino da Terra". Os ruandeses acreditavam que Deus podia visitar outros países durante o dia, mas a cada noite voltava para descansar em Ruanda. De acordo com Pages, "eles achavam natural que os dois chifres da lua crescente estivessem voltados para Ruanda, para protegê-la". Não há dúvida de que os ruandeses também supunham que Deus se expressava em quiniaruanda, porque poucos ruandeses no Estado insular pré-colonial nem sequer sabiam que existiam outras línguas. Mesmo hoje, que o governo de Ruanda e muitos de seus cidadãos são multilíngues, o quiniaruanda é a única língua de todos os ruandeses e, depois do suaíle, é a segunda língua africana mais falada. Como escreveu Lacger: "Há poucos povos na Europa entre os quais encontramos esses três fatores de coesão nacional: uma língua, uma fé, uma lei".

Talvez tenha sido precisamente o impressionante "ruandismo" de Ruanda que inspirou seus colonizadores a abraçar o absurdo pretexto hamítico pelo qual eles dividiram a nação e a fizeram lutar consigo mesma. Os belgas dificilmente poderiam pretextar que eram necessários para pôr ordem em Ruanda. Em vez disso, procuraram os traços da civilização existente que se prestavam a suas próprias ideias de dominação e submissão e os moldaram de modo a encaixá-los em seus propósitos. Colonização é violência, e há muitas maneiras de levar a cabo essa violência. Além dos chefes militares e administrativos, e de um verdadeiro exército de clérigos, os belgas enviaram cientistas a Ruanda. Os cientistas trouxeram balanças, fitas métricas e compassos e saíram pesando ruandeses, medindo sua capacidade craniana e realizando análises comparativas da protuberância relativa de seus narizes. Claro que os cientistas encontraram aquilo em que haviam acreditado o tempo todo. Os tutsis tinham dimensões "mais nobres", mais "naturalmente" aristocráticas que as dos "rústicos" e "brutos" hutus. No "índice nasal", por exemplo, o nariz médio tutsi era dois milímetros e meio mais longo e quase cinco milímetros mais fino que o nariz hutu médio.

Ao longo dos anos, destacados observadores europeus deixaram-se levar tão longe por sua fetichização do refinamento tutsi que tentaram superar Speke sugerindo, alternativamente, que a raça dominante de Ruanda havia se originado na Melanésia, na cidade perdida de Atlântida, ou — de acordo com um diplomata francês — no espaço sideral. Mas os colonizadores belgas aferraram-se ao mito hamítico como modelo e, governando Ruanda mais ou menos em parceria com a Igreja Católica Romana, providenciaram a reorganização da sociedade ruandesa em função das assim chamadas linhas étnicas. O monsenhor Léon Classe, o primeiro bispo de Ruanda, foi um grande defensor da cassação dos direitos civis dos hutus e do reforço da "tradicional hegemonia dos bem-nascidos tutsis". Em 1930, ele alertou que qualquer esforço para substituir chefes tutsis por "incultos" hutus "levaria todo o Estado diretamente à anarquia e ao cruel comunismo antieuropeu", acrescentando que "não temos chefes que sejam mais qualificados, mais inteligentes, mais ativos, mais capazes de valorizar o progresso e mais completamente aceitos pelo povo que os tutsis".

A mensagem de Classe foi atendida: as tradicionais estruturas administrativas regionais, que haviam proporcionado aos hutus sua última esperança de ter ao menos autonomia local, foram sistematicamente desmanteladas, e as elites tutsis receberam poder quase ilimitado para explorar o trabalho dos hutus e deles cobrar impostos. Em 1931, os belgas e a Igreja depuseram um *mwami* que consideravam demasiado independente e empossaram outro, Mutara Rudahigwa, cuidadosamente escolhido por sua postura submissa. Mutara prontamente se converteu ao catolicismo, renunciando a seu status divino e desencadeando uma corrida em massa à pia batismal, o que em pouco tempo transformou Ruanda no país mais catolicizado da África. Então, em 1933-4, os belgas empreenderam um censo, com o objetivo de emitir carteiras de identidade "étnicas", que rotulavam cada ruandês como hutu (85%), tutsi (14%) ou twa (1%). As carteiras de identidade tornaram virtualmente impossível aos hutus se transformar em tutsis, e permitiram que os belgas aperfeiçoassem a administração de um sistema de segregação enraizado no mito da superioridade tutsi.

Assim, a oferenda dos pastores tutsis ganhou as boas graças dos senhores coloniais, e a oferenda dos agricultores hutus, não. A camada mais elevada dos tutsis, sedenta de poder, e temerosa da possibilidade de sofrer os abusos que ela própria era encorajada a infligir aos hutus, aceitou a primazia como um dever. As escolas católicas, que dominavam o sistema educacional colonial, praticavam uma aberta discriminação em favor dos tutsis, que gozavam do monopólio dos cargos políticos e administrativos, enquanto os hutus viam encolher ainda mais suas já limitadas oportunidades de progresso. Nada define tão vividamente a partilha quanto o regime belga de trabalhos forçados, que requeria verdadeiros exércitos de hutus para labutar em massa nas plantações, na construção de estradas e na silvicultura, sob as ordens de capatazes tutsis. Décadas depois, um velho tutsi rememorou a ordem colonial belga a um repórter com as palavras:

"Você açoita o hutu ou nós açoitamos você". A brutalidade não ficava nos espancamentos; exaustos pelo esforço de seu trabalho coletivo, os camponeses negligenciavam seus campos, e os fecundos morros de Ruanda eram repetidamente assolados pela fome. No início dos anos 1920, centenas de milhares de hutus e empobrecidos camponeses tutsis fugiram para Uganda, ao norte, e para o Congo, a oeste, para tentar a sorte como trabalhadores agrícolas itinerantes.

O que quer que a identidade hutu e tutsi tenha significado na situação pré-colonial não importava mais; os belgas haviam feito da "etnicidade" o traço definidor da existência ruandesa. A maior parte dos hutus e tutsis ainda mantinha relações bastante cordiais; os casamentos mistos continuavam, e o destino dos *"petits tutsis"* das colinas continuava indistinguível do de seus vizinhos hutus. Porém, com cada criança educada na escola pela doutrina da superioridade e inferioridade raciais, a ideia de uma identidade nacional coletiva foi por água abaixo, e em cada lado da fronteira hutu-tutsi desenvolveram-se discursos mutuamente excludentes, um deles baseado no argumento do direito adquirido, o outro no da ofensa à justiça.

Tribalismo gera tribalismo. A própria Bélgica era uma nação dividida por fronteiras "étnicas", na qual a minoria valã francófona havia dominado durante séculos a maioria flamenga. Mas, depois de uma longa "revolução social", a Bélgica havia ingressado numa era de maior igualdade demográfica. Os sacerdotes flamengos que começaram a aparecer em Ruanda depois da Segunda Guerra Mundial identificavam-se com os hutus e encorajavam suas aspirações por mudanças políticas. Ao mesmo tempo, a administração colonial da Bélgica havia sido submetida à curadoria das Nações Unidas, o que significa que ela estava sob pressão para preparar o terreno para a independência de Ruanda. Ativistas políticos hutus começaram a clamar pelo governo da maioria e por sua própria "revolução social". Mas a luta política em Ruanda nunca foi de fato uma busca pela igualdade; a questão era simplesmente quem iria dominar o Estado etnicamente bipolar.

Em março de 1957, um grupo de nove intelectuais hutus publicou um documento conhecido como o "Manifesto hutu", reivindicando "democracia" — não por meio da rejeição ao mito hamítico, mas de sua corroboração. Se os tutsis eram invasores estrangeiros, dizia sua argumentação, então Ruanda era, por direito, uma nação da maioria hutu. Era isso o que passava por pensamento democrático em Ruanda: os hutus tinham os números a seu favor. O "Manifesto" rejeitava firmemente a abolição dos cartões de identidade étnica, por temor de "impedir a lei estatística de estabelecer a verdade dos fatos", como se o fato de ser hutu ou tutsi implicasse automaticamente a posição política do indivíduo. Uma porção de posições mais moderadas podiam ser ouvidas, mas quem dá ouvidos aos moderados em tempos de revolução? À medida que brotavam novos partidos hutus, incitando as massas a se unir em torno de sua "identidade hutu", os entusiásticos belgas marcaram eleições. Mas antes que os ruandeses vissem uma urna eleitoral, centenas deles foram mortos.

Em 1º de novembro de 1959, na província de Gitarama, no centro de Ruanda, um subchefe administrativo chamado Dominique Mbonyumutwa foi espancado por um grupo de homens. Mbonyumutwa era um ativista político hutu, e seus agressores eram ativistas políticos tutsis. Logo depois que eles o abandonaram, correu a notícia de que Mbonyumutwa havia morrido. Ele não estava morto, mas o rumor havia se espalhado amplamente; mesmo hoje existem hutus que acreditam que Mbonyumutwa foi morto naquela noite. Olhando para trás, os ruandeses dirão que alguns incidentes como esse eram inevitáveis. Mas, na próxima vez que você ler uma reportagem como a que foi estampada na primeira página do *New York Times* em outubro de 1997, relatando "a velha animosidade entre os grupos étnicos tutsi e hutu", lembre-se de que, antes de o espancamento de Mbonyumutwa acender o pavio em 1959, nunca havia sido registrada uma violência política sistemática entre hutus e tutsis — em nenhum lugar.

Menos de 24 horas depois do espancamento em Gitarama, bandos errantes de hutus estavam atacando autoridades tutsis e incendiando casas. A "revolução social" havia começado. Em menos de uma semana a violência tinha se alastrado pela maior parte do país, à medida que os hutus se organizavam, geralmente em grupos de dez liderados por um homem com um apito, para empreender uma ofensiva de pilhagem, destruição e esporadicamente assassinato de tutsis. A insurreição popular ficou conhecida como "o vento da destruição", e um de seus maiores admiradores era um coronel belga chamado Guy Logiest, que chegou em Ruanda vindo do Congo três dias depois do espancamento de Mbonyumutwa para supervisionar os distúrbios. Os ruandeses que tivessem curiosidade em saber qual seria a atitude de Logiest diante da violência precisavam apenas observar as tropas belgas comandadas por ele perambulando impassivelmente enquanto os hutus incendiavam as casas dos tutsis. Como o próprio Logiest definiu 25 anos depois: "O período era crucial para Ruanda. Seu povo precisava de apoio e proteção".

Os tutsis não faziam parte do povo de Ruanda? Quatro meses depois que a revolução começou, o *mwami* que havia reinado por quase trinta anos, e que ainda era popular entre muitos hutus, foi ao Burundi consultar um médico belga para tratar-se de uma doença venérea. O médico deu-lhe uma injeção, e o *mwami* sofreu um colapso e morreu, aparentemente devido a um choque alérgico. Mas uma profunda suspeita de que ele havia sido envenenado tomou conta dos tutsis de Ruanda, tornando mais delicado seu já desgastado relacionamento com os antigos patronos belgas. No início de novembro, quando o novo *mwami*, um jovem de 25 anos e sem experiência política, pediu permissão ao coronel Logiest para constituir um exército contra os revolucionários hutus, foi desprezado. Forças fiéis ao rei foram à luta assim mesmo, mas, embora tenham sido mortos um pouco mais de hutus do que de tutsis em novembro, a contraofensiva logo se esgotou. "Temos de tomar partido", declarava o coronel Logiest enquanto as casas dos tutsis continuavam a ser incendiadas no início de 1960. Posteriormente, ele não sentiria nenhum remorso por "ter sido tão parcial contra os tutsis".

Logiest, que estava virtualmente comandando a revolução, via a si próprio como um campeão da democratização, cuja missão era corrigir o grande equívoco da ordem colonial que ele servia. "Eu me pergunto o que me levava a agir com tanta resolução", recordaria depois. "Era sem dúvida o anseio de devolver ao povo sua dignidade. E era provavelmente também o desejo de derrotar a arrogância e expor a duplicidade de uma aristocracia basicamente injusta e opressora."

O fato de ressentimentos legítimos estarem na base de uma revolução não garante, entretanto, que a ordem revolucionária será justa. No início de 1960, o coronel Logiest perpetrou um golpe de Estado por decreto executivo, substituindo chefes tutsis por chefes hutus. Realizaram-se eleições regionais no meio do ano e, com hutus dirigindo os locais de votação, os hutus conquistaram pelo menos 90% dos cargos mais importantes. Àquela altura, mais de 20 mil tutsis haviam sido desalojados de suas casas, e esse número continuou crescendo rapidamente à medida que os novos líderes hutus organizavam a violência contra os tutsis ou simplesmente os prendiam arbitrariamente, para afirmar sua autoridade e arrebatar as propriedades deles. Entre os refugiados tutsis que começaram a fugir em massa para o exílio estava o *mwami*.

"A revolução acabou", anunciou o coronel Logiest em outubro, na instalação de um governo provisório liderado por Grégoire Kayibanda, um dos autores originais do "Manifesto hutu", que proclamou em seu discurso: "A democracia derrotou o feudalismo". Logiest também fez um discurso, e aparentemente estava se sentindo magnânimo na vitória, pois emitiu uma advertência profética: "Não será uma democracia se não for bem-sucedida no respeito aos direitos das minorias. […] Um país em que a justiça perde sua qualidade fundamental prepara as piores desordens e seu próprio colapso". Mas aquele não era o espírito da revolução que Logiest havia liderado.

É certo que ninguém em Ruanda no final dos anos 1950

oferecera uma alternativa a uma construção tribal da política. O Estado colonial e a igreja colonial haviam tornado quase inconcebível tal alternativa, e embora os belgas tenham mudado de lado, com relação às etnias, às vésperas da independência, a nova ordem que eles prepararam era meramente a velha ordem posta de cabeça para baixo. Em janeiro de 1961, os belgas convocaram uma reunião dos novos líderes hutus, na qual a monarquia foi oficialmente abolida e Ruanda, declarada uma república. Um governo de transição foi formalmente estabelecido sobre um arranjo de divisão de poder entre partidos hutu e tutsi, mas alguns meses depois uma comissão das Nações Unidas relatou que a revolução ruandesa havia, na verdade, "conduzido a uma ditadura racial de partido único" e simplesmente substituído "um tipo de regime opressivo por outro". O relatório também alertava para a possibilidade de que "um dia ainda testemunharemos reações violentas por parte dos tutsis". Os belgas não se importaram. Ruanda ganhou a independência plena em 1962, e Grégoire Kayibanda foi empossado presidente.

Desse modo a ditadura hutu se mascarou de democracia popular, e as lutas pelo poder em Ruanda se tornaram um assunto interno da elite hutu, assim como haviam se resumido no passado às rixas entre os clãs reais tutsis. Os revolucionários de Ruanda haviam se tornado o que o escritor V. S. Naipaul chama de "homens cópias" (*mimic men*) pós-coloniais, que reproduzem os abusos contra os quais eles se rebelaram, ignorando o fato de que seus antigos senhores acabaram, no fim das contas, banidos por aqueles que eles oprimiam. O presidente Kayibanda havia, com quase toda certeza, lido a famosa história de Ruanda de autoria de Louis de Lacger. Mas em vez da ideia de Lacger de um povo unido pelo "sentimento nacional", Kayibanda falava de Ruanda como "duas nações em um Estado".

O Gênesis identifica o primeiro assassinato como um fratricídio. O motivo é político — a eliminação de um rival. Quando Deus pergunta o que aconteceu, Caim oferece em resposta sua mentira manifestamente mordaz: "Não sei. Acaso sou guarda de meu irmão?". O chocante na história não é o assassinato, que começa e termina em uma frase, mas a desfaçatez de Caim e a brandura da punição divina. Por matar seu irmão, Caim é condenado a uma vida de "fugitivo errante sobre a terra". Quando protesta, "o primeiro que me encontrar me matará", Deus diz: "Quem matar Caim será vingado sete vezes". Literalmente, Caim escapa impune do assassinato; recebe até uma proteção especial, mas, como indica a lenda, o modelo de justiça da vingança de sangue imposto a partir de seu crime não era viável. As pessoas logo se tornaram tão covardes que "a terra [...] encheu-se de violência", e Deus teve tanto desgosto com sua criação que resolveu extingui-la com um dilúvio. Na nova era que se seguiu, a lei acabaria emergindo como o princípio da ordem social. Mas isso foi depois de muitas lutas fratricidas.

5

"Minha história, desde o nascimento?", perguntou Odette Nyiramilimo. "Você tem mesmo tempo para isso?"

Respondi que sim.

Ela disse: "Nasci em Kinunu, Gisenyi, em 1956. Portanto, eu tinha três anos quando começou essa história do genocídio. Não consigo lembrar exatamente, mas vi um grupo de homens descendo a colina em frente com facões, e ainda posso ver as casas pegando fogo. Corremos para o bosque com nossas vacas e ali ficamos por dois meses. Tínhamos leite, e nada mais. Nossa casa foi destruída pelo fogo".

Odette sentava-se ereta, dobrando-se para a frente numa cadeira de jardim de plástico branco, com as mãos postas sobre a mesa de plástico vazia entre nós. Seu marido estava jogando tênis; alguns de seus filhos brincavam na piscina. Era domingo, estávamos no Cercle Sportif de Kigali — sob o aroma de frango na grelha, o ruído dos mergulhos dos nadadores e o baque das bolas de tênis, o esplendor espalhafatoso das primaveras derramando-se pelo muro do jardim. Sentávamos à sombra de uma árvore alta. Odette vestia jeans e blusa branca, e uma fina gargantilha de ouro com um talismã como pingente. Ela falou depressa e sem parar durante várias horas.

"Não me lembro de quando reconstruímos a casa", disse, "mas em 63, quando eu estava no segundo ano da escola primária, lembro-me de ter visto meu pai, bem-vestido, como se fosse a uma festa, com uma capa branca. Ele estava em pé na estrada, e eu estava com as outras crianças. Ele disse: 'Adeus, meus filhos. Eu vou morrer'. Nós gritamos: 'Não, não'. Ele perguntou: 'Vocês não viram um jipe percorrendo a estrada? Ele levava todos os seus tios maternos. Não vou ficar esperando que me cacem. Vou esperar aqui para morrer com eles'. Nós gritamos, choramos, e o convencemos a não morrer então, mas os outros foram todos mortos."

É assim que os tutsis de Ruanda contam os anos de suas vidas: como num jogo de amarelinha — 59, 60, 61, 63, e assim por diante, até 94 —, às vezes saltando vários anos, nos quais não viveram nenhum horror, às vezes diminuindo a velocidade para nomear os meses e os dias.

O presidente Kayibanda era, para dizer o mínimo, um líder insípido e sem carisma, e seus hábitos reclusos sugerem que sabia disso. Instigar as massas hutus a assassinar tutsis parecia ser o único meio de que era capaz para manter vivo o espírito da revolução. O pretexto para essa violência popular era encontrado no fato de que de tempos em tempos bandos armados de monarquistas tutsis que haviam fugido para o exílio empreendiam incursões repentinas em Ruanda. Esses guerrilheiros foram os primeiros a ser chamados de "baratas", e eles próprios passaram a usar a palavra para sugerir sua clandestinidade e a crença de que eram indestrutíveis. Seus ataques eram espasmódicos e ineficazes, mas a retaliação hutu contra civis tutsis era invariavelmente imediata e extensiva. Nos primeiros anos da república, era rara a temporada em que os tutsis não eram desalojados de suas casas mediante incêndios e assassinatos.

A mais dramática invasão das "baratas" ocorreu poucos dias antes do Natal de 1963. Uma tropa de várias centenas de guerrilheiros tutsis penetrou no sul de Ruanda a partir de uma base no Burundi e avançou até chegar a menos de vinte quilômetros de Kigali antes de ser liquidada pelas forças ruandesas sob comando belga. Não contente com a vitória, o governo declarou estado de emergência para combater "contrarrevolucionários" e designou um ministro para organizar as unidades hutus de "autodefesa", encarregadas do "trabalho" de "limpar a área". Isso significava assassinar tutsis e destruir suas casas. Escrevendo no *Le Monde*, um professor chamado Vuillemin, empregado das Nações Unidas em Butare, descreveu os massacres de dezembro de 1963 e janeiro de 1964 como "um verdadeiro genocídio", e acusou os europeus que atuavam no país — líderes religiosos ou empregados de instituições humanitárias — de uma indiferença que significava cumplicidade com a matança patrocinada pelo Estado. Entre 24 e 28 de dezembro de 1963, relatou Vuillemin, massacres bem organizados deixaram 14 mil tutsis mortos, só na província de Gikongoro, no sul. Embora os homens tutsis instruídos fossem as vítimas preferenciais, escreveu, "na maioria dos casos, mulheres e crianças também eram abatidas pelos golpes de *masu* ou de lança. As vítimas eram, no mais das vezes, jogadas no rio depois de serem despidas de suas roupas". Muitos dos tutsis que sobreviveram seguiram o exemplo dos primeiros êxodos de refugiados para o exílio; em meados de 1964 nada mais, nada menos que um quarto de milhão de tutsis haviam fugido do país. O filósofo britânico Bertrand Russell descreveu a situação em Ruanda naquele ano como "o mais horrível e sistemático massacre que tivemos ocasião de testemunhar desde o extermínio dos judeus pelos nazistas".

Depois que os tios de Odette foram transportados para a morte, seu pai alugou um caminhão para levar a família para o Congo. Mas era uma família grande — o pai de Odette tinha duas mulheres; ela era o décimo sétimo dos dezoito filhos dele; com seus avós, tias, primos, sobrinhos e sobrinhas, a família toda chegava a 33 pessoas — e o caminhão era pequeno demais. Uma das avós de Odette simplesmente não cabia. Então seu pai disse: "Vamos ficar aqui e morrer aqui", e eles ficaram.

O destino da família de Odette foi, em grande parte, o de toda a população tutsi sobrevivente de Kinunu. Eles viviam pobremente nas montanhas, com suas vacas, e temiam por suas vidas. A proteção veio na pessoa de um conselheiro de aldeia, que abordou o pai de Odette e disse: "Nós gostamos de você e não queremos que morra, então vamos transformá-lo num hutu". Odette não se lembrava exatamente como a coisa tinha funcionado. "Meus pais nunca falaram sobre isso pelo resto de suas vidas", ela me contou. "Era um pouco humilhante. Mas meu pai tirou a carteira de identidade e, por dois anos, foi um hutu. Então foi indiciado por ter uma carteira de identidade falsa."

Em 1966 as "baratas" no exílio dispersaram seu malfadado exército, cansadas de ver tutsis serem chacinados em represália a cada um de seus ataques. Kayibanda, confiante em seu status de *mwami* hutu, percebeu que o velho modelo colonial de discriminação oficial, barrando o acesso da tribo derrotada à educação, aos empregos públicos e aos cargos militares, poderia ser um método de controle suficiente para manter os tutsis em seu lugar. Para amparar o poder proporcional da maioria, foram divulgados censos mostrando que os tutsis chegavam a apenas 9% da população, e que portanto suas oportunidades se restringiam a essa proporção. Apesar do monopólio hutu no poder, o mito hamítico continuava sendo a base da ideologia de Estado. Assim, um sentimento de inferioridade profundo, quase místico, persistia no seio da nova elite hutu de Ruanda, e para dar mais eficácia ao sistema de cotas uma meritocracia às avessas foi imposta aos tutsis que competiam pelas poucas posições disponíveis: aqueles com as notas mais baixas eram favorecidos em detrimento dos que tinham o melhor desempenho. "Eu tinha uma irmã que era sempre a primeira da nossa classe, enquanto eu era mais ou menos a décima", recordou Odette. "Mas, quando leram os nomes dos que foram aceitos na escola secundária, meu nome foi lido e o da minha irmã, não — por ser menos brilhante, eu era uma ameaça menor."

"Então chegamos a 73", disse Odette. "Eu havia saído de casa e ido para uma faculdade de educação em Cyangugu" — no sudoeste —, "e uma manhã, enquanto comíamos antes de ir para a missa, eles fecharam as janelas e portas. Então alguns rapazes de outra escola entraram no refeitório e cercaram as mesas. Eu tremia. Lembro que tinha um pedaço de pão na boca, e não conseguia engoli-lo. Os rapazes gritaram: 'Levantem-se, tutsis. Todos os tutsis, em pé'. Havia um rapaz que era da montanha onde morávamos. Tínhamos ido à escola primária juntos, e ele disse: 'Você, Odette, fique sentada, nós sabemos que você sempre foi uma hutu'. Então veio um outro rapaz e puxou meu cabelo dizendo: 'Com este cabelo nós sabemos que você é uma tutsi'."

O cabelo era um dos grandes indicadores para John Hanning Speke. Quando identificou um rei como membro da raça superior hamítica, Speke o declarou um descendente "da Abissínia e do rei Davi, cujo cabelo era tão liso quanto o meu", e o rei, lisonjeado, disse que sim, que havia uma história de que seus ancestrais haviam "sido no passado metade brancos e metade negros, com cabelo liso no lado branco e crespo no lado negro". Odette não era alta nem especialmente magra, e no "índice nasal" estava provavelmente na média ruandesa. Mas a herança de Speke era tal que, cem anos depois de ele haver se matado num "acidente de caça", um estudante ruandês atormentava Odette porque ela gostava de pentear os cabelos para trás, em ondas suaves. "E", continuou ela, "a diretora da escola, uma belga, disse sobre mim: 'Sim, ela é uma tutsi da primeira categoria, levem-na'. Então fomos expulsas. Não houve assassinatos lá. Algumas garotas receberam cuspidas na cara, outras foram obrigadas a andar de joelhos, e algumas apanharam. Depois fomos embora a pé."

Por toda Ruanda, estudantes tutsis estavam sendo espancados e expulsos, e muitos deles, ao voltar para suas casas, encontravam-nas destruídas pelo fogo. A confusão, dessa vez, fora inspirada por acontecimentos no Burundi, onde o cenário político se parecia muito com o de Ruanda, num sangrento espelho invertido: no Burundi, um regime militar tutsi havia tomado o poder e os hutus temiam por suas vidas. Na primavera de 1972 alguns hutus do Burundi tentaram uma rebelião, que foi prontamente sufocada. Então, em nome da restauração "da paz e da ordem", o exército conduziu uma campanha nacional de extermínio contra os hutus instruídos, na qual muitos hutus incultos também foram assassinados. O frenesi genocida no Burundi excedeu tudo o que já havia ocorrido em Ruanda. Pelo menos 100 mil hutus do Burundi foram mortos na primavera de 1972, e pelo menos 200 mil escaparam como refugiados — muitos deles para Ruanda.

O afluxo de refugiados do Burundi lembrou ao presidente Kayibanda a força do antagonismo étnico para galvanizar o espírito cívico. Ruanda, estagnada na pobreza e no isolamento, precisava de um empurrão. Então Kayibanda encarregou seu chefe do exército, o general de divisão Juvénal Habyarimana, de organizar Comitês de Defesa Pública, e os tutsis foram mais uma vez lembrados do significado do poder da maioria em Ruanda. A taxa de mortes dessa vez foi relativamente baixa — "apenas", como os ruandeses contam essas coisas, na casa das centenas —, mas pelo menos outros 100 mil tutsis saíram de Ruanda como refugiados.

Quando Odette falou sobre 1973, não mencionou o Burundi, nem as atitudes políticas de Kayibanda, nem o êxodo em massa. Essas circunstâncias não figuravam em sua memória. Ela se apegou a sua própria história, que já bastava: uma manhã, enquanto tinha a boca cheia de pão, seu mundo mais uma vez desmoronou porque era uma tutsi. "Éramos seis garotas, escorraçadas de minha escola", contou-me. "Eu tinha minha mochila, e nós caminhamos." Depois de três dias haviam percorrido oitenta quilômetros, e chegaram em Kibuye. Odette tinha parentes ali — "uma irmã de meu cunhado que se casara com um hutu" — e achou que podia ficar com eles.

"Esse homem tinha uma oficina de amolar facas", ela disse. "Encontrei-o diante de sua casa, junto à pedra de afiar. De início, me ignorou. Pensei: ele está bêbado? Não viu quem está aqui? Eu disse: 'Sou eu, Odette'. Ele respondeu: 'Por que você está aqui? Devia estar na escola'. Eu disse: 'Mas fomos expulsas'. Então ele disse: 'Não dou abrigo a baratas'. Foi isso o que ele disse. Minha cunhada chegou e me abraçou, e" — Odette juntou as mãos espalmadas acima da cabeça e moveu os braços bruscamente para baixo e para a frente, deixando-os estendidos diante de seu peito — "ele nos separou violentamente." Olhou para seus braços estendidos e deixou-os cair. Então riu e disse: "Em 82, quando eu me formei médica, meu primeiro emprego foi no hospital de Kibuye, e meu primeiro paciente foi esse mesmo homem, esse cunhado. Eu não podia olhar para ele. Eu tremia, e tive de deixar a sala. Meu marido era o diretor do hospital e eu lhe disse: 'Não posso tratar desse homem'. Ele estava muito doente e eu havia feito meu juramento, mas…".

Em Ruanda, a história de uma garota que é repelida como uma barata e volta como médica deve ser, pelo menos em parte, uma história política. E foi assim que Odette a contou. Em 1973, depois que seu cunhado a rejeitou, ela continuou caminhando, de volta para casa, em Kinunu. Encontrou a casa do pai vazia e uma das casas vizinhas incendiada. A família estava escondida no mato, acampando entre suas bananeiras, e Odette ficou lá com eles por vários meses. Em julho, o homem encarregado das perseguições, o general de divisão Habyarimana, declarou-se presidente da Segunda República, e pediu uma trégua nos ataques contra os tutsis. Os ruandeses, disse ele, deviam viver em paz e trabalhar juntos pelo desenvolvimento. A mensagem era clara: a violência cumprira seu propósito, e Habyarimana era o resultado da revolução.

"Nós chegamos a dançar nas ruas quando Habyarimana tomou o poder", contou-me Odette. "Finalmente, um presidente que dizia para não matarem os tutsis. E depois de 75, ao menos, vivemos de fato em segurança. Mas a exclusão persistia." Na verdade, Ruanda era regulada mais rigidamente sob Habyarimana do que jamais havia sido antes. "Desenvolvimento" era sua palavra política favorita, e ocorre que era também uma palavra apreciada pelos doadores de recursos americanos e europeus que ele explorava com grande habilidade. Por lei, cada cidadão era membro vitalício do partido do presidente, o Movimento

Revolucionário Nacional pelo Desenvolvimento (MRND), que servia como o instrumento universal de sua vontade. Os indivíduos eram literalmente mantidos em seu lugar por regras que proibiam a mudança de residência sem aprovação do governo. E para os tutsis, é claro, continuavam valendo as regras da cota de 9%. Membros das forças armadas eram proibidos de casar com tutsis, e nem é preciso dizer que eles mesmos não podiam ser tutsis. Dois tutsis finalmente conseguiram ter assento no Parlamento fantoche de Habyarimana, e um posto ministerial simbólico foi concedido a um tutsi. Se os tutsis pensavam que mereciam mais que isso, mal chegavam a se queixar; Habyarimana e seu MRND prometiam deixá-los viver em paz, e isso era mais do que haviam podido usufruir no passado.

A diretora belga da antiga escola de Odette em Cyangugu não a aceitou de volta, mas ela encontrou vaga numa escola especializada em ciências, e começou a se preparar para seguir carreira médica. De novo, a diretora era uma belga, mas uma belga que tomou Odette sob sua proteção, mantendo seu nome fora dos livros de registro e escondendo-a quando inspetores do governo vinham procurar tutsis. "Era tudo malandragem", disse Odette, "e as outras garotas se enciumaram. Uma noite, vieram ao meu dormitório e me bateram com porretes." Odette não deu demasiada importância ao aborrecimento. "Aqueles eram os bons tempos", disse ela. "A diretora cuidava de mim, eu me tornei uma boa aluna — a primeira da classe — e acabei sendo admitida, com mais um tanto de malandragem, na escola nacional de medicina de Butare."

A única coisa que Odette disse sobre sua vida como estudante de medicina foi: "Uma vez, em Butare, um professor de medicina interna me abordou e disse 'Que bela garota', e começou a me acariciar o traseiro, enquanto tentava marcar um encontro comigo, embora fosse casado".

A lembrança simplesmente brotou dela assim, sem nenhuma conexão aparente com o pensamento que veio antes nem com o que veio depois. Então Odette acelerou o relato, saltando os anos até a formatura e o casamento. Mesmo assim, por um momento, aquela imagem dela como uma jovem estudante num momento embaraçoso de surpresa sexual e desconforto pairou entre nós. Aquilo pareceu divertir Odette, e me fez pensar em tudo o que não estava dizendo enquanto relatava a história de sua vida. Ela estava guardando para si tudo o que não fosse sobre hutus e tutsis. Depois disso, encontrei Odette várias vezes em festas; ela e seu marido eram gregários e compreensivelmente populares. Dirigiam juntos uma maternidade e clínica pediátrica chamada Clínica Bom Samaritano. Eram conhecidos como médicos excelentes e pessoas divertidas — calorosas, vivazes, bem-humoradas. Mantinham entre si uma relação encantadoramente afetuosa, e via-se de imediato que levavam uma vida plena e sedutora. Mas quando nos encontramos no jardim do Cercle Sportif, Odette falou como uma sobrevivente do genocídio a um correspondente estrangeiro. Seu tema era a ameaça de aniquilação, e os momentos de alívio em sua história — as lembranças ternas, as anedotas divertidas, as tiradas espirituosas — vinham, quando vinham, em lampejos fugazes, como sinais de pontuação.

Isso fazia sentido para mim. Cada um de nós é uma mistura de como nos imaginamos e como os outros nos veem, e, olhando retrospectivamente, existem estas duas trilhas distintas da memória: as épocas em que nossas vidas são mais fortemente definidas em relação com as ideias que os outros fazem de nós, e as épocas mais privadas, em que somos mais livres para imaginar a nós mesmos. Meus próprios pais e avós vieram para os Estados Unidos como refugiados do nazismo. Vieram com histórias semelhantes à de Odette, de serem perseguidos porque haviam nascido com esta identidade e não aquela, ou porque haviam escolhido resistir aos perseguidores em nome de um ideal político. Perto do fim da vida, tanto minha avó paterna como meu avô materno escreveram suas memórias, e embora suas histórias e suas sensibilidades fossem marcadamente diferentes, ambos interromperam o relato de suas vidas bem no meio dessas vidas, com uma parada final no momento em que chegaram na América. Não sei por que pararam ali. Talvez porque nada do que aconteceu depois os tenha feito se sentir tão vividamente (ou terrivelmente) alertas e vivos. Mas, ouvindo o relato de Odette, ocorreu-me que, se outras pessoas têm tornado a vida que você leva assunto delas — ou seja, se transformaram sua vida num problema, e o tomaram como problema delas —, então talvez você queira guardar a lembrança dos tempos em que era mais livre para imaginar a si próprio como os únicos tempos que são, real e inviolavelmente, só seus.

Acontecia a mesma coisa com quase todos os sobreviventes tutsis que conheci em Ruanda. Quando eu pressionava em busca de histórias de como haviam vivido nos longos períodos entre os surtos de violência — histórias domésticas e histórias de aldeia, histórias engraçadas ou tristes, histórias de escola, trabalho, igreja, casamentos, enterros, viagens, festas, brigas —, a resposta era sempre opaca: em tempos normais, vivíamos normalmente. Depois de um tempo parei de perguntar, pois a questão parecia sem sentido e, possivelmente, cruel. Por outro lado, constatei que os hutus frequentemente tomavam a iniciativa de contar suas lembranças dos envolventes dramas cotidianos anteriores ao genocídio, e essas histórias eram, como tinham dito os sobreviventes tutsis, normais: variações, à maneira ruandesa, de histórias que você poderia ouvir em qualquer lugar.

Portanto, a memória tem uma economia particular, assim como a própria experiência, e quando Odette mencionou a mão do professor de medicina interna no seu traseiro, e sorriu com malícia, percebi que havia esquecido aquela economia e se deixado levar pelas lembranças, e senti que nós dois nos alegramos com isso. Um professor a havia imaginado acessível, e ela havia imaginado que, como homem casado e seu professor, ele devia ser mais comedido. Ambos haviam se enganado a respeito um do outro. Mas as pessoas têm as noções mais estranhas quando cruzam umas com as outras pela vida afora — e nos "bons tempos", nos "tempos normais", isso não é o fim do mundo.

O marido de Odette, Jean-Baptiste Gasasira, tinha pai tutsi e mãe hutu. O pai morrera quando Jean-Baptiste era muito pequeno, e sua mãe havia conseguido arranjar documentos de identidade hutu para ele. "Isso não o livrou de ser espancado em 73", disse Odette, "mas permitiu que nossos filhos tivessem documentos hutus." Ela tinha dois filhos e uma filha, e teria tido mais se ela e Jean-Baptiste não viajassem tanto para o exterior nos anos 1980, para fazer cursos médicos de especialização, "uma grande oportunidade para tutsis", facilitada pela amizade do casal com o secretário-geral do Ministério da Educação.

Quando Habyarimana assumiu o poder, Ruanda era significativamente mais pobre que qualquer um de seus vizinhos, e em meados dos anos 1980 estava economicamente melhor que todos eles. Odette e Jean-Baptiste, que haviam conseguido empregos bem remunerados no Hospital Central de Kigali, viviam então bem próximos do topo da escala ruandesa, com casa e automóveis bancados pelo governo e uma ativa vida social entre a elite de Kigali. "Nossos melhores amigos eram hutus. Ministros e pessoas poderosas de nossa geração", recordou Odette. "Essa era a nossa turma. Mas era um pouco duro. Embora Jean-Baptiste fosse contratado como hutu, achava-se que ele tinha as feições e os modos de um tutsi, e éramos vistos como tutsis."

O sentimento de exclusão podia ser sutil, mas com o tempo tornou-se cada vez mais áspero. Em novembro de 1989, um homem apareceu na maternidade perguntando pela dra. Odette. "Ele estava muito impaciente e insistia que tínhamos de conversar. Disse: 'A senhora está sendo chamada à presidência, ao gabinete do secretário-geral de Segurança'." Odette estava apavorada; presumiu que seria interrogada a respeito de seu costume, durante viagens ocasionais aos países vizinhos e à Europa, de visitar familiares e amigos ruandeses que viviam exilados.

Desde 1959, a diáspora dos tutsis exilados e seus filhos crescera tanto que totalizava cerca de 1 milhão de pessoas; era o maior e mais antigo problema não resolvido de refugiados africanos. Quase metade desses refugiados viviam em Uganda, e no início dos anos 1980 numerosos jovens ruandeses juntaram-se lá ao líder rebelde Yoweri Museveni em sua luta contra a ditadura brutal do presidente Milton Obote. Em janeiro de 1986, quando Museveni proclamou-se vitorioso e foi declarado presidente de Uganda, seu exército incluía vários milhares de refugiados ruandeses. Habyarimana sentiu-se ameaçado. Durante anos ele havia feito de conta que negociava com grupos de refugiados que reivindicavam o direito de voltar a Ruanda, mas, usando como argumento a crônica superpopulação do país, sempre se recusara a deixar os refugiados voltarem para casa. Noventa e cinco por cento do território de Ruanda era ocupado pela agricultura, e a família média consistia de oito pessoas vivendo da lavoura de subsistência em um terreno de menos de 2 mil metros quadrados. Pouco tempo depois da vitória de Museveni em Uganda, Habyarimana simplesmente declarou que Ruanda estava lotada: fim de conversa. A partir de então, o contato com refugiados passava a ser ilegal, e Odette sabia quão eficiente podia ser a rede de espiões de Habyarimana. Enquanto rodava em direção à presidência, deu-se conta de que não tinha ideia do que dizer se suas visitas a exilados tivessem sido descobertas.

"Dra. Odette", disse o chefe de segurança de Habyarimana, "dizem que a senhora é uma boa médica."

Odette disse: "Não sei".

"Sim", continuou ele. "Dizem que a senhora é muito inteligente. Estudou em boas escolas sem ter direito a isso. Mas o que foi que a senhora disse no corredor do hospital recentemente, depois da morte do irmão do presidente Habyarimana?"

Odette não sabia do que ele estava falando.

O chefe de segurança contou a ela: "A senhora disse que os demônios deviam levar a família toda de Habyarimana".

Odette, que até então estava tremendo de medo, deu risada. "Sou uma médica", disse. "O senhor acha que eu acredito em demônios?"

O chefe de segurança também riu. Odette foi para casa e na manhã seguinte, como de costume, foi trabalhar. "Comecei minhas tarefas", recordou. "Então um colega me abordou e disse: 'Você está sempre viajando. Para onde vai agora, para a Bélgica ou o quê?'. E me levou para ver: meu nome fora riscado das portas das salas, e todo mundo, informado de que eu não trabalhava mais ali."

6

Não foram só os tutsis que se desapontaram quando a Segunda República se cristalizou como uma ordem totalitária acabada, na qual Habyarimana, concorrendo sem oposição, declarava comicamente ter conquistado 99% dos votos nas eleições presidenciais. O séquito do presidente provinha, na maioria esmagadora, de sua base no noroeste do país, e os hutus do sul sentiam-se cada vez mais marginalizados. Entre as massas camponesas, os hutus permaneciam quase tão oprimidos quanto os tutsis, e foram explorados intensivamente depois que Habyarimana ressuscitou o antigo regime colonial de destacamentos de trabalho comunal obrigatório. Claro que, quando os onipresentes ativistas do MRND requisitavam, todo mundo aparecia para cantar e dançar em adulação ao presidente nos desfiles e festas políticas de massa, mas essa alegria cívica compulsória não conseguia disfarçar a crescente insatisfação política de grande parte da sociedade ruandesa. Se o país como um todo havia ficado um pouco menos pobre durante a gestão Habyarimana, a grande maioria dos ruandeses mantinha-se em condições de extrema pobreza, e não passava despercebido que o todo-poderoso presidente e seus camaradas ficaram muito ricos.

Sempre havia sido assim na história ruandesa, e, comparada com grande parte do resto da África pós-colonial, Ruanda parecia um Éden para fornecedores de ajuda estrangeiros. Em quase todos os outros lugares do continente para onde você olhasse, veria os ditadores, sustentados pelas potências da Guerra Fria, governando à base de pilhagem e assassinato, e dos rebeldes que se opunham a eles você ouviria a estridente retórica anti-imperialista que fazia os trabalhadores voluntários brancos sentirem-se amargamente mal compreendidos. Ruanda estava calma — ou, como os vulcões do noroeste, dormente; tinha boas estradas, alta frequência à igreja, baixas taxas de criminalidade e uma melhora constante dos índices de saúde pública e educação. Se você fosse um burocrata com um orçamento de ajuda internacional para aplicar, e seu sucesso profissional fosse medido por sua habilidade em não mentir demais quando apresentasse animadores relatos estatísticos no final de cada ano fiscal, Ruanda era a solução. A Bélgica despejava dinheiro no território sobre o qual havia marchado; a França, sempre ávida por expandir seu império neocolonial africano — *la Francophonie* —, iniciara a assistência militar a Habyarimana em 1975; a Suíça enviou mais ajuda para o desenvolvimento de Ruanda do que para qualquer outro país do mundo; Washington, Bonn, Ottawa, Tóquio e o Vaticano, todos tinham Kigali como um alvo preferencial de sua caridade. As montanhas estavam repletas de jovens brancos trabalhando, embora sem saber, para a maior glória de Habyarimana.

Então, em 1986, os preços das principais exportações de Ruanda, café e chá, despencaram no mercado mundial. O único meio de obter lucro fácil passou a ser o desvio de verbas de projetos estrangeiros de ajuda, e a competição era intensa entre os oriundos do noroeste, que haviam ascendido à proeminência sob a égide de Habyarimana. Em sindicatos do crime como a Máfia, uma pessoa investida na lógica e nas práticas da gangue torna-se propriedade dela. Esse conceito faz parte, organicamente, da estrutura social, política e econômica de Ruanda, a cerrada pirâmide de relações clientelistas que nenhuma mudança de regime jamais alterou. Cada montanha tem seu chefe, cada chefe tem seus agentes e seus subchefes; a lei do mais forte vigora desde a mais singela célula social até a mais elevada autoridade central. Mas se o *mwami* — ou, agora, o presidente —, em essência, é dono do país, quem é dono dele? Por meio do controle de negócios paraestatais, do aparato político do MRND e do exército, um pequeno grupo de pessoas do noroeste do país havia, no final dos anos 1980, transformado o Estado ruandês em pouco mais que um instrumento de sua vontade — e com o tempo o presidente mesmo passou a representar mais propriamente um produto do poder regional do que sua fonte.

Quem apenas ouvisse a rádio estatal de Ruanda e lesse seus geralmente tímidos jornais teria dificuldade para perceber que Habyarimana não era inteiramente senhor e proprietário de sua imagem pública. Entretanto, todo mundo sabia que o presidente era um homem de linhagem insignificante, possivelmente neto de um imigrante do Zaire ou de Uganda, enquanto sua mulher, Agathe Kanzinga, era filha de figurões. Madame Agathe, uma assídua frequentadora da igreja, dada também a orgias de compras em Paris, era o poder por trás do trono; era a família dela e seus íntimos que haviam emprestado sua aura a Habyarimana, que haviam espionado para ele e que, eventualmente, e com grande segredo, haviam matado por ele. Quando o cinto nacional começou a se apertar no final dos anos 1980, foi *le clan de Madame* que prevaleceu na exploração da ajuda estrangeira.

Mas há tanta coisa que você deveria saber aqui — imediatamente. Permita-me uma pequena digressão.

No outono de 1980, a naturalista Dian Fossey, que havia passado os treze anos anteriores nas montanhas do noroeste de Ruanda estudando os hábitos dos gorilas das montanhas, recolheu-se à Universidade Cornell para terminar um livro. Seu acordo com a universidade exigia que ela ministrasse um curso, e eu era um de seus alunos. Um dia, antes da aula, encontrei-a num de seus famosos momentos de depressão. Ela acabara de pegar sua faxineira removendo os cabelos de seu — dela, Fossey — pente. Eu estava perplexo: uma faxineira, ainda mais uma tão diligente, era algo altamente exótico para minha cabeça de aluno de graduação. Mas Fossey teve um atrito com a mulher; podia até tê-la demitido. Disse-me que seus cabelos e as aparas de suas unhas eram algo que cabia a ela jogar fora. Botar fogo era o ideal, mas uma descarga de vaso sanitário também servia. Portanto, a faxineira era um bode expiatório; era consigo mesma que Fossey estava irritada. Deixar os cabelos perdidos daquele jeito não estava certo: alguém podia pegá-los e armar um feitiço contra ela. Eu não sabia na época que Fossey era popularmente conhecida em Ruanda como "a feiticeira". Eu disse: "A senhora acredita mesmo nessa enganação?". Fossey contra-atacou: "Lá onde eu vivo, se eu não acreditasse eu estaria morta".

Passados cinco anos, li no jornal que Dian Fossey fora assassinada em Ruanda. Alguém a matou com um facão. Muito depois, houve um julgamento em Ruanda, um processo tenebroso: um réu ruandês foi encontrado enforcado em sua cela antes que pudesse testemunhar, e um dos assistentes de pesquisa americanos de Fossey foi julgado à revelia, declarado culpado e sentenciado à morte. O caso foi encerrado, mas persistiram suspeitas de que não havia sido solucionado. Muitos ruandeses ainda falam de um primo ou cunhado de madame Agathe Habyarimana como sendo o verdadeiro mandante do crime; sua motivação teria algo a ver com operações de tráfico de ouro e drogas — ou, talvez, com a caça ilegal de gorilas — no parque nacional em que ficava a estação de pesquisa de Fossey. Era tudo muito sombrio.

Quando Odette me contou sua conversa com o chefe de segurança de Habyarimana sobre a questão dos demônios, pensei em Fossey. O poder é terrivelmente complexo; se pessoas poderosas acreditam em demônios talvez seja melhor não rir deles. Um assessor de imprensa das Nações Unidas em Ruanda deu-me uma fotocópia de um documento que ele havia recolhido entre os escombros da casa de Habyarimana depois do genocídio. (Entre as posses do presidente, caçadores de troféus encontraram também uma versão filmada do *Mein Kampf* de Hitler, com um retrato hagiográfico do *Führer* na embalagem.) O documento consistia de uma profecia emitida em 1987 por um visionário católico, conhecido como Little Pebbles, que alegava ter comunicação direta com Nossa Abençoada Mãe Virgem Maria, e que previa uma iminente devastação e o fim dos tempos. O cenário de Little Pebbles para os anos seguintes previa um atentado comunista ao Vaticano, guerras civis em todos os países do mundo, uma série de explosões nucleares, incluindo a de um reator russo no polo Norte que causaria a formação de uma crosta de gelo na estratosfera, bloqueando o sol e levando à morte um quarto da população mundial; depois disso, terremotos fariam desaparecer nações inteiras, e a fome e a peste eliminariam muitas das pessoas que tivessem conseguido sobreviver a todo o resto. Finalmente, depois de uma guerra nuclear total e três dias de escuridão, prometia Little Pebbles, "Jesus Cristo vai voltar à Terra no domingo de Páscoa de 1992".

Não sei dizer se Habyarimana chegou a ler essa profecia, mas o fato é que ela foi parar em sua casa, e estava muito próxima, em espírito, das visões que fascinavam sua poderosa esposa. Um monte chamado Kibeho, que se eleva próximo ao centro de Ruanda, ficou famoso nos anos 1980 como um lugar onde a Virgem Maria tinha o costume de aparecer e falar aos profetas locais. Em Ruanda — o mais cristianizado dos países africanos, no qual pelo menos 65% da população era católica e 15%, protestante — os profetas do Kibeho rapidamente atraíram muitos seguidores. A Igreja católica instituiu uma "comissão científica de investigação" do fenômeno, e declarou-o autêntico. O Kibeho era algo impressionante. Peregrinos vinham do mundo todo, e madame Agathe Habyarimana era uma visitante assídua. Com o incentivo do bispo de Kigali, monsenhor Vincent Nsengiyumva (ele próprio um membro entusiástico do comitê central do MRND), madame Agathe frequentemente levava consigo várias profetisas do Kibeho em viagens internacionais. Essas jovens tinham muito a relatar de seus colóquios com a Virgem, mas entre as mensagens marianas que causaram mais forte impacto popular estava a repetida afirmação de que Ruanda, em pouco tempo, seria banhada em sangue. "Havia mensagens anunciando desgraça para Ruanda", contou-me o monsenhor Augustin Misago, que era membro da comissão da Igreja no Kibeho. "Visões da Virgem chorando, visões das pessoas matando com facões, de montanhas cobertas de cadáveres."

Os ruandeses frequentemente descrevem a si próprios como um povo singularmente desconfiado, e com alguma razão. A qualquer lugar que você vá em Ruanda — uma residência particular, um bar, um gabinete do governo ou um campo de refugiados —, as bebidas são servidas em garrafas com tampa, abertas diante dos olhos de quem vai beber. É um costume que paga tributo ao medo de envenenamento. Uma garrafa aberta, ou mesmo uma garrafa com a tampa frouxa, é inaceitável. Os copos também são suspeitos. Quando, como acontece com a forte cerveja de banana consumida pelos camponeses, uma bebida provém de um pote destampado, ou quando tem de ser compartilhada, numa roda, quem oferece deve dar o primeiro gole, como um provador de comida numa corte medieval, para atestar que ela é segura.

Histórias de supostos envenenamentos pontuam regularmente a tradição oral de Ruanda. Marc Vincent, um pediatra de Bruxelas que serviu na administração colonial no início dos anos 1950, concluiu que a população local via o envenenamento e a bruxaria como causas fundamentais de todas as doenças fatais. Em sua monografia *L'enfant au Ruanda-Urundi*, Vincent recordou ter ouvido um menino de dez anos, muito doente, dizer a seu pai: "Quando eu morrer, você deve descobrir quem me envenenou". E um garoto de oito anos disse a Vincent: "Sim, a morte existe, mas para todos aqueles que morrem aqui, não é morte normal, é bruxaria: quando você cospe no chão, alguém se apossa da sua saliva, alguém se apossa do pó onde você pisou. Meus pais me disseram para tomar cuidado". Atitudes assim, segundo Vincent, permeiam todas as camadas sociais: "Os nativos veem envenenadores em toda parte".

Ainda hoje, as mortes são muitas vezes explicadas no *radio trottoir* — o rádio da calçada, a sempre distorcida voz das ruas — e na mídia mais formal como obra de envenenadores invisíveis. Na ausência de evidências que provem ou neguem tais rumores, o medo crônico do veneno ganha dimensão de metáfora. Quando a morte é sempre obra dos inimigos, e o poder do Estado considera-se afinado com o oculto, a desconfiança e as artimanhas tornam-se instrumentos de sobrevivência, e a própria política torna-se um veneno.

Então, Habyarimana era ofuscado por sua mulher, e sua mulher tinha premonições de destruição total. Os ruandeses pareciam acreditar que ela sabia das coisas. No *radio trottoir*, madame Agathe era chamada de Kanjogera, em referência à perversa rainha-mãe do *mwami* Musinga, a Lady Macbeth da lenda ruandesa. *Le clan de Madame*, a corte de Agathe dentro da corte, era conhecida como a *akazu*, a pequena casa. A *akazu* era o núcleo de redes concêntricas de energia política, econômica e militar que seriam conhecidas como o Poder Hutu. Quando o presidente se metia no caminho da *akazu*, era logo posto de novo no seu lugar. Por exemplo, Habyarimana uma vez apoiou um protegido de fora da *akazu*, o coronel Stanislas Mayuya; ele gostava tanto de Mayuya que um dos chefes da *akazu* mandou matar o coronel. O pistoleiro contratado foi preso; então ele e o promotor do processo também foram mortos.

O assassinato de Mayuya ocorreu em abril de 1988. Seguiu-se um ano estranho. O Fundo Monetário Internacional e o Banco Mundial exigiam que Ruanda implementasse um programa de "ajuste estrutural", e o orçamento governamental para 1989 foi cortado praticamente pela metade. Ao mesmo tempo, os impostos aumentaram, assim como a exploração do trabalho compulsório. Chuvas desastrosas e um mau gerenciamento dos recursos criaram bolsões de fome. Detalhes dos escândalos de corrupção vazaram e vieram a público, e diversos opositores de Habyarimana foram atropelados e mortos em supostos acidentes. Para evitar que a imagem de Ruanda ficasse manchada aos olhos dos órgãos de ajuda internacional, a polícia de Kigali pôs em ação comandos para prender "prostitutas", uma categoria que incluía toda e qualquer mulher que tivesse problemas com as altas autoridades. O ministro do Interior convocou militantes católicos a depredar lojas que vendessem preservativos. Jornalistas independentes que noticiassem esses desmandos eram enfiados na prisão; o mesmo destino tinham os desocupados, cujas cabeças haviam sido raspadas para dar início a um programa de "reeducação".

Quanto mais problemas havia, mais apareciam novos criadores de problemas. Oposicionistas hutus de diversas tendências começaram a fazer-se ouvir e procuraram chamar a atenção dos governos ocidentais, cujas verbas de ajuda representavam cerca de 60% do orçamento anual de Ruanda. A oportunidade era perfeita. Em seguida à queda do Muro de Berlim em novembro de 1989 — o mesmo mês em que Odette foi demitida —, as potências da Europa Ocidental e da América do Norte que haviam vencido a Guerra Fria começaram a exigir gestos de democratização dos países africanos que dependiam delas. Foi preciso um bocado de intimidação, mas depois de um encontro com seu principal patrono estrangeiro, o presidente francês François Mitterrand, Habyarimana anunciou subitamente, em junho de 1990, que era hora de estabelecer um sistema político multipartidário em Ruanda.

A adoção de reformas por Habyarimana era visivelmente insincera, uma capitulação às coerções internacionais, e, em vez de alívio e entusiasmo, a perspectiva de uma disputa aberta pelo poder espalhou o temor em Ruanda. Todo mundo percebia que o grupo do noroeste, que dependia do poder de Habyarimana, e do qual esse poder dependia cada vez mais, não estava disposto a abrir mão de sua posição. Ao mesmo tempo que Habyarimana falava publicamente em abertura política, a *akazu* apertava seu controle sobre a máquina estatal. À medida que a repressão se intensificava, na proporção direta da ameaça de mudança, muitos dos principais defensores das reformas fugiam para o exílio.

E então, no início da tarde de 1º de outubro de 1990, um exército rebelde, autointitulado Frente Patriótica Ruandesa, invadiu o nordeste de Ruanda a partir de Uganda, declarando guerra ao regime de Habyarimana e propondo um programa político que acabasse com a tirania, a corrupção e a ideologia da exclusão, "que gerava refugiados".

Cada guerra é não convencional à sua própria maneira. O não convencionalismo do Poder Hutu não demorou muito a se manifestar. A invasão da FPR começou com cinquenta homens cruzando a fronteira, e embora centenas de outros houvessem aderido, o campo de combate estava claramente demarcado: um pedaço do parque nacional no nordeste. Se era a FPR que você queria combater, era só ir para a frente de batalha. Mas na noite de 4 de outubro — três dias depois da invasão — houve uma grande fuzilaria em Kigali e seus arredores. Na manhã seguinte, o governo anunciou que conseguira esmagar um ataque rebelde à capital. Era mentira. Não tinha havido nenhuma batalha. A fuzilaria era uma farsa, e seu objetivo era simples: exagerar a ameaça a Ruanda e criar a impressão de que cúmplices dos rebeldes haviam se infiltrado até o coração do país.

A invasão da FPR ofereceu à oligarquia de Habyarimana sua melhor arma contra o pluralismo: o fantasma unificador de um inimigo comum. Seguindo a lógica da ideologia de Estado — segundo a qual a identidade é sinônimo de política e a política é sinônimo de identidade —, todos os tutsis eram considerados "cúmplices" da FPR, e os hutus que não compartilhassem essa visão eram vistos como traidores que defendiam os tutsis. O bando de Habyarimana não queria uma guerra de fronteira, mas recebeu com agrado os distúrbios de proporções nacionais como um pretexto para sitiar os "inimigos internos". Já haviam sido preparadas listas: tutsis instruídos, tutsis prósperos e tutsis que costumavam viajar para o exterior estavam entre os primeiros a ser presos, e hutus proeminentes considerados, por um motivo ou por outro, em desacordo com o regime eram igualmente detidos.

O marido de Odette, Jean-Baptiste, recebeu um telefonema de um representante do governo, que lhe disse: "Sabemos que você é um hutu, mas é muito próximo de alguns tutsis por causa da sua mulher. Se você ama sua família, diga a esses tutsis que escrevam uma carta ao presidente, confessando seus atos de traição em conluio com a FPR". O representante ditou o modelo da carta. Jean-Baptiste respondeu que seus amigos não tinham nenhuma relação com a FPR, o que era verdade.

Antes da ofensiva da FPR, quase ninguém fora de suas fileiras sabia de sua existência. Mas Habyarimana havia expressado repetidamente seu temor de que os ruandeses incorporados ao exército ugandense estivessem conspirando contra ele, e a invasão da FPR havia, de fato, envolvido uma deserção em massa das fileiras ugandenses. Para Habyarimana e sua corte, essa era a prova de que todo indivíduo de que eles suspeitavam era um agente inimigo.

Jean-Baptiste declarou a seu interrogador que não tinha nenhum contato com exilados. Foi deixado em paz depois disso. Odette não sabia por quê; quase 10 mil pessoas foram presas em outubro e novembro de 1990. Mas todo tipo de equívoco foi cometido. Por exemplo, quando alguns homens foram mandados ao hospital para prender Odette, levaram a pessoa errada. "Eu havia conseguido meu emprego de volta", disse ela, "e tinha uma colega de mesmo nome. Ela era hutu e declarou ser apenas uma homônima, mas era muito mais alta que eu (o que aumentava a suspeita de ser tutsi), e disseram: 'Só há uma médica tutsi chamada Odette'. Então a prenderam e torturaram, e em 1994 foi de novo confundida com uma tutsi e assassinada."

Ao longo das primeiras semanas da guerra, o governo conclamou a população a manter a calma. Mas o falso ataque a Kigali e as prisões em massa emitiam uma mensagem diferente. Em 11 de outubro, apenas dez dias depois da invasão da FPR, funcionários públicos da aldeia de Kibilira, em Gisenyi, comunicaram aos hutus que seu trabalho comunal obrigatório naquele mês consistiria em combater os vizinhos tutsis, com quem eles haviam vivido em paz por pelo menos quinze anos. Os hutus foram para o trabalho ao som de cantos e tambores, e a chacina durou três dias; cerca de 350 tutsis foram mortos e 3 mil deixaram suas casas. Para aqueles cuja memória não alcança tão longe quanto a de Odette, o massacre de Kibilira é lembrado como o começo do genocídio.

7

Em 1987, um jornal chamado *Kanguka* começou a aparecer em Ruanda. *Kanguka* quer dizer "Desperte", e o jornal, editado por um hutu do sul e sustentado por um proeminente homem de negócios tutsi, era crítico em relação ao establishment de Habyarimana. Sua originalidade consistia em propor uma análise da vida ruandesa baseada na economia, e não no conflito étnico. A corajosa equipe do *Kanguka* sofria pressões constantes, mas o jornal era um sucesso junto ao pequeno público que tinha condições de lê-lo. Então, no início de 1990, madame Agathe Habyarimana convenceu vários líderes da *akazu* a lançar uma publicação concorrente. Eles não sabiam nada a respeito de imprensa, mas eram peritos em fraquezas humanas — especialmente vaidade e venalidade — e contrataram como editor um trambiqueiro nas horas vagas e autopropagandista em tempo integral chamado Hassan Ngeze, um ex-cobrador de ônibus que havia se estabelecido como comerciante, vendendo jornais e bebidas num posto de gasolina em Gisenyi, e daquele ponto privilegiado tornara-se um bem-humorado cronista das ruas para o *Kanguka*.

O jornal que Ngeze criou, *Kangura* —"Faça despertar"—, definia-se como "a voz que procura acordar e guiar a maioria do povo". Começou como pouco mais que uma paródia do *Kanguka*, com um formato idêntico, que levava muitos leitores a comprá-lo por engano. A artimanha foi facilitada pelo fato de que, na mesma época em que o *Kangura* surgiu, o governo recolheu vários números do *Kanguka*. Mas, para o gosto da *akazu*, o tom irreverente do jornal era demasiado parecido com o de seu concorrente, e aborrecia aos patrocinadores de Ngeze o fato de este dedicar grande parte das primeiras edições a ensaios fotográficos que enalteciam suas próprias qualidades. Em julho de 1990, quando as forças de segurança de Habyarimana detiveram o editor do *Kanguka*, sob a acusação de alta traição, fizeram uma encenação de isenção prendendo simultaneamente Hassan Ngeze por perturbação da ordem pública. O truque funcionou em diversos níveis. Grupos ocidentais de direitos humanos, como a Anistia Internacional, lançaram apelos conjuntos pela libertação dos dois editores, conferindo a Ngeze uma aura de mártir oposicionista, quando a verdade é que ele era um propagandista do regime que havia desapontado seus patronos. Ao mesmo tempo, a prisão ensinou a Ngeze que seu bem-estar dependia de ele ser um lacaio mais aplicado, lição que, como homem ambicioso que era, assimilou profundamente.

Em outubro de 1990, quando as prisões de Ruanda estavam sendo recheadas de supostos cúmplices da FPR, Ngeze foi libertado para relançar o *Kangura*. (O editor do *Kanguka* permaneceu convenientemente trancafiado.) Com a guerra como pano de fundo, Ngeze alcançou um engenhoso equilíbrio entre sua persona de crítico do regime, legitimada pela prisão, e seu status secreto de agente da *akazu*. Mesmo quando conclamava os hutus a unirem-se em torno do presidente na luta contra a ameaça tutsi, ele repreendia o presidente por não conseguir liderar essa luta com empenho suficiente. Enquanto os membros do governo ainda se sentiam publicamente impedidos pela pressão internacional de falar abertamente na questão étnica, Ngeze publicava o que dizia serem documentos da FPR que supostamente "provavam" que o movimento rebelde era parte de uma antiga conspiração pela supremacia tutsi e pela submissão dos hutus a uma servidão feudal. Ele divulgava listas de proeminentes tutsis e cúmplices hutus que se haviam "infiltrado" nas instituições públicas, acusava o governo de trair a revolução, e conclamava a uma rigorosa campanha de "autodefesa" nacional para proteger as "conquistas" de 1959 e 1973. E fazia tudo isso com os custos de sua publicação cobertos por financiamento governamental, destinando a maior parte dos exemplares aos prefeitos de Ruanda, para que os distribuíssem gratuitamente.

Uma porção de novos periódicos havia aparecido em Ruanda em 1990. Todos, menos o *Kangura*, serviam como vozes relativamente moderadas, e todos, menos o *Kangura*, estão hoje esquecidos. Mais do que ninguém, Hassan Ngeze, o defensor da supremacia hutu com um toque populista, tirado da obscuridade pela mulher do presidente para representar o bobo da corte, estava compondo o script para a iminente cruzada hutu. Seria tolo duvidar de seu brilho como mercador do medo. Quando outro jornal publicou uma charge que mostrava Ngeze num divã, sendo psicanalisado pela "imprensa democrática" —

> Ngeze: Estou doente, doutor!!
> Psicanalista: Qual é a doença?!
> Ngeze: Os tutsis... tutsis... tutsis!!!!!!!!

—, Ngeze recolheu-a e publicou-a no *Kangura*. Ele era uma dessas criaturas da destruição que transformam tudo o que é atirado nelas em suas próprias armas. Era engraçado, audacioso e, numa das sociedades mais reprimidas do mundo, representava o exemplo liberador de um homem que parecia não conhecer nenhum tabu. Como teórico racial, Ngeze fazia John Hanning Speke parecer o que de fato era: um amador. Ele era o protótipo escandaloso do hutu ruandês *génocidaire*, e seus imitadores e discípulos logo se tornaram uma legião.

Embora fosse membro praticante da pequena comunidade muçulmana de Ruanda — a única religião, segundo um líder cristão, que "aparentemente se comportou muito bem, e enquanto grupo não teve participação no genocídio, procurando até salvar tutsis muçulmanos" —, a verdadeira religião de Ngeze era o "hutuísmo". Um famoso artigo seu, publicado em dezembro de 1990, era o credo dessa fé recentemente cristalizada: "Os Dez Mandamentos hutus". Em poucas e rápidas pinceladas, Ngeze revivia, revisava e reconciliava o mito hamítico e a retórica da revolução hutu para formular uma doutrina militante da pureza hutu. Os três primeiros mandamentos chamavam a atenção para a teimosa opinião, constantemente reafirmada pelo gosto de homens brancos estrangeiros e de hutus socialmente bem posicionados, de que a beleza das mulheres tutsis sobrepujava a das mulheres hutus. De acordo com os escritos de Ngeze, todas as mulheres tutsis eram agentes tutsis; homens hutus que casassem, tivessem amizade ou empregassem uma tutsi "como secretária ou concubina" deveriam ser considerados traidores, e as mulheres hutus, por sua vez, eram convocadas a se precaver contra a atração dos homens hutus pelas mulheres tutsis. Do sexo, Ngeze passava a questões de negócios, declarando todo tutsi desonesto — "seu único objetivo é a supremacia de seu grupo étnico" — e acusando de inimigos de seu povo os hutus que tivessem relações financeiras com tutsis. O mesmo valia para a vida política; os hutus deveriam controlar "todas as posições estratégicas políticas, administrativas, econômicas, militares e de segurança". Os hutus eram além disso intimados a ter "unidade e solidariedade" contra "seu inimigo tutsi comum", a estudar e espalhar "a ideologia hutu" da revolução de 1959, e a ver como traidor qualquer hutu que "persegue seu irmão hutu" por estudar ou difundir essa ideologia.

"Os Dez Mandamentos hutus" circularam amplamente e tornaram-se imensamente populares. O presidente Habyarimana advogou sua publicação como prova da "liberdade de imprensa" em Ruanda. Líderes comunitários de todo o país davam a eles valor de lei, e liam-nos em voz alta em manifestações públicas. A mensagem não era propriamente nova, mas, diante de seu odor de guerra santa e suas implacáveis ameaças aos hutus negligentes, mesmo os menos sofisticados camponeses de Ruanda não podiam deixar de perceber que ela havia atingido um clímax de alarme totalmente novo. O oitavo e mais citado dos mandamentos dizia: "Os hutus têm de parar de sentir pena dos tutsis".

Em dezembro de 1990, o mesmo mês em que Hassan Ngeze publicou "Os Dez Mandamentos hutus", o *Kangura* saudava o presidente da França, François Mitterrand, com um retrato de página inteira, com a legenda: "O amigo se conhece na hora do aperto". A saudação era apropriada. Lutando ao lado das Forças Armadas Ruandesas (FAR) de Habyarimana, centenas de superequipados paraquedistas franceses impediram a FPR de avançar além das primeiras posições conquistadas no nordeste.

Inicialmente, a Bélgica e o Zaire também mandaram tropas para apoiar a FAR, mas os zairenses eram tão propensos às bebedeiras, pilhagens e estupros que Ruanda logo pediu-lhes que fossem para casa, e os belgas resolveram se retirar por conta própria. Os franceses permaneceram, e seu impacto foi tamanho que depois do primeiro mês Habyarimana chegou a anunciar a derrota da FPR. Na verdade, as alquebradas forças rebeldes haviam meramente recuado em direção ao oeste, saindo das pastagens abertas do nordeste de Ruanda para estabelecer uma nova base nas recortadas encostas dos vulcões de Virunga, cobertas de floresta tropical. Ali — com frio, molhados e com suprimentos parcos — a FPR teve mais baixas pela pneumonia do que pelos combates, enquanto treinava novos recrutas para um feroz — e ferozmente disciplinado — exército de guerrilha que poderia ter rapidamente forçado Habyarimana a sentar-se na mesa de negociações, ou mesmo tê-lo levado à derrota total, se não fosse pela França.

Um acordo militar assinado em 1975 entre a França e Ruanda proibia expressamente o envolvimento de tropas francesas em combates, treinamento militar ou operações policiais no território ruandês. Mas o presidente Mitterrand gostava de Habyarimana, e o filho de Mitterrand, Jean-Christophe, um comerciante de armas e durante algum tempo comissário de assuntos africanos do Ministério do Exterior francês, também gostava dele. (À medida que a guerra se arrastava e os gastos militares drenavam as reservas de Ruanda, um comércio ilegal de drogas começou a se desenvolver no país; oficiais do exército estabeleceram plantações de maconha, e Jean-Christophe Mitterrand, segundo rumores amplamente espalhados, beneficiou-se do tráfico.) A França enviou grandes carregamentos de armas a Ruanda — até os massacres de 1994 — e, no começo de 1990, oficiais e tropas francesas serviram como auxiliares dos ruandeses, dirigindo tudo, do controle do tráfego aéreo ao interrogatório de prisioneiros da FPR, passando pelo combate na linha de frente.

Em janeiro de 1991, quando a FPR tomou a cidade-chave de Ruhengeri, base natal de Habyarimana, no noroeste do país, tropas do governo, ajudadas por paraquedistas franceses, expulsaram-nos de lá em menos de 24 horas. Alguns meses depois, quando o embaixador dos Estados Unidos em Ruanda sugeriu que o governo Habyarimana abolisse as carteiras de identidade étnica, o embaixador francês opôs-se à iniciativa. Paris via a África francófona como "*chez nous*", uma extensão virtual da pátria, e o fato de a FPR ter emergido da anglófona Uganda inspirou a antiga fobia francesa de uma ameaça anglo-saxônica. Protegido por esse cobertor de segurança imperial, Habyarimana e sua panelinha no poder ficavam livres para ignorar a FPR por longos períodos e concentrar-se em sua campanha contra o desarmado "inimigo doméstico".

Poucos dias depois da ocupação relâmpago de Ruhengeri, em janeiro de 1991, a FAR de Habyarimana simulou um ataque a um de seus próprios acampamentos militares no noroeste. A FPR foi responsabilizada e, em represália, um prefeito local organizou massacres dos bagogwe, um quase nômade subgrupo tutsi que subsistia em extrema pobreza; eles foram mortos em grandes quantidades, e o prefeito fez com que fossem enterrados em seu próprio quintal. Seguiram-se mais massacres; no final de março centenas de tutsis do noroeste haviam sido chacinados.

"Vivíamos realmente apavorados naquele período", recordou Odette. "Pensávamos que seríamos massacrados." Em 1989, quando foi demitida do hospital, Odette ficara furiosa com a rapidez com que pessoas em quem ela confiava como amigas viraram-lhe as costas. Um ano depois, olhava para trás e via esse período como os bons tempos de outrora. Como muitos tutsis de Ruanda, Odette primeiro reagiu à guerra com indignação diante dos refugiados rebeldes, por deixar em risco aqueles que ficaram no país. "Sempre achamos que os que estavam fora estavam bem estabelecidos e em situação melhor que a nossa", disse-me ela. "Tínhamos nos acostumado a ver nossa situação aqui como normal. Eu costumava dizer a meus primos: 'Por que voltar? Fiquem aí, vocês estão bem melhor aí fora'. E eles diziam: 'Odette, até você adotou o discurso de Habyarimana'. A FPR teve de nos mostrar que os refugiados sofriam, vivendo no exílio, e começamos a nos dar conta de que nesse tempo todo não havíamos pensado nesses exilados. Noventa e nove por cento dos tutsis não tinham a menor ideia de que a FPR iria atacar. Mas começamos a discutir o assunto, e percebemos que aqueles é que eram nossos irmãos e que os hutus com quem vivíamos não nos viam como iguais. Eles nos rejeitavam."

Quando Odette e seu marido, Jean-Baptiste, visitaram as mulheres de tutsis presos, Jean-Baptiste recebeu uma chamada do secretário-geral de Inteligência, a quem ele considerava um bom amigo. O aviso de amigo do chefe da Inteligência foi: "Se você quer morrer, continue procurando essas pessoas".

Para aqueles que estavam na prisão, como Bonaventure Nyibizi, funcionário da missão da Agência dos Estados Unidos para o Desenvolvimento Internacional (Usaid) em Kigali, a expectativa de morte era ainda maior. "Eles estavam matando prisioneiros toda noite, e em 26 de outubro eu seria morto", disse-me ele. "Mas eu tinha cigarros. O sujeito chegou e disse: 'Vou matar você', e eu lhe dei um cigarro. Então ele disse: 'Bem, nós estamos matando as pessoas a troco de nada e não vou mais matar você esta noite'. Havia pessoas morrendo todo dia sob tortura. Elas eram levadas e, quando as traziam de volta, estavam espancadas, feridas de baioneta, agonizando. Dormi com gente morta várias noites. Acho que o plano inicial era matar todo mundo na prisão, mas a Cruz Vermelha começou a registrar as pessoas, então ficou mais difícil. O regime queria manter uma boa imagem internacional."

Um dos melhores amigos de Bonaventure na prisão era um homem de negócios chamado Froduald Karamira. Bonaventure e Karamira vinham ambos de Gitarama, no sul, e eram tutsis de nascença. Mas, muito cedo na vida, Karamira havia adquirido documentos de identidade hutus, e havia se beneficiado deles como pudera; em 1973, quando Bonaventure foi expulso da escola por ser tutsi, Karamira, que frequentava a mesma escola, foi deixado em paz. "Mas o governo Habyarimana não gostava dos hutus de Gitarama, e Karamira além disso era rico, então eles o prenderam", explicou Bonaventure. "Ele era uma pessoa amável na prisão, sempre ajudando as pessoas, comprando cigarros, um lugar para dormir, cobertores. Quando saiu da prisão, antes de mim, minha mulher estava grávida de nosso primeiro filho, e ele foi visitá-la imediatamente. Depois de março de 1991, quando o governo libertou todos nós da prisão, eu o vi diversas vezes. Ele costumava vir à minha casa, ou ao meu escritório. Então, uma noite", Bonaventure estalou os dedos, "mudou completamente. Não podíamos mais conversar porque eu era um tutsi. Isso aconteceu com muitas pessoas. Mudaram tão rápido que a gente se perguntava: 'É a mesma pessoa?'."

No verão de 1991, a tão anunciada ordem multipartidária havia começado em Ruanda. Um salto dessa natureza, do totalitarismo ao livre mercado político, é tumultuado mesmo quando realizado por líderes sinceramente bem-intencionados, e em Ruanda a abertura política foi tramada com visível má-fé. A maior parte da dúzia de partidos que subitamente passaram a se digladiar por atenção e influência eram meros títeres do MRND de Habyarimana, criados pelo presidente e pela *akazu* para semear a confusão e fazer uma caricatura do sistema pluralista. Apenas um dos partidos de oposição genuína contava com uma filiação significativa de tutsis; os outros dividiam-se em reformistas confiáveis e extremistas hutus que rapidamente transformaram o "debate democrático" em uma cunha para polarizar ainda mais a já dividida coletividade ao apresentar a política em Ruanda como uma mera questão de autodefesa hutu. Nós contra eles — todos nós contra todos eles: qualquer pessoa que ousasse sugerir uma visão alternativa era um deles e podia se preparar para as consequências. E foi Froduald Karamira, o convertido ao hutuísmo, que deu a essa proposição sistemática, e à cacofonia do discurso ideológico que crepitava por trás dela, o entusiástico nome de Poder Hutu.

"Não sei exatamente o que aconteceu", disse-me Bonaventure. "Dizem que Habyarimana pagou-lhe dezenas de milhões para mudar de posição, e ele de fato tornou-se o cabeça da ElectroGaz" — a empresa nacional de serviços públicos. "Tudo que sei é que se tornou um dos mais importantes extremistas, e que antes ele não era assim. Tanta coisa estava mudando tão rapidamente, e ainda assim era difícil acreditar no tamanho da mudança."

Um dia, em janeiro de 1992, soldados visitaram a casa de Bonaventure em Kigali, enquanto ele e sua mulher estavam fora. "Arrombaram as portas", disse Bonaventure. "Pegaram tudo, amarraram os empregados e deixaram granadas com meu filho de nove meses. Ele ficou lá, brincando com uma granada na sala, durante três horas. Então alguém estava passando e viu. Meu filho não morreu por sorte."

Assim iam as coisas — um ataque aqui, um massacre ali — enquanto os hutus, cada vez mais organizados, estocavam armas, e milícias jovens hutus eram recrutadas e treinadas para a "defesa civil". Na vanguarda dessas milícias estava a *interahamwe* — "aqueles que atacam em grupo" —, que tinha suas origens nas torcidas organizadas de futebol patrocinadas por líderes do MRND e da *akazu*. O colapso econômico do final dos anos 1980 havia deixado dezenas de milhares de jovens sem nenhuma perspectiva de emprego, dissipando-se na ociosidade e nos ressentimentos que a acompanham, e portanto prontos para ser recrutados. A *interahamwe* e os vários grupos que a imitavam e que acabaram sendo incorporados a ela promoviam o genocídio como se fosse uma brincadeira de carnaval. Os líderes jovens do Poder Hutu, rodando velozmente em suas mobiletes e ostentando os cortes de cabelo da moda, óculos escuros, paletós de pijama e roupões de colorido extravagante, pregavam a solidariedade étnica e a defesa civil a multidões cada vez maiores, em comícios em que o álcool circulava livremente, estandartes gigantes com retratos hagiográficos de Habyarimana tremulavam ao vento, e exercícios paramilitares eram conduzidos como se fossem os mais recentes e mais quentes passos de dança. O presidente e sua mulher frequentemente apareciam para ser ovacionados nesses espetáculos, enquanto, na surdina, membros da *interahamwe* organizavam-se em pequenos bandos divididos por bairro, faziam listas de tutsis e se afastavam para treinar incêndio de casas, lançamento de granadas e confecção de porretes.

A brincadeira virou trabalho pela primeira vez para a *interahamwe* no início de março de 1992, quando a rádio Ruanda, estatal, anunciou a "descoberta" de um plano tutsi para massacrar hutus. Era pura notícia falsa, mas, em "autodefesa" preventiva, membros da milícia e moradores da região de Bugesera, ao sul de Kigali, assassinaram trezentos tutsis em três dias. Chacinas semelhantes ocorreram ao mesmo tempo em Gisenyi, e em agosto, pouco depois de Habyarimana — sob intensa pressão de organismos internacionais de ajuda — ter assinado um cessar-fogo com a FPR, tutsis foram massacrados em Kibuye. Naquele outubro, o cessar-fogo foi expandido por conta dos planos de formar um novo governo de transição que incluiria a FPR; uma semana depois, Habyarimana fez um discurso rejeitando a trégua como "nada mais que um pedaço de papel".

Ainda assim, o dinheiro da ajuda externa continuou a ser despejado nos cofres de Habyarimana, e as armas continuaram a chegar — da França, do Egito, da segregacionista África do Sul. Ocasionalmente, quando os fornecedores de ajuda expressavam preocupação pelos assassinatos de tutsis, havia prisões, mas os detidos eram soltos em seguida; ninguém foi levado a julgamento, muito menos processado pelos massacres. Para acalmar a inquietação estrangeira, o governo retratava os massacres como atos "espontâneos" e "populares" de "raiva" ou "autoproteção". Os ruandeses sabiam que não era nada disso. Os massacres eram invariavelmente precedidos por comícios de "conscientização", em que líderes locais, geralmente acompanhados de uma autoridade do governo provincial ou nacional, descreviam os tutsis como demônios — com chifres, cascos, rabos e tudo — e davam ordem para assassiná-los, de acordo com o jargão revolucionário, como um compromisso de "trabalho". As autoridades locais aproveitavam-se substancialmente dos massacres, tomando as terras e posses dos tutsis assassinados, e às vezes gozando de promoções se mostrassem entusiasmo especial. Os assassinos civis também eram comumente agraciados com butins mais modestos.

Em retrospecto, os massacres do início dos anos 1990 podem ser vistos como ensaios para o que os próprios defensores do hutuísmo chamaram de "solução final" em 1994. Entretanto, o horror não tinha nada de inevitável. Com o advento do pluripartidarismo, o presidente havia sido forçado pela pressão popular a fazer concessões consideráveis aos oposicionistas partidários de reformas, e foi necessário um esforço brutal do *entourage* extremista de Habyarimana para evitar que Ruanda resvalasse para a moderação. A violência foi a chave desse esforço. A *interahamwe* era financiada e supervisionada por um consórcio de líderes *akazu*, que comandavam também seus próprios esquadrões da morte, com nomes como Rede Zero e grupo Bala. Os três irmãos de madame Habyarimana, ao lado de um bando de coronéis e líderes da máfia dos negócios do noroeste, eram membros fundadores dessas milícias, que entraram em ação pela primeira vez junto com a *interahamwe* durante o massacre de Bugesera, em março de 1992. Mas a inovação mais crucial em Bugesera foi o uso do rádio na preparação do terreno para a chacina, e a radicalização da mensagem, do sugestivo nós contra eles para o categoricamente impositivo matar ou morrer.

O genocídio, no fim das contas, é um exercício na construção de uma comunidade. Uma ordem vigorosa e totalitária requer que o povo se encaixe nos planos dos líderes e, se o genocídio é o meio mais perverso e ambicioso para chegar a esse fim, é também o mais abrangente. Em 1994, Ruanda era vista em grande parte do mundo como um caso exemplar do caos e da anarquia associados a Estados em colapso. Na verdade, o genocídio era o produto da ordem, do autoritarismo, de décadas de teoria e doutrinação política moderna, e de um dos Estados mais meticulosamente administrados da história. E, por estranho que isso possa soar, a ideologia — ou o que os ruandeses chamam "a lógica" — do genocídio foi promovida como uma forma não de criar sofrimento, mas de aliviá-lo. O espectro de uma ameaça absoluta que requer uma erradicação absoluta enlaça o líder e o povo num forte abraço utópico, e o indivíduo — sempre um empecilho à totalidade — deixa de existir.

As massas de participantes dos massacres preparatórios do início dos anos 1990 talvez tenham sentido pouco prazer em matar obedientemente seus vizinhos. Ainda assim, poucos se recusaram, e a resistência firme foi extremamente rara. Matar tutsis era uma tradição política na Ruanda pós-colonial; era algo que unia as pessoas.

Tornou-se um lugar-comum nos últimos cinquenta anos dizer que o assassinato em escala industrial do Holocausto põe em questão a noção de progresso humano, uma vez que a arte e a ciência podem levar direto a Auschwitz, através do famoso portão onde se leem as palavras "O trabalho liberta". Sem toda aquela tecnologia, prossegue o argumento, os alemães não poderiam ter assassinado todos aqueles judeus. Entretanto, foram os alemães, não as máquinas, que realizaram a matança. Os líderes do Poder Hutu de Ruanda entenderam isso perfeitamente. Se você conseguisse manipular o povo que manipularia os facões, o subdesenvolvimento tecnológico não seria um obstáculo ao genocídio. O povo era a arma, e isso significava todo mundo: a população hutu inteira tinha de matar a população tutsi inteira. Além de assegurar uma vantagem numérica óbvia, esse arranjo eliminava qualquer questão sobre responsabilidade que pudesse ser levantada. Se todo mundo está envolvido, atribuir responsabilidades perde o sentido. Responsabilidade em quê? Um hutu que pensasse que havia alguma coisa pela qual se pudesse ser responsabilizado teria de ser um cúmplice do inimigo.

"Nós, o povo, somos obrigados a tomar para nós a responsabilidade de liquidar essa escória", explicou Leon Mugesera, em novembro de 1992, no mesmo discurso em que conclamou os hutus a mandar os tutsis de volta à Etiópia pelo rio Nyabarongo. Mugesera era um médico, vice-presidente do MRND e amigo íntimo e conselheiro de Habyarimana. Sua voz era a voz do poder e muitos ruandeses ainda são capazes de citar com precisão trechos de seu famoso discurso; membros da *interahamwe* frequentemente recitavam suas frases favoritas enquanto partiam para os massacres. A lei, clamou Mugesera, condena à morte os "cúmplices" das "baratas". "O que vocês estão esperando para executar a sentença?", perguntou. Membros dos partidos de oposição, disse ele, "não têm o direito de viver entre nós". Como líder "*do* Partido", invocou seu dever de espalhar o alerta e instruir o povo a "defender a si próprio". Quanto às "baratas", se perguntou: "O que estamos esperando para dizimar essas famílias?". Apelou àqueles que haviam prosperado sob Habyarimana para que "financiassem operações para a eliminação dessa gente". Falou sobre 1959, dizendo que fora um erro terrível deixar os tutsis sobreviverem. "Destruam-nos", disse. "Não importa o que vocês façam, não os deixem escapar", e acrescentou: "Lembre-se de que aquela pessoa cuja vida você poupa certamente não poupará a sua". Ele terminou o discurso com as palavras: "Acabem com eles. Longa vida ao presidente Habyarimana".

Mugesera havia falado em nome da lei, mas acontece que o ministro da Justiça na época era um homem chamado Stanislas Mbonampeka, que via as coisas de outro modo. Mbonampeka era um homem talentoso: um próspero hutu do noroeste, dono de metade das ações de uma fábrica de papel higiênico, e também um oposicionista, advogado e defensor dos direitos humanos que ocupava a alta hierarquia do Partido Liberal, o único partido oposicionista que contava com um considerável contingente tutsi. Mbonampeka estudou o discurso de Mugesera e emitiu uma ordem de prisão contra ele por incitação ao ódio. Claro que Mugesera não foi para a cadeia — ele recorreu à proteção do exército, depois emigrou para o Canadá — e Mbonampeka logo foi demitido do cargo de ministro. Mbonampeka percebeu o lado para o qual o vento soprava. No início de 1993, todos os novos partidos de oposição haviam se dividido em duas facções — Poder e Antipoder — e Mbonampeka optou pelo Poder. Em pouco tempo, ele podia ser ouvido na rádio Ruanda, ameaçando a FPR: "Parem de guerrear se vocês não quiserem que seus apoiadores que vivem em Ruanda sejam exterminados".

No verão de 1995, encontrei Mbonampeka vivendo num quartinho desmazelado no Alojamento Protestante de Goma, no Zaire, a cerca de 1,5 quilômetro de distância da fronteira ruandesa. "Numa guerra", disse-me ele, "você não pode ser neutro. Se você não ficar do lado do seu país, não estará do lado de seus agressores?" Mbonampeka era um homem grande de gestos calmos e seguros. Usava óculos de aro de metal dourado, calças justas e uma camisa listrada de rosa e branco, e ostentava o título absurdo de ministro da Justiça do governo de Ruanda no exílio — um grupo autoconstituído, composto em sua maior parte de autoridades do regime que haviam comandado o genocídio. Mbonampeka não estava no governo em 1994, mas havia atuado informalmente como seu agente, defendendo a causa hutu tanto no país como na Europa, e via isso como um desenvolvimento normal de carreira.

"Eu disse que Mugesera devia ser preso porque ele jogava as pessoas umas contra as outras, o que é ilegal, e disse também que, se a FPR continuasse a lutar, teríamos de acionar a defesa civil", contou-me Mbonampeka. "Essas posições são coerentes. Em ambos os casos eu estava defendendo meu país." E acrescentou: "Pessoalmente, não acredito no genocídio. Essa não era uma guerra convencional. Os inimigos estavam em toda parte. Os tutsis não foram mortos como tutsis, mas apenas como simpatizantes da FPR".

Especulei se teria sido difícil distinguir os tutsis com simpatias pela FPR dos demais. Mbonampeka disse que não. "Não havia diferença entre o étnico e o político", disse-me ele. "Noventa e nove por cento dos tutsis eram pró-FPR."

Até as avós senis e crianças? Até os fetos arrancados do ventre das tutsis, depois que o rádio recomendou aos ouvintes ter o cuidado especial de estripar vítimas grávidas?

"Pense bem", disse Mbonampeka. "Digamos que os alemães ataquem a França, e a França se defenda da Alemanha. Eles entendem que todos os alemães são inimigos. Os alemães matam mulheres e crianças, então eles fazem a mesma coisa."

Ao ver o genocídio, mesmo negando sua existência, como

uma extensão da guerra entre a FPR e o regime de Habyarimana, Mbonampeka parecia estar alegando que o extermínio sistemático de todo um povo, sustentado pelo Estado, é um crime provocável — a culpa é das vítimas, tanto quanto dos executores. Mas, embora o genocídio tenha coincidido com a guerra, sua organização e sua implementação foram muito distintas do esforço de guerra. Na verdade, a mobilização para a campanha final de extermínio só adquiriu força máxima quando o Poder Hutu se confrontou com a ameaça de paz.

Em 4 de agosto de 1993, num centro de conferências em Arusha, na Tanzânia, o presidente Habyarimana assinou um acordo de paz com a FPR, dando oficialmente fim à guerra. Os chamados Acordos de Arusha garantiam o direito de regresso aos exilados de Ruanda, prometiam a integração dos dois exércitos em conflito numa única força nacional de defesa e estabeleciam o projeto de um amplo governo de transição, composto de representantes de todos os partidos políticos nacionais, incluindo a FPR. Habyarimana continuaria presidente até que se realizassem eleições, mas seu poder seria basicamente formal. E, o que é crucial, durante o período de implementação da paz, uma força de paz das Nações Unidas atuaria em Ruanda.

A FPR nunca tivera a esperança de vencer sua guerra no campo de batalha; seu objetivo havia sido forçar um acordo político, e parecia tê-lo conseguido em Arusha. "Você usa a guerra quando não há outro caminho, e Arusha abriu um caminho para lutar politicamente", disse-me Tito Ruteremara, um dos líderes da FPR que negociaram os Acordos. "Com Arusha nós poderíamos entrar em Ruanda. Se tivéssemos boas ideias e uma ótima organização, obteríamos sucesso. Se fracassássemos, isso significaria que nossas ideias não eram boas. A luta não era étnica, era política, e Habyarimana nos temia porque éramos fortes. Ele nunca quis a paz, porque percebia que podíamos ser politicamente bem-sucedidos."

Para Habyarimana, era certo que os Acordos de Arusha

equivaliam a uma nota de suicídio político. Os líderes do Poder Hutu queixaram-se de traição, e acusaram o próprio presidente de ter se tornado um "cúmplice". Quatro dias depois de assinados os acordos em Arusha, a Radio Television Libres des Milles Collines, uma nova emissora de rádio fundada por membros e simpatizantes da *akazu*, e dedicada à propaganda genocida, começou a transmitir de Kigali. A RTLM era um *Kangura* das ondas sonoras; seu alcance era praticamente ilimitado numa Ruanda impregnada pelo rádio, e ela se tornou tremendamente popular com sua mistura de oratória inflamada e canções de astros pop do Poder Hutu, como Simon Bikindi, cujo maior sucesso era provavelmente "Eu odeio esses hutus", uma canção da "boa vizinhança":

Odeio esses hutus, esses hutus arrogantes, fanfarrões, que desprezam
[*outros hutus, caros camaradas...*
Odeio esses hutus, esses hutus des-hutuizados, que repudiam sua iden-
[*tidade, caros camaradas.*
Odeio esses hutus, esses hutus que marcham cegamente, como imbecis,
essa espécie de hutus ingênuos que são manipulados, que se destroem,
[*entrando numa guerra cuja causa eles ignoram.*
Detesto esses hutus que são levados a matar,
a matar, juro a vocês,
e que matam os hutus, caros camaradas.
Odeio-os, tanto melhor...

E assim por diante. É uma canção muito comprida.
"Quem pensa que os Acordos de Arusha acabaram com a guerra está enganando a si mesmo", alertou Hassan Ngeze no *Kangura*, em janeiro de 1994. Ngeze havia vociferado desde o começo que Arusha era uma traição, e com a chegada dos capacetes-azuis da Missão de Assistência das Nações Unidas em Ruanda, no final de 1993, ele passou a ter um novo alvo. A missão, proclamava Ngeze, não passava de um instrumento "para ajudar a FPR a tomar o poder pela força". Mas, lembrava ele a seus líderes, a história mostrava que tais pacificadores geralmente eram

covardes, inclinados a "assistir como espectadores" quando explodia a violência. Previa que haveria muito a assistir, e aconselhava explicitamente a missão a ficar de fora. "Se a FPR decidiu nos matar, então deixem que nos matemos uns aos outros", clamava. "Deixem ferver o que está cozinhando, seja o que for. […] A essa altura, muito sangue vai ser derramado."

8

Em 1991, Odette havia deixado seu emprego no hospital para servir como médica da missão da Força de Paz dos Estados Unidos em Kigali. Dois anos depois, quando Washington suspendeu o programa em Ruanda, Odette pôs seus filhos numa escola em Nairóbi e assumiu diversos encargos de curto prazo para a Força de Paz — no Gabão, no Quênia e no Burundi. Ela gostava de estar no Burundi, porque era fácil visitar a família em casa e porque o Burundi parecia ter se tornado, finalmente, um país onde os hutus e os tutsis estavam empenhados em dividir o poder pacificamente. Em agosto de 1993, depois de quase trinta anos de brutal ditadura tutsi, um hutu foi empossado como o primeiro presidente eleito democraticamente no Burundi. A transferência de poder foi realizada sem traumas, e o Burundi foi saudado interna e externamente como um farol de esperança para a África. Então, em novembro, quatro meses depois da posse do novo presidente, alguns militares tutsis o assassinaram. A morte do presidente desencadeou um levante hutu e uma repressão violenta por parte do exército tutsi, que acabou resultando na morte de pelo menos 50 mil pessoas. A violência no Burundi levou água ao moinho dos semeadores do medo do Poder Hutu, que alardearam as notícias como prova da deslealdade tutsi, mas isso deixou Odette sem emprego.

Ela não queria voltar a Kigali. Com Habyarimana resistindo à implementação dos Acordos de Arusha, os ataques a oposicionistas hutus e tutsis tornavam-se cada vez mais frequentes, e Odette só precisava sintonizar seu rádio na RTLM para sentir que seus dias lá estariam contados. Mas a Força de Paz queria retomar suas operações em Ruanda e Odette recebeu uma proposta de 25 dólares por hora — num país em que a renda média era menos de 25 dólares por mês — para ajudar a preparar o programa. Ela estava cansada de mudar de um lado para o outro com os filhos e de ficar longe de Jean-Baptiste. Mais que isso, depois dos Acordos de Arusha, um contingente de seiscentos soldados da FPR havia chegado a Kigali. E havia a Missão de Assistência das Nações Unidas em Ruanda (Unamir).

"Na verdade", disse Odette, "foi a Unamir que nos persuadiu a ficar. Víamos todos aqueles capacetes-azuis e falávamos com Dallaire" — general de divisão Roméo Dallaire, o canadense no comando da força da ONU. "Pensávamos que, mesmo que os hutus começassem a nos atacar, os 3 mil homens da Unamir deviam ser suficientes. Dallaire nos deu seu telefone e seu número de rádio e disse: 'Se acontecer alguma coisa, chamem-me imediatamente'. Nós confiamos nele."

Uma noite, em janeiro de 1994, pouco depois de ter regressado do Burundi para Kigali, Odette levava de carro dois primos de volta ao hotel em que estavam hospedados quando seu carro foi subitamente cercado por um bando da *interahamwe*, aos gritos. Ela pisou no acelerador, e a multidão atirou duas granadas. A explosão destruiu todos os vidros, soterrando de estilhaços Odette e seus passageiros. Demorou alguns minutos para que eles percebessem que não estavam feridos. "Chamei Dallaire", disse ela, "mas ninguém da Unamir apareceu. Percebi então que aquela gente nunca nos protegeria."

Desconfiar da Unamir era a única coisa que o Poder Hutu e aqueles que ele queria ver mortos compartilhavam tão profundamente quanto suas desconfianças recíprocas. E com razão. Nos meses que se seguiram à assinatura dos Acordos de Arusha, os ruandeses viram missões de paz da ONU serem humilhadas pela impotência e pelo fracasso na Bósnia e na Somália. Em 3 de outubro de 1993, cinco semanas antes da chegada da Unamir a

Kigali, dezoito soldados americanos que serviam junto à força da ONU na Somália foram mortos, e as imagens de seus corpos sendo arrastados pelas ruas de Mogadíscio foram exibidas pela televisão no mundo todo. A Unamir tinha um poder muito mais limitado que o da missão na Somália: estava proibida de usar a força, exceto em autodefesa, e mesmo para isso estava equipada precariamente.

Em 11 de janeiro de 1994, quando havia acabado de sair da gráfica a edição do *Kangura* aconselhando a Unamir a "perceber o perigo que corria", o general de divisão Dallaire mandou um fax urgente ao Departamento de Operações de Paz da sede da ONU em Nova York. O fax, com o título "Pedido de proteção a informante", explicava que Dallaire havia cultivado uma notável fonte de informação no interior dos mais altos escalões da *interahamwe* e que precisava de ajuda para garantir a segurança do homem. O informante, escreveu Dallaire, era um ex-membro da segurança do presidente que estava recebendo cerca de mil dólares por mês do chefe do estado-maior do exército e do presidente do MRND para servir como um instrutor de "alto nível" da *interahamwe*. Alguns dias antes, o informante de Dallaire havia sido encarregado de coordenar 48 milicianos à paisana, um ministro do MRND e vários funcionários locais do governo numa conspiração para matar líderes de oposição e soldados belgas durante uma cerimônia no Parlamento. "Eles esperavam provocar a FPR [...] e ensejar uma guerra civil", dizia o fax. "Deputados seriam assassinados ao entrar ou sair do Parlamento. Tropas belgas" — principal suporte da Unamir — "seriam provocadas e, se os soldados belgas recorressem à força, muitos deles seriam mortos, de modo a garantir que a Bélgica se retirasse de Ruanda." Esse plano havia sido abortado — momentaneamente —, mas o informante de Dallaire havia lhe dito que mais de quarenta células da *interahamwe*, cada uma com quarenta homens, estavam "espalhadas" por Kigali, depois de terem sido treinadas pelo exército ruandês em "disciplina, armas, explosivos, combate corpo a corpo e táticas". O fax continuava:

• Desde o início da atuação da Unamir [o informante] recebeu ordem de registrar todos os tutsis em Kigali. Ele suspeita que seja para o extermínio deles. O exemplo que deu é o de que em vinte minutos seu pessoal poderia matar até mil tutsis.

• O informante declara que discorda do extermínio dos tutsis. Ele apoia a oposição à FPR, mas não pode apoiar o assassinato de pessoas inocentes. Declarou também que acredita que o presidente não tem controle total sobre todos os elementos de seu velho Partido/Facção.

• O informante está preparado para divulgar a localização de um grande esconderijo de armamentos com pelo menos 135 armas. [...] Ele estaria pronto a levar-nos ao esconderijo esta noite — se lhe déssemos a seguinte garantia. Pede que ele e sua família (mulher e quatro filhos) sejam postos sob nossa proteção.

Essa não era a primeira vez, e não seria a última, que o general Dallaire aprenderia que Kigali — designada "zona livre de armas" pelos Acordos de Arusha — era um bazar de armas do Poder Hutu. Não chegava a ser um segredo: granadas e fuzis Kalashnikov eram exibidos abertamente e vendidos a preços acessíveis no mercado central da cidade; aviões trazendo carregamentos de armas francesas, ou financiadas pela França, continuavam a chegar; o governo estava importando facões da China em quantidades que ultrapassavam em muito a demanda para uso agrícola; e muitas dessas armas estavam sendo distribuídas gratuitamente a pessoas sem nenhuma função militar conhecida — rapazes desocupados vestidos com a ridícula indumentária *interahamwe*, donas de casa, funcionários de escritório — numa época em que Ruanda estava oficialmente em paz pela primeira vez em três anos. Mas o fax de Dallaire oferecia uma antevisão do que estava por vir muito mais precisa que qualquer outro documento surgido no período conhecido como "Antes". Tudo o que seu informante lhe disse iria tornar-se realidade três meses depois, e estava claro na época para Dallaire que sua fonte deveria ser levada muito a sério. Ele anunciou sua intenção de invadir de surpresa um esconderijo de armas em 36 horas, e escreveu: "É recomendável garantir proteção ao informante e tirá-lo de Ruanda".

Dallaire rotulou seu fax de "urgentíssimo", e escreveu como epígrafe, em francês: "*Peux ce que veux. Allons'y*" ("Quem quer, consegue. Vamos"). A resposta de Nova York foi: não vamos. O chefe das operações de paz da ONU, na época, era Kofi Annan, o ganense que se tornaria secretário-geral da organização. O assessor de Annan, Iqbal Riza, respondeu a Dallaire no mesmo dia, rejeitando a "operação sugerida" em seu fax — e a extensão da proteção ao informante — como "fora da alçada da Unamir". Em vez disso, Dallaire era instruído a repartir suas informações com o presidente Habyarimana, e a dizer-lhe que as atividades da *interahamwe* "representam uma clara ameaça ao processo de paz" e uma "clara violação" da "área de desarmamento de Kigali". Não importava que o informante de Dallaire houvesse deixado claro que os planos para exterminar tutsis e assassinar belgas se originaram na corte de Habyarimana: o mandato dizia que as violações do tratado de paz deveriam ser relatadas ao presidente, e Nova York aconselhou Dallaire: "O senhor deve presumir que ele" — Habyarimana — "não está ciente dessas atividades, mas insistir que precisa atentar imediatamente para a situação".

Dallaire foi também instruído a partilhar suas informações com os embaixadores da Bélgica, da França e dos Estados Unidos em Ruanda, mas não foi feito nenhum esforço na sede das operações de paz para alertar o secretariado das Nações Unidas ou o Conselho de Segurança para a assustadora notícia de que um "extermínio" estava, pelo que se dizia, sendo planejado em Ruanda. Entretanto, em maio de 1994, quando o extermínio dos tutsis estava no auge em Ruanda, Kofi Annan declarou, numa audiência no Senado, em Washington, que as forças de paz da ONU "têm o direito de se defender, e nossa definição de autodefesa inclui ação militar preventiva para a remoção dos elementos armados que estiverem nos impedindo de fazer nosso trabalho.

Apesar disso, nossos comandantes nos campos de conflito, seja na Somália ou na Bósnia, têm sido muito reticentes quanto ao uso da força". À luz do fax de Dallaire, o fato de Annan não mencionar Ruanda é chocante.

"Eu fui responsável", contou-me depois Iqbal Riza, que escreveu a resposta a Dallaire. E acrescentou: "Isso não quer dizer que o sr. Annan ignorasse o que estava acontecendo". A correspondência, disse ele, estava na mesa de Annan em menos de 48 horas, e cópias haviam sido enviadas ao gabinete de Boutros Boutros-Ghali, que era então o secretário-geral. Mas, de acordo com um dos auxiliares mais próximos de Boutros-Ghali, o secretariado não sabia do caso na época. "É assustador — um documento espantoso", disse o auxiliar, quando li para ele o fax de Dallaire pelo telefone. "Isso tudo tem uma intensidade dramática que não me lembro de ter vivenciado mais de uma ou duas vezes nos últimos cinco anos nas Nações Unidas. É simplesmente inacreditável que um fax como esse possa ter chegado aqui e não ter sido notado." Na verdade, Boutros-Ghali acabou sabendo do fax, mas deu pouca importância a ele, depois do genocídio, observando: "Tais situações e relatos alarmantes dos campos de conflito, embora recebidos com a maior seriedade pelos funcionários das Nações Unidas, não são incomuns no contexto das operações de paz".

Riza adotou uma linha semelhante. Em retrospecto, disse-me ele, "você pode ver tudo com muita clareza — quando está sentado com os documentos à sua frente, ouvindo sua música, e pode dizer: 'Veja, foi assim'. Quando está acontecendo, no calor da hora, é algo bem diferente". Ele descreveu o fax de Dallaire como apenas uma peça de uma contínua correspondência diária com a Unamir. "Encontrávamos hipérboles em muitos relatórios", disse, e assumiu uma atitude especulativa: "Se houvéssemos ido ao Conselho de Segurança três meses depois dos acontecimentos na Somália, posso lhe assegurar que nenhum governo diria: 'Sim, aqui estão nossos rapazes para uma ofensiva em Ruanda'."

Então o general Dallaire, seguindo as ordens que recebera de Nova York, avisou Habyarimana que ele tinha uma falha em seu aparato de segurança, e — se não fosse pelo genocídio — o caso poderia ter sido encerrado aí. Previsivelmente, o informante de Dallaire parou de informar, e anos depois, quando o Senado da Bélgica criou uma comissão para investigar as circunstâncias em que alguns de seus soldados haviam sido chacinados enquanto serviam à Unamir, Kofi Annan recusou-se a depor ou a permitir que Dallaire depusesse. O estatuto da ONU, explicou Annan numa carta ao governo belga, garante aos funcionários da organização "imunidade diante de processo legal a respeito de seus atos oficiais", e ele não via como o abandono dessa prerrogativa "pudesse ser do interesse da entidade".

Perto do fim de março de 1994, Odette teve um sonho: "Estávamos fugindo, havia gente atirando de todos os lados, aviões bombardeando, tudo em chamas". Ela descreveu essas imagens a um amigo chamado Jean, e alguns dias depois Jean procurou-a e disse: "Estou perturbado desde que você descreveu aquele sonho. Quero que vá com minha mulher a Nairóbi, pois sinto que vamos todos morrer esta semana".

Odette aprovou a ideia de deixar Kigali. Prometeu a Jean que estaria pronta para partir em 15 de abril, o dia em que acabava seu contrato com a Força de Paz. Ela lembra de ter dito a ele: "Eu também estou cansada de tudo isto".

Diálogos semelhantes estavam acontecendo por toda parte em Kigali. Praticamente todos os ruandeses com quem falei descreveram as últimas semanas de março como uma época de sinistras premonições, mas ninguém sabia dizer exatamente o que havia mudado. Havia os assassinatos costumeiros de tutsis e de oposicionistas hutus, e a frustração costumeira com o fracasso de Habyarimana na implantação do acordo de paz — o "beco sem saída político", que, como o ministro do Exterior da Bélgica, Willy Klaes, alertou ao secretário-geral da ONU em meados de março, "poderia resultar numa irreprimível explosão de violência". Mas os ruandeses lembram-se de alguma coisa a mais, alguma coisa incipiente.

"Estávamos pressentindo alguma coisa ruim, em todo o país", contou-me Paul Rusesabagina, gerente do Hôtel des Diplomates, em Kigali. "Qualquer um podia ver que havia alguma coisa errada em algum lugar. Mas não conseguíamos ver exatamente o que era." Paul, um hutu, era um crítico independente do regime de Habyarimana. Descrevia a si próprio como "sempre na oposição". Em janeiro de 1994, depois de ter sido atacado em seu carro, ele havia se mudado para um hotel por um tempo, e em seguida partira de férias para a Europa com a mulher e o filho de um ano. Quando me contou que haviam voltado a Kigali em 30 de março, ele riu, e seu rosto assumiu uma expressão de espanto. "Eu precisava voltar para trabalhar", disse. "Mas dava para perceber que foi um erro."

Bonaventure Nyibizi contou-me que sempre se perguntava por que não havia deixado Ruanda naqueles dias. "Provavelmente a razão principal era minha mãe", disse ele. "Estava ficando velha e eu provavelmente sentia que seria difícil tirá-la de casa sem saber para onde ir. E tínhamos a esperança de que as coisas melhorassem. Além disso, desde que eu nasci, desde que tinha quatro ou cinco anos, vi casas serem destruídas, pessoas serem assassinadas, de poucos em poucos anos, 1964, 1966, 1967, 1973. Então, provavelmente eu disse a mim mesmo que a coisa não ia ser séria. É — mas obviamente eu sabia que a coisa ia ser séria."

Em 2 de abril, cerca de uma semana depois do sonho de Odette com destruição, Bonaventure foi de carro a Gitarama para visitar a mãe. Na volta para casa, parou num bar de beira de estrada, do qual era coproprietário Froduald Karamira, seu companheiro de prisão convertido em líder do Poder Hutu. Bonaventure pediu uma cerveja e conversou um bom tempo com o barman sobre como Karamira havia mudado e sobre os rumos do país. O barman disse a Bonaventure que Karamira andava dizendo que todo mundo deveria seguir o Poder Hutu e Habyarimana, e que depois eles iam se livrar de Habyarimana. "Perguntei-lhe como", recordou-se Bonaventure. "Eu disse: 'Vocês estão dando um bocado de poder a Habyarimana; como esperam se livrar dele?'." Bonaventure riu e disse: "Ele não quis me contar".

Hassan Ngeze estava dizendo a todo mundo que comprasse seu jornal. Na edição de março do *Kangura*, ele exibia a grande manchete: "Habyarimana vai morrer em março". Abaixo, uma charge retratava o presidente como amigo dos tutsis e cúmplice da FPR, e o texto da matéria explicava que ele não seria "morto por um tutsi", mas por um "hutu comprado pelas baratas". O *Kangura* propunha um cenário espantosamente semelhante aos esquemas descritos pelo informante no fax de Dallaire — o presidente assassinado "durante uma celebração pública" ou "durante um encontro com seus líderes". O artigo começava com as palavras "Nada acontece sem que tenhamos previsto" e terminava dizendo: "Ninguém preza mais a vida de Habyarimana que ele próprio. O importante é contar-lhe como será assassinado".

9

Na noite de 6 de abril de 1994, Thomas Kamilindi estava de ótimo humor. Sua mulher, Jacqueline, havia feito um bolo para um jantar festivo na casa do casal, em Kigali. Era o aniversário de 33 anos de Thomas, e naquela tarde ele havia completado seu último dia de trabalho como repórter da rádio Ruanda. Depois de dez anos na emissora estatal, Thomas, que era um hutu, havia se demitido em protesto contra a falta de equilíbrio político do noticiário. Estava tomando uma ducha quando Jacqueline começou a socar a porta do banheiro. "Depressa!", ela gritava. "O presidente foi atacado!" Thomas trancou as portas de sua casa e sentou-se junto ao rádio, sintonizando a RTLM. Ele não gostava da violenta propaganda da estação do Poder Hutu, mas do jeito que as coisas iam em Ruanda aquela propaganda servia frequentemente como uma previsão precisa da meteorologia política. Em 3 de abril, a RTLM havia anunciado que durante os três dias seguintes "haverá alguma coisinha aqui em Kigali, e também em 7 e 8 de abril vocês ouvirão o som das balas ou granadas explodindo". Agora a emissora estava dizendo que o avião do presidente Habyarimana, voltando de Dar es Salaam, na Tanzânia, havia sido derrubado ao sobrevoar Kigali e se espatifado no terreno de seu próprio palácio. O novo presidente hutu do Burundi e vários altos conselheiros de Habyarimana também estavam a bordo. Não havia sobreviventes.

Thomas, que tinha amigos bem situados, ouvira que massacres de tutsis em larga escala estavam sendo preparados nacionalmente pelo *entourage* extremista do presidente, e que listas de oposicionistas hutus haviam sido redigidas para a primeira leva de assassinatos. Mas ele nunca havia imaginado que o próprio Habyarimana pudesse ser atingido. Se o Poder Hutu o havia sacrificado, quem estava a salvo?

A rádio normalmente saía do ar às dez, mas naquela noite ela continuou transmitindo. Quando cessaram os boletins, começou a tocar música, e para Thomas a música, que continuou ao longo de sua noite insone, confirmava que havia se desencadeado o pior em Ruanda. Na manhã seguinte, bem cedo, a RTLM começou a responsabilizar a Frente Patriótica de Ruanda e membros da Unamir pelo assassinato de Habyarimana. Mas, se Thomas tivesse acreditado naquilo, ele estaria ao microfone, e não junto ao aparelho receptor.

Odette e Jean-Baptiste também estavam ouvindo a RTLM. Eles tomavam uísque com uma visita, quando um amigo telefonou para dizer-lhes que sintonizassem a emissora. Eram 20h18, recordou Odette, e a rádio anunciou que o avião de Habyarimana fora visto caindo em chamas sobre Kigali. A reação imediata de Jean-Baptiste foi: "Vamos embora. Todo mundo para o jipe, ou seremos massacrados". Sua ideia era partir rumo ao sul, para Butare, a única província com um governador tutsi e um baluarte do sentimento Antipoder Hutu. Quando Jean-Baptiste mostrou tamanha firmeza, a visita deles disse: "OK, eu também vou. Estou indo embora daqui. Fiquem com seu uísque". Odette sorriu quando me contou isso. Ela disse: "Esse homem gostava do seu uísque. Era deficiente físico, e viera mostrar seu novo televisor, porque meu marido é muito generoso e havia dado a ele dinheiro para comprá-lo. Sendo deficiente, costumava dizer:

'Vou morrer se não tiver uma televisão para assistir'. Infelizmente não chegou a assistir sua tevê. Foi assassinado naquela noite".

Odette enxugou os olhos e disse: "Essa é uma história que trago dentro de mim — sobre esse sujeito deficiente — porque ele estava tão feliz com sua tevê". Ela sorriu de novo. "Pois é. Pois é. Pois é." Foi a única vez em que ela chorou ao me contar sua história. Cobriu o rosto com uma das mãos, e tamborilou na mesa com os dedos da outra. Então disse: "Vou pegar uns refrigerantes para nós". Voltou depois de cinco minutos. "Agora estou melhor", disse. "Foi esse sujeito deficiente — Dusabi era seu nome — que me entristeceu. É duro recordar essas coisas, mas eu penso nelas todos os dias. Todos os dias."

Então ela me contou sobre o resto daquela "primeira" noite em abril. Jean-Baptiste estava impaciente para partir. Odette disse que tinham de pegar a irmã dela, Vénantie, que era um dos poucos representantes tutsis no Parlamento. Mas Vénantie deixou-os esperando. "Estava dando telefonemas, falando com todo mundo", disse Odette. "Finalmente Jean-Baptiste disse a ela: 'Vamos ter de deixar você'. Vénantie disse: 'Não podem fazer isso. Como vão se sentir pelo resto da vida se eu for morta?'. Eu disse: 'Por que você não vem?'. Ela respondeu: 'Se Habyarimana está morto, quem vai nos matar? Ele era o homem'." Então a RTLM anunciou que todo mundo devia permanecer em casa, o que era exatamente o que Jean-Baptiste havia temido. Ele vestiu seu pijama e disse: "Quem sobreviver vai lamentar pelo resto da vida o fato de ter ficado".

No dia seguinte, a família ouviu tiros nas ruas e começou a receber notícias sobre o massacre. "Crianças telefonavam para dizer: 'Mamãe e papai morreram'. Um primo ligou com notícias parecidas", disse Odette. "Tentamos descobrir como chegar a Gitarama, onde a situação ainda estava calma. As pessoas sempre acham que sou louca quando conto isso, mas telefonei ao governador. Ele perguntou: 'Por que você quer vir?'" Odette contou-lhe que um primo seu tinha morrido em Gitarama e que eles tinham de comparecer ao enterro. O governador disse: "Se ele está morto, não vai sofrer, e se você tentar vir poderá morrer no caminho".

"Em 6 de abril", relatou-me Paul Rusesabagina, o gerente de hotel, "eu estava aqui no Diplomates, tomando um drinque no terraço, quando Habyarimana foi assassinado. Mas minha mulher e meus quatro filhos estavam em casa — morávamos perto do aeroporto —, e minha mulher ouviu o míssil que atingiu o avião. Ela ligou para mim e me contou: 'Acabo de ouvir alguma coisa que nunca ouvi antes. Trate de voltar para casa imediatamente'."

Um militar que estava hospedado no hotel viu Paul saindo e aconselhou-o a evitar seu caminho habitual, porque já havia um comando bloqueando a rua. Paul ainda não sabia o que acontecera. Dirigindo para casa, ele viu as ruas desertas, e tão logo chegou o telefone tocou. Era o holandês que administrava o Hôtel des Milles Collines, de propriedade da Sabena, a mesma companhia belga dona do Diplomates. "Volte para a cidade imediatamente", ele disse a Paul. "Seu presidente morreu." Paul telefonou a conhecidos da Unamir para pedir uma escolta. "Disseram-lhe: 'De jeito nenhum. Há bloqueios por toda Kigali, e as pessoas estão sendo mortas nas ruas'", contou-me Paul. "Isso foi uma hora depois do assassinato do presidente — só uma hora."

Ninguém, naquele momento, sabia ao certo quem estava na chefia no governo acéfalo, mas os bloqueios nas estradas, o tom confiante dos locutores da RTLM e os relatos de matanças nas ruas deixavam poucas dúvidas de que o Poder Hutu estava perpetrando um golpe de Estado. Estava mesmo. Embora os assassinos de Habyarimana nunca tenham sido positivamente identificados, as suspeitas recaíam sobre os extremistas no seio de seu próprio *entourage* — notadamente o semiaposentado coronel Théoneste Bagasora, íntimo de madame Habyarimana e sócio-fundador da *akazu* e de seus esquadrões da morte, que havia declarado em janeiro de 1993 que estava preparando o apocalipse. Mas, independentemente de quem matou Habyarimana, o fato é que os organizadores do genocídio estavam preparados para explorar sua morte instantaneamente. (Enquanto a elite do Poder Hutu de Ruanda passava a noite acionando o mecanismo do genocídio, no Burundi, cujo presidente também havia sido morto, o exército e as Nações Unidas transmitiam apelos pela manutenção da calma, e dessa vez o Burundi não explodiu.)

No início da noite de 6 de abril, o coronel Bagasora havia jantado como convidado do batalhão de Bangladesh da Unamir. Uma hora depois da morte do presidente, ele estava presidindo uma reunião de um autoproclamado "comitê de crise", um grupo composto majoritariamente de militares, na qual o Poder Hutu ratificou seu próprio golpe e, como o general Dallaire e o representante especial do secretário-geral da ONU estavam presentes, prometeu dar prosseguimento às decisões de Arusha. A reunião acabou por volta da meia-noite. A essa altura a capital já fervilhava de soldados, *interahamwe* e membros da guarda presidencial de elite, equipados com listas de pessoas a serem mortas. A prioridade máxima dos assassinos era eliminar líderes oposicionistas hutus, incluindo o primeiro-ministro hutu, Agathe Uwilingiyimana, cuja casa era uma das muitas que foram cercadas no amanhecer de 7 de abril. Um contingente de dez soldados belgas da Unamir chegou ao local, mas o primeiro-ministro fugiu pelo jardim e foi assassinado nas proximidades. Antes que os belgas pudessem sair dali, um oficial ruandês chegou e ordenou que entregassem suas armas e o acompanhassem. Os belgas, em inferioridade numérica, foram levados a Camp Kigali, a base militar do centro da cidade, onde ficaram detidos por várias horas e depois foram torturados, mortos e mutilados.

Depois disso, desencadeou-se o extermínio dos tutsis por atacado, e as tropas das Nações Unidas ofereceram pouca resistência aos assassinos. Governos estrangeiros apressaram-se em fechar suas embaixadas e evacuar os cidadãos de seus países. Os ruandeses que imploravam asilo eram abandonados, exceto por uns poucos casos especiais, como madame Habyarimana, que foi parar em Paris por obra de transporte militar francês. A FPR, que havia permanecido preparada para o combate durante o empacado período de implementação da paz, retomou suas ações de guerra menos de 24 horas depois da morte de Habyarimana, movendo as tropas de seus acampamentos em Kigali para assegurar uma área de terreno elevado em torno do Parlamento, e desfechando simultaneamente uma grande ofensiva a partir da "zona desmilitarizada" do nordeste. O exército do governo revidou ferozmente, permitindo às pessoas do povo que prosseguissem seu trabalho assassino. "Vocês, baratas, têm de saber que são feitos de carne", vociferava um locutor na RTLM. "Não deixaremos vocês matarem. Mataremos vocês."

Com o incentivo de tais mensagens e de líderes em todas as camadas da sociedade, a matança de tutsis e o assassinato de oposicionistas hutus espalhavam-se de uma região a outra. Seguindo o exemplo das milícias, jovens e velhos hutus engajaram-se na tarefa. Vizinhos matavam vizinhos a facadas em suas casas, colegas matavam colegas a facadas em seus locais de trabalho. Médicos matavam seus pacientes e professores matavam seus alunos. Em poucos dias, as populações tutsis de muitas aldeias estavam praticamente eliminadas, e em Kigali prisioneiros eram soltos para integrar equipes de trabalho encarregadas de recolher cadáveres das sarjetas. Por toda Ruanda, estupros e saques em massa acompanharam a matança. Bandos de milicianos bêbados, estimulados por drogas das farmácias saqueadas, eram levados de ônibus de massacre em massacre. Locutores de rádio lembravam aos ouvintes que não tivessem pena de mulheres e crianças. Como um incentivo extra aos assassinos, os pertences dos tutsis eram loteados antecipadamente — o rádio, o sofá, a cabra, a oportunidade de estuprar uma garota. Conta-se que uma mulher que participava de um conselho de bairro oferecia cinquenta francos ruandeses (cerca de trinta centavos de dólar, na época) por cabeça de tutsi rachada, uma prática conhecida como "venda de repolho".

Na manhã de 9 de abril, Paul Rusesabagina, que havia ficado preso em sua casa pelo toque de recolher permanente, viu alguém escalando o muro e pulando para dentro de seu jardim.

Se essa gente veio para me pegar, pensou ele, é melhor que eu morra sozinho antes que meus filhos, minha mulher e todo mundo aqui sejam mortos. Saiu para o jardim e soube que o "comitê de crise" do coronel Bagasora acabara de designar um novo "governo interino", composto inteiramente por títeres leais ao Poder Hutu. Esse governo queria fazer do Hôtel des Diplomates seu quartel-general, mas todos os quartos do hotel estavam trancados e as chaves, num cofre no escritório de Paul. Vinte soldados haviam sido enviados para buscá-lo. Paul juntou sua família, amigos e vizinhos que haviam buscado refúgio em sua casa, cerca de trinta pessoas ao todo, e eles saíram de carro com sua escolta. Viram-se no meio de uma cidade arrasada — "horrível", disse Paul, "nossos vizinhos estavam todos mortos" — e eles não tinham percorrido nem um quilômetro quando sua escolta subitamente encostou no meio-fio e parou.

"Senhor", disse um dos soldados, "o senhor sabia que todos os gerentes de negócios estão sendo mortos? Nós os matamos todos. Mas o senhor está com sorte. Não vamos matá-lo hoje, porque fomos enviados para buscá-lo e levá-lo para o governo." Recordando esse discurso, Paul deu uma risada feita de pequenos arquejos. "Estou lhe dizendo", contou. "Eu suava. Comecei a negociar, dizendo a eles: 'Ouçam, matar não leva a nada. Não traz nenhuma vantagem para vocês. Se eu lhes der algum dinheiro, vocês saem ganhando, pois vão comprar o que quiserem. Mas, se vocês matam alguém — este velho, por exemplo, que está com sessenta anos e terminou sua vida neste mundo —, o que ganham com isso?'." Estacionado à beira da estrada, Paul negociou nessa linha por pelo menos uma hora, e antes de receber permissão para seguir caminho já havia perdido mais de quinhentos dólares.

Em 1993, quando a Sabena promoveu Paul a diretor-geral do Diplomates, ele foi o primeiro ruandês a chegar tão alto na hierarquia da companhia belga. Mas em 12 de abril de 1994 — três dias depois de ter mudado para o hotel com o novo governo genocida —, quando o holandês que administrava o Hôtel des Milles Collines chamou Paul para dizer que, como europeu, havia arranjado sua própria evacuação, ficou claro que, como ruandês, Paul seria deixado para trás. O holandês pediu a Paul, que havia trabalhado no Milles Collines de 1984 a 1993, que tomasse conta do hotel em sua ausência. Ao mesmo tempo, o governo do Poder Hutu no Hôtel des Diplomates decidiu subitamente fugir de Kigali, onde os combates com a FPR estavam se intensificando, e instalar-se em Gitarama. Um comboio fortemente armado estava sendo preparado para a jornada. Paul lotou com sua família e amigos uma van do hotel e, quando o comboio do governo pôs-se em movimento, entrou na sua rabeira, seguindo-o como se fizesse parte dele, até que, ao passar pelo Milles Collines, desviou e entrou na alameda que levava a seu novo lar.

Era uma estranha cena no Milles Collines, o principal hotel de Kigali, um ícone de prestígio e luxo internacional, onde os empregados vestiam libré e uma diária custava 125 dólares — cerca de metade da renda *per capita* anual em Ruanda. Os hóspedes incluíam alguns oficiais das Forças Armadas ruandesas e da Unamir, e centenas de cidadãos locais em busca de asilo — em sua maioria, bem posicionados ou bem relacionados tutsis e oposicionistas hutus e suas famílias, que estavam oficialmente marcados para morrer, mas que haviam, graças a conexões, suborno ou pura sorte, conseguido chegar vivos ao hotel, esperando que a presença da ONU os protegesse.

Uns poucos jornalistas estrangeiros ainda estavam no hotel quando Paul chegou, mas foram evacuados dois dias depois. Josh Hammer, um correspondente da *Newsweek* que passou 24 horas em Kigali entre 13 e 14 de abril, recordava-se de haver ficado em pé junto a uma janela do Milles Collines com alguns dos tutsis refugiados no hotel, a observar uma gangue da *interahamwe* que descia correndo a rua: "Você podia literalmente ver o sangue gotejando de seus porretes e facões". Quando Hammer saiu com colegas para explorar a cidade, não conseguiram percorrer mais do que dois ou três quarteirões antes de serem barrados e mandados de volta pela *interahamwe*. Nos bloqueios militares, contou, "eles deixavam você passar, e acenavam, então você ouvia dois ou três tiros, voltava e via que havia novos cadáveres". No dia da visita de Hammer, um caminhão da Cruz Vermelha, lotado de tutsis feridos que seriam levados ao hospital, foi parado num bloqueio da *interahamwe*, e todos os tutsis foram puxados para fora e massacrados "no ato". O estrondo distante da artilharia da FPR agitava o ar, e quando Hammer subiu ao restaurante na cobertura do Milles Collines, soldados do governo bloqueavam as portas. "Parecia que todo o comando militar estava lá, arquitetando estratégias de genocídio", disse ele.

Então os jornalistas partiram para o aeroporto com um comboio da Unamir, e Paul ficou para cuidar de um hotel lotado pelos condenados. Exceto pela proteção basicamente simbólica proporcionada por um punhado de soldados das Nações Unidas, o Milles Collines estava fisicamente sem defesas. Líderes do Poder Hutu e oficiais da FAR entravam e saíam livremente, bandos da *interahamwe* cercavam o jardim do hotel, as cinco linhas telefônicas do painel de comando do hotel estavam cortadas, e, à medida que o número de refugiados espremidos nos quartos e corredores chegava perto de mil, anunciava-se periodicamente que seriam todos massacrados. "Algumas vezes", disse-me Paul, "eu me senti morto."

"Morto?", perguntei. "Como se já tivesse morrido?"

Paul pensou por um momento, e então disse: "Sim".

Na manhã anterior à mudança de Paul para o Milles Collines, Odette e Jean-Baptiste tentaram ir embora de Kigali. Eles vinham pagando trezentos dólares por dia a três policiais vizinhos em troca de proteção, e estavam quase sem dinheiro. Odette havia assinado cheques de viagem no valor de vários milhares de dólares, mas os policiais desconfiavam desse tipo de pagamento. Odette temia que pudessem descobrir sua irmã, Vénantie, quando o dinheiro acabasse. Depois de ficar escondida por três dias num galinheiro que pertencia a algumas freiras vizinhas, Vénantie saiu, dizendo que preferia morrer a ficar lá dentro. Odette já havia ficado sabendo que pelo menos uma de suas irmãs fora morta no norte, e soube também que a maioria dos tutsis de Kigali haviam sido massacrados. Seu amigo Jean, que lhe pedira que levasse sua mulher para Nairóbi, tinha ido lá por conta própria para procurar uma casa para sua família, e sua mulher fora morta junto com os quatro filhos. Caminhões de lixo percorriam as ruas recolhendo cadáveres.

Mas a matança ainda não atingira o sul. Odette e Jean-Baptiste pensavam que se chegassem lá poderiam se salvar, só que no meio do caminho havia o rio Nyabarongo, e não havia esperança de atravessar a ponte ao sul de Kigali. Decidiram tentar a sorte nos brejos de papiro que margeavam o rio, atravessar de barco e continuar a pé pelo mato do outro lado. Em troca de uma escolta até o rio, assinaram a transferência de posse do jipe, da televisão, do aparelho de som e de outros bens domésticos aos seus protetores policiais. A polícia até encontrou o sobrinho de Odette, a esposa e um filho pequeno, que estavam escondidos em algum lugar em Kigali, e os abrigou numa escola, por segurança. Mas o sobrinho foi morto no dia seguinte, junto com todos os outros homens alojados na escola.

Na noite anterior à fuga de Kigali, Odette foi até suas vizinhas, as freiras, e contou seu plano à madre superiora. A freira chamou Odette de lado e deu-lhe mais de trezentos dólares. "Um bocado de dinheiro", disse-me Odette. "E ela era uma hutu." Odette deu um pouco do dinheiro a cada um de seus filhos, que tinham catorze, treze e sete anos, e enfiou tiras de papel nos sapatos deles com os endereços e telefones de parentes e amigos, e com o número das contas bancárias dela e de Jean-Baptiste — para o caso, Odette teve de dizer-lhes, de se separarem ou morrerem.

A família levantou da cama às quatro da manhã. Os policiais não apareceram. Eles tinham levado o último dos cheques de viagem de Odette e desaparecido. Então Jean-Baptiste foi guiando. Àquela hora da madrugada os bloqueios nas ruas estavam praticamente abandonados. Vénantie, que era bastante conhecida como parlamentar, ia no carro disfarçada de muçulmana, com véus envolvendo o rosto. Num vilarejo perto do rio, cujo prefeito era amigo de Jean-Baptiste, eles arranjaram uma escolta policial — dois homens na frente, um atrás, por cerca de trinta dólares cada — e prosseguiram a pé, carregando um pouco de água, biscoitos e um quilo de açúcar por entre papiros que se elevavam mais alto que suas cabeças. À beira d'água eles viram um barco na outra margem e chamaram o barqueiro, mas este lhes disse: "Não. Vocês são tutsis".

Os brejos estavam fervilhando de tutsis escondidos ou tentando atravessar o rio, e, espreitando entre os papiros, havia também gente da *interahamwe*. Quando Odette ouviu sua filha gritando "Não, não nos mate, nós temos dinheiro, eu tenho dinheiro, não me mate", percebeu que seus filhos foram capturados.

"Nós corremos para lá", contou-me Odette. "Jean-Baptiste disse: 'Olhe, eu sou só um hutu fugindo da FPR', e nós jogamos para eles todo o nosso dinheiro e nossas posses. Enquanto recolhiam e dividiam aquilo, nós fugimos correndo, de volta ao vilarejo onde havíamos deixado o jipe. Então apareceu outro grupo da *interahamwe* e reconheceu minha irmã. Enquanto corríamos, gritavam de um morro a outro: 'Tem uma deputada com eles, não a deixem escapar'. Minha irmã era mais velha e mais pesada que eu, e estávamos muito cansados. Bebemos vitamina de fruta de uma garrafa e isso nos deu forças, mas minha irmã estava ofegante. Ela trazia consigo uma pequena pistola. Jean-Baptiste estava correndo muito rápido com as crianças, então eu disse: 'Espere, Jean-Baptiste, se vamos morrer é melhor morrermos juntos'. Então um grupo da *interahamwe* nos atacou de surpresa, e puseram granadas em nossos pescoços. Foi quando ouvi os tiros. Não tive coragem de olhar. Não cheguei a ver o cadáver da minha irmã. Eles a mataram com sua própria pistola."

Odette falava rapidamente, e continuou sem parar: "Oh, esqueci de dizer que, durante a crise de antes de abril, Jean-Baptiste havia comprado duas granadas chinesas por uma pechincha aqui no mercado. Eu não gostei. Sempre tive medo de que explodissem". Mas as granadas vieram a calhar. Quando a *interahamwe* capturou as crianças, e de novo quando eles pegaram a família toda e mataram Vénantie, Jean-Baptiste brandiu as granadas, dizendo aos assassinos que morreriam junto com sua família. "Assim, eles não nos mataram", contou Odette. "Em vez disso, levaram-nos até o vilarejo para um interrogatório, e o prefeito, que conhecíamos, trouxe um pouco de arroz e fez de conta que éramos prisioneiros para nos proteger."

Àquela altura entardecia, e começou a chover — uma daquelas chuvas de esguicho, cegantes e ensurdecedoras que desabam sobre Ruanda nas tardes de abril —, e Jean-Baptiste atravessou-a com a família, todos correndo agachados até o seu jipe. Membros da *interahamwe* cercaram o carro. Jean-Baptiste, no volante, esquivou-se deles e rumou para Kigali. Dirigiu rápido, não parando nenhuma vez, e, doze horas depois de ter deixado sua casa, a família estava de volta a ela. Aquela noite, eles ouviram a rádio Muhabura, a emissora da FPR, em que os nomes dos tutsis assassinados eram lidos diariamente no ar. No meio da lista de mortos, ouviram seus próprios nomes.

Thomas Kamilindi havia permanecido trancado em sua casa por uma semana. Ele ficou ao telefone, recolhendo notícias do país todo e escrevendo relatórios para um serviço radiofônico francês. Então, em 12 de abril, recebeu uma chamada da rádio Ruanda dizendo que Eliezer Niyitigeka queria vê-lo. Niyitigeka, um ex-colega de rádio, acabara de ser nomeado ministro da Informação do governo do Poder Hutu, substituindo um oposicionista que fora morto. Thomas caminhou até a emissora, que ficava perto de sua casa, e Niyitigeka instou-o a voltar a trabalhar ali. Thomas lembrou-lhe que havia pedido demissão por motivos de consciência, e o ministro disse: "OK, Thomas, vamos deixar os soldados decidirem". Thomas tentou ganhar tempo: não assumiria o emprego sob coerção, mas esperaria por uma carta oficial de contratação. Niyitigeka concordou, Thomas voltou para casa e ficou sabendo por sua mulher, Jacqueline, que, enquanto estivera fora, dois soldados da Guarda Presidencial haviam aparecido, trazendo uma lista em que constava seu nome.

Thomas não se surpreendeu ao saber que estava na mira dos assassinos. Na rádio Ruanda, ele havia se recusado a falar a linguagem do Poder Hutu, e tinha liderado duas greves; era membro do Partido Social Democrático, que tinha ligações com a FPR, e era do sul, de Butare. Levando em conta esses fatores, Thomas estava determinado a procurar um refúgio mais seguro que sua casa. Na manhã seguinte, três soldados bateram à sua porta. Ele convidou-os a sentar, mas o líder do contingente disse: "Não sentamos quando estamos trabalhando". E acrescentou: "Venha conosco". Thomas disse que não sairia do lugar enquanto não soubesse para onde seria levado. "Ou você vem conosco ou sua família vai ter problemas", disse o soldado.

Thomas saiu com os soldados e subiu a ladeira a pé, passando pela embaixada americana abandonada e seguindo ao longo do boulevard de la Révolution. Em frente ao prédio dos Seguros Soras, na esquina oposta à do Ministério da Defesa, soldados aglomeravam-se em torno de uma casamata recém-construída. Aos gritos, os soldados censuraram Thomas por descrever as atividades deles em seus relatos para a mídia internacional. Ordenaram-lhe que sentasse no chão da rua. Quando ele se recusou, os soldados o agrediram. Deram-lhe duros golpes e repetidas bofetadas, gritando insultos e perguntas. Então um deles chutou-lhe o estômago, e ele sentou. "OK, Thomas", disse um dos homens. "Escreva uma carta para sua mulher dizendo o que quiser, porque você vai morrer."

Um jipe apareceu, e os soldados que estavam nele desceram para chutar Thomas um pouco mais. Então deram-lhe caneta e papel, e ele escreveu: "Ouça, Jacqueline, eles vão me matar. Não sei por quê. Dizem que sou um cúmplice da FPR. É por isso que vou morrer, e deixo aqui meu testamento". Thomas escreveu seu testamento e entregou-o.

Um dos soldados disse "OK, vamos acabar com isso", e deu um passo para trás, armando seu fuzil.

"Eu não olhei", lembrou Thomas, quando me relatou sua provação. "Eu achava mesmo que eles iam me fuzilar. Então chegou outro carro, e de repente vi um major com um pé sobre o carro blindado. Ele disse: 'Thomas?'. Quando me chamou, acordei de uma espécie de sonho. Eu disse: 'Eles estão me matando'. Ele ordenou-lhes que parassem e disse a um sargento que me levasse para casa."

Thomas é vivaz, compacto, de olhos brilhantes. Seu rosto e suas mãos são tão expressivos quanto sua fala. É um homem de rádio, um contador de casos, e por mais sombria que seja sua história, contá-la dá-lhe prazer. Afinal de contas, ele e sua família ainda estão vivos. A sua história é o que se passou a considerar uma história feliz em Ruanda. Ainda assim, eu tinha a impressão, mais com ele do que com os outros, de que, à medida que a contava, ele via os acontecimentos como se estivessem de novo diante de si; de que, enquanto olhava para o passado, seu desfecho ainda não era conhecido; e de que, quando olhava para mim, com seus olhos claros levemente nublados, ainda estava vendo as cenas que descrevia, talvez ainda tentando compreendê-las. Pois a história não fazia nenhum sentido: o major que poupou sua vida pode ter reconhecido Thomas, mas para este o major era um estranho. Mais tarde, soube seu nome: major Turkunkiko. O que significava Thomas para o major Turkunkiko, a ponto de ter permissão para viver? Não era infrequente que uma ou duas pessoas sobrevivessem a grandes massacres. Quando você "limpa o terreno", uma ou outra erva sempre escapa da foice — um homem me contou que sua sobrinha foi esfaqueada, depois apedrejada, afogada numa latrina, e cada uma das vezes se levantou e escapou cambaleando —, mas Thomas fora deliberadamente poupado, e não sabia dizer por quê. Ele me lançou um olhar de cômico espanto — sobrancelhas erguidas, testa sulcada, um sorriso malandro insinuando-se nos lábios — para dizer que sua sobrevivência era muito mais misteriosa do que haviam sido seus riscos.

Thomas me contou que havia sido treinado, quando escoteiro, "a encarar o perigo e estudá-lo, mas não ter medo", e o que me impressionou foi que cada um de seus encontros com o Poder Hutu havia seguido um padrão: quando o ministro ordenou-lhe que retomasse o trabalho, quando os soldados vieram buscá-lo e quando lhe disseram para sentar na rua, Thomas sempre se recusou antes de se submeter. Os assassinos estavam habituados a encontrar o medo, e Thomas havia agido sempre como se só pudesse estar havendo um mal-entendido para que alguém sentisse a necessidade de ameaçá-lo.

Tais sutilezas deveriam ter sido irrelevantes. Um cúmplice era um cúmplice; não poderia haver nenhuma exceção, e a eficiência era essencial. Durante o genocídio, o trabalho dos assassinos não era visto como um crime em Ruanda; era de fato a lei local, e cada cidadão era responsável por sua aplicação. Assim, se uma pessoa que devia ser morta era poupada por alguém, esse alguém podia esperar ser pego e morto por outro.

Encontrei-me com Thomas num ameno anoitecer de verão em Kigali — a hora do repentino crepúsculo equatorial, quando bandos de corvos e busardos solitários revoam entre as árvores e os telhados. Caminhando de volta ao meu hotel, passei pela esquina onde Thomas achou que seria morto. A fachada de vidro espelhado do prédio dos Seguros Soras era uma teia desordenada de buracos de balas.

"Se eu não matar aquele rato ele vai morrer", diz Clov em *Endgame*, de Samuel Beckett. Mas aqueles que cometem genocídio escolheram fazer da natureza sua inimiga, não sua aliada.

Na manhã de 12 de abril, ao mesmo tempo que a Guarda Presidencial procurava Thomas pela primeira vez em sua casa, Bonaventure Nyibizi ficou sabendo que sua família seria morta naquela mesma tarde. Eles haviam ficado escondidos em sua casa e nos arredores, passando algumas noites agachados em valas. Muitos dos seus vizinhos haviam sido mortos, e ele me disse: "Eu me lembro de que já em 10 de abril o rádio divulgava um comunicado oficial da administração provincial convocando todos os caminhoneiros, porque apenas quatro dias após o início do genocídio já havia uma tal quantidade de mortos que era necessário recolhê-los em caminhões".

Bonaventure não tinha dúvida de que a sorte de sua família

em casa se esgotara. "Então decidimos que, em vez de ser mortos a facão, preferíamos ser mortos por uma granada ou por tiros", disse ele. "Pegamos meu carro e rodamos para fora do meu condomínio. Tínhamos condições de chegar à igreja da Sagrada Família. Ficava no máximo a um quilômetro, e era muito difícil chegar lá de carro por causa dos muitos bloqueios nas ruas. Mas rodamos até lá, e no dia 15 de abril eles vieram nos buscar. Mataram cerca de 150 pessoas na Sagrada Família aquele dia, e estavam me procurando o tempo todo."

A catedral católica da Sagrada Família, uma enormidade de tijolo aparente, fica junto a uma das principais artérias de Kigali, poucas centenas de passos abaixo do Hôtel des Milles Collines. Graças a sua proeminência, e sua consequente visibilidade pelos poucos observadores internacionais que ainda circulavam por Kigali, a Sagrada Família fazia parte da meia dúzia de lugares da cidade — e menos de uma dúzia em todo o país — onde os tutsis que buscaram refúgio em 1994 não foram exterminados em massa. Em vez disso, a matança em tais lugares era gradual, e para aqueles poupados o terror era constante. A Sagrada Família era inicialmente protegida por policiais, mas, como sempre, sua resistência à *interahamwe* da vizinhança e aos soldados que vinham caçar tutsis ruiu rapidamente. No começo, os assassinos que se postavam do lado de fora da igreja contentavam-se em atacar novos refugiados que chegavam. O massacre de 15 de abril foi a primeira incursão maciça na Sagrada Família, e foi cuidadosamente organizada pela *interahamwe* e pela Guarda Presidencial.

Só homens foram mortos naquele dia, escolhidos um a um em meio à multidão de vários milhares abrigada na igreja e em seus prédios adjacentes. Os assassinos tinham listas, e muitos deles eram vizinhos das vítimas e podiam reconhecê-las ao primeiro olhar. Um jovem que havia trabalhado para Bonaventure como empregado doméstico foi morto. "Mas tive sorte", disse Bonaventure. "Entrei numa pequena sala com minha família, e assim que fechei a porta a Sagrada Família se encheu de soldados, milicianos e policiais. Começaram a perguntar por mim, mas por sorte não arrombaram a porta do lugar onde eu estava. Fiquei lá com minha mulher e as crianças. Havia umas vinte pessoas ao todo naquele cômodo minúsculo." Bonaventure tinha com ele uma filha de três meses. "Mantê-la em silêncio foi o mais difícil", disse.

Perguntei-lhe o que os padres fizeram quando a matança começou. "Nada", disse ele. "Um deles era bom, mas ele próprio foi ameaçado, então se escondeu em 13 de abril, e o outro padre responsável estava muito à vontade com a milícia. Era o famoso padre Wenceslas Munyeshyaka. Era muito ligado ao exército e à milícia, e andava com eles para lá e para cá. Em princípio não chegou a denunciar ninguém, mas não fez nada pelas pessoas."

Depois do massacre, um noviço, chamado Paulin, ajudou a instalar Bonaventure num esconderijo mais seguro — o escritório nos fundos de uma garagem da igreja —, onde ele ficou, só com um amigo, de 15 de abril a 20 de junho. "Esse padre era um hutu, mas era bondoso", disse Bonaventure. "Às vezes abria a porta para que nossas mulheres nos trouxessem água ou comida. Espalhou-se o boato de que eu fora morto, e tudo o que eu tinha de fazer era continuar escondido."

Voltando a pé para casa de sua abortada execução, Thomas Kamilindi ouviu o sargento que o escoltava dizer que ele ainda estava condenado à morte. "Vão matar você hoje, se não partir", disse o sargento. Thomas não tinha ideia de para onde ir. Escreveu um novo testamento e o deu a sua mulher, dizendo: "Estou partindo, não sei para onde. Talvez um dia este papel possa lhe ser útil".

Quando pôs o pé fora de casa de novo, estava chovendo. Começou a caminhar e acabou indo parar na estação de rádio. "Eu estava com medo", disse, "porque a rádio era praticamente um acampamento militar." Mas ninguém pareceu se importar com sua presença ali. "Assisti televisão até de noite. Telefonei para minha mulher e lhe disse que estava na rádio. Passei a noite embaixo de uma mesa, sobre um tapete. Eu não tinha nada para comer, mas dormi bem." Thomas não era capaz de imaginar como teria podido sobreviver se fosse um tutsi. De manhã, contou ao editor-chefe da rádio que quase fora morto. "Faça o noticiário da manhã e talvez pensem que você está conosco", disse o editor.

"Então eu fiz a transmissão das seis e meia", disse-me Thomas, "mas eu não podia continuar daquele jeito." Ligou para diversas embaixadas e descobriu que todas haviam sido evacuadas. Tentou então o Hôtel des Milles Collines. "O sujeito na recepção reconheceu minha voz e disse: 'Thomas! Você ainda está vivo. Isso é incrível. Pensamos que tivesse morrido'. E acrescentou: 'Se você conseguir vir até aqui, poderá se safar'." Era proibido circular de carro sem escolta ou documentos, então Thomas convenceu um soldado a dirigir para ele. Chegou ao hotel sem dinheiro, mas deram-lhe um quarto. "Se as pessoas chegavam, dizíamos que só pensaríamos no dinheiro depois", contou-me um funcionário do hotel. Naquela noite, enquanto Thomas se instalava, tocou seu telefone. Era um major do exército, Augustin Cyiza, que também estava alojado no hotel. Cyiza era simpático aos refugiados — acabaria desertando das Forças Armadas para aderir à FPR —, mas Thomas não sabia disso àquela altura. Foi até o quarto de Cyiza presumindo que seria morto, ou pelo menos preso. Em vez disso, os dois homens beberam cerveja e conversaram até tarde da noite, e no dia seguinte Cyiza saiu e voltou com a mulher e a filha de Thomas.

A cerveja salvou muitas vidas no Hôtel des Milles Collines. Sabendo que o preço das bebidas só poderia aumentar com a conturbação na cidade, o gerente Paul Rusesabagina recorreu a diversos intermediários para manter cheios os estoques do hotel. Esse comércio, pelo qual ele também conseguiu batata-doce e arroz suficiente para livrar seus hóspedes da fome, demandava amplas negociações com o comando militar, e Paul tirava vantagem de seus contatos. "Eu usava as bebidas para corromper as pessoas", ele me contou, rindo, porque as pessoas que ele corrompia eram líderes do Poder Hutu, e corrompê-los significava dar-lhes tanta bebida que os impedisse de matar os refugiados sob seu teto. "Dei bebidas e às vezes dei até dinheiro", disse. O general de divisão Augustin Bizimungu, o comandante das Forças Armadas, era um dos muitos visitantes assíduos e repulsivos do hotel, aos quais Paul mantinha bem amaciados. "Vinha todo mundo", disse Paul. "Eu tinha o que eles queriam. Esse não era meu problema. Meu problema era fazer com que ninguém fosse arrancado do meu hotel."

Paul é um homem de gestos delicados, de constituição robusta e fisionomia bastante comum — um gerente de hotel burguês, no fim das contas —, e é assim que ele parece ver a si próprio, uma pessoa comum que não fez nada de extraordinário ao se recusar a embarcar no redemoinho de loucura que girava à sua volta. Paul tentou salvar todas as pessoas que pôde, e se isso significava negociar com todo mundo que queria matá-las — então que assim fosse.

Um dia, pouco antes do amanhecer, o tenente Apollinaire Hakizimana, da inteligência militar, foi até o balcão da recepção, telefonou para Paul em seu quarto e disse: "Quero que você ponha todo mundo para fora deste hotel em trinta minutos". Paul estivera dormindo, e já acordou negociando. "Eu disse: 'O senhor sabe que essas pessoas são refugiadas? Que garantias o senhor oferece? Para onde elas vão? Como vão? Quem vai levá-las?'." O tenente Hakizimana disse: "Você ouviu o que eu falei? Queremos todo mundo fora daqui dentro de meia hora". Paul disse: "Ainda estou na cama. Me dê trinta minutos. Vou tomar um banho e depois ponho todo mundo para fora". Sem perder tempo Paul chamou vários dos refugiados em quem mais confiava, e que conheciam bem o regime — incluindo François Xavier Nsanzuwera, o ex-procurador-geral de Ruanda, um hutu que havia investigado Hakizimana como líder de esquadrões da morte do Poder Hutu. Juntos, Paul e seus amigos puseram-se em ação, telefonando para o general Bizimungu, para vários coronéis e para quem mais eles se lembravam que pudesse ser páreo para o tenente. Antes que se passassem os trinta minutos, um jipe do exército chegou ao hotel com ordens para que Hakizimana fosse embora.

"Eles botaram aquele rapaz para fora", disse Paul. Em seguida fez uma pausa em suas lembranças e seu olhar mergulhou na distância, de tal maneira que eu o imaginei espiando para fora de sua janela no Milles Collines quando disse: "E o que havia à nossa volta — à volta do complexo do hotel? Soldados, milicianos da *interahamwe* — armados com revólveres, facões, tudo". Paul parecia determinado a assinalar sua própria dimensão naquilo tudo. Ele não havia dito "*Eu* botei aquele rapaz para fora" — havia dito *eles* — e, ao me mostrar as fileiras de assassinos aglomerados junto ao portão do hotel, estava enfatizando a ideia.

Nas discussões sobre cenários de violência popular do tipo nós-contra-eles, a moda hoje em dia é falar em ódio de massa. Mas, embora o ódio possa ser estimulante, ele se baseia na fraqueza. Os "autores" do genocídio, como os ruandeses os chamam, entenderam que para levar um enorme número de pessoas fracas a fazer o mal é necessário apelar para o seu desejo de potência — a força escura que move de fato as pessoas é o poder. Ódio e poder são ambos, cada um a seu modo, paixões. A diferença é que o ódio é puramente negativo, enquanto o poder é essencialmente positivo: você se rende ao ódio, ao poder você aspira. Em Ruanda, a orgia de poder ilegítimo que levou ao genocídio foi perpetrada em nome do hutuísmo, e quando Paul, um hutu, levantou-se para desafiar os assassinos, fez isso apelando à paixão deles pelo poder: "*eles*" eram aqueles que haviam escolhido tirar vidas, e ele percebeu que isso significava que poderiam também escolher o poder de mantê-las.

Depois de ouvir no rádio o anúncio de sua própria morte, Odette e sua família ficaram em casa. "Nunca acendíamos a luz e nunca atendíamos o telefone, exceto a um sinal pré-combinado com pessoas conhecidas — deixa tocar uma vez, desliga, chama de novo." Passaram-se assim duas semanas. Então Paul ligou do Milles Collines. Ele era um velho amigo, e estava apenas checando a situação, para ver quem estava vivo, quem podia salvar. "Ele disse que mandaria Froduald Karamira para nos apanhar", lembrou-se Odette. "Eu disse: 'Não, não quero vê-lo. Se ele vier, vai nos matar'. Mas Paul era assim. Manteve contato com aquele tipo de gente até o fim." Paul não se desculpou. "Claro que falei com Karamira", contou-me ele. "Falei com ele porque todo mundo estava vindo para o Milles Collines. Eu tinha muitos contatos e dispunha de meu estoque de bebidas, e mandava aquela gente apanhar as pessoas e trazê-las ao Milles Collines. Não foram só Odette e Jean-Baptiste e seus filhos que foram salvos desse jeito. Houve muitos outros."

Em 27 de abril, um tenente apareceu na casa de Odette para transportar a família ao hotel em seu jipe. Mesmo um oficial do exército poderia ser parado e ter seus passageiros arrancados do carro pela *interahamwe*, por isso foi decidido que a família iria em três viagens separadas. Odette foi primeiro. "Nas ruas", disse ela, "havia barreiras, facções, cadáveres. Mas eu não olhava. Não vi nenhum cadáver durante todo aquele período, a não ser no rio. Quando estávamos lá, no mato da margem, meu filho disse: 'O que é aquilo, mãe?', e eu disse que eram estátuas que haviam caído no rio e desciam flutuando. Eu não sabia de onde vinham. Meu filho disse: 'Não. São cadáveres'."

Quando o tenente e Odette chegaram ao hotel e encontraram o portão cercado — não para proteger os que estavam dentro, claro, mas para impedir que novos refugiados entrassem —, ela mostrou um punhado de pílulas contra a malária e comprimidos de aspirina e disse que era uma médica chamada para tratar dos filhos do gerente. "Normalmente", ela me contou, "eu não bebo, mas quando entrei no hotel eu disse: 'Me dá uma cerveja'. Tomei um pouco de cerveja e fiquei completamente bêbada."

O tenente foi buscar os filhos de Odette. Quando rodava com eles rumo ao hotel, foram parados. No bloqueio, milicianos perguntaram às crianças: "Se seus pais não estão mortos, nem são tutsis, por que vocês não estão com eles?". O filho de Odette não hesitou. Disse: "Meu pai está dirigindo um bloqueio. Minha mãe está no hospital". Mas os assassinos não se convenceram. Seguiram-se duas horas de discussão acirrada. Então surgiu um carro transportando Georges Rutaganda, primeiro vice-presidente da *interahamwe* e membro do comitê central do MRND. Rutaganda reconheceu as crianças de tempos passados — quando ele e gente como Odette e Jean-Baptiste moviam-se no mesmo espaço social — e por um momento, aparentemente, sua alma atrofiada empurrou-o para uma atitude magnânima. Nas palavras de Odette: "Ele disse àquele pessoal da *interahamwe* que estava pressionando as crianças: 'Vocês não escutam rádio? Os franceses disseram que se não pararmos de matar crianças vão parar de nos dar armas e ajuda'. E finalizou: 'Vocês, crianças, entrem naquele carro e vão embora'".

Assim, Rutaganda havia violado o oitavo "mandamento hutu" e mostrado misericórdia pelos filhos de Odette, mas ela não sentia nenhuma afeição pelo homem. Muitas pessoas que participaram da matança — como funcionários públicos, soldados ou membros de milícia, ou como meros cidadãos carniceiros — também protegeram alguns tutsis, seja por simpatia pessoal, seja em troca de proveito financeiro ou sexual. Não era incomum que um homem ou mulher acostumado a matar escondesse em sua casa uns poucos tutsis escolhidos. Mais tarde, tais pessoas às vezes alegaram que haviam tirado algumas vidas com o intuito de não atrair atenção para seus esforços de salvar outras tantas. Em sua cabeça, ao que parece, seus atos de decência livravam-nos da culpa por seus crimes. Mas, para os sobreviventes, o fato de que um assassino às vezes poupasse vidas apenas provava que ele não poderia ser julgado inocente, uma vez que demonstrava claramente que sabia que matar era errado.

"A pessoa que cortou a cabeça de minha irmã deveria ter sua sentença reduzida? Não!", disse-me Odette. "Mesmo esse sr. Rutaganda, que salvou meus filhos, deveria ser enforcado em praça pública, e eu iria ver." As crianças estavam em prantos quando chegaram ao hotel. O próprio tenente estava chorando. Foi preciso muita conversa, por parte de Odette, para convencê-lo a fazer a última viagem e buscar Jean-Baptiste e seu filho mulato adotivo para o hotel. "Mulatos", explicou Odette, "eram vistos como filhos de tutsis com belgas."

10

Paul Rusesabagina lembrava-se de que em 1987 o Hôtel des Milles Collines havia adquirido seu primeiro aparelho de fax, e uma linha telefônica extra para servi-lo. Em meados de abril de 1994, quando o governo cortou as ligações externas com a central telefônica do hotel, Paul descobriu que — "milagrosamente", como ele definiu — a velha linha do fax ainda funcionava. Paul considerava essa linha como a mais poderosa arma de sua campanha pela proteção dos hóspedes. "Nós podíamos ligar para o rei da Bélgica", contou-me Paul. "Eu podia entrar em contato com o Ministério das Relações Exteriores da França imediatamente. Mandamos muitos fax para o próprio Bill Clinton na Casa Branca." Em geral, ele ficava acordado até as quatro da madrugada — "mandando fax, telefonando, falando ao mundo todo".

Os líderes do Poder Hutu em Kigali sabiam que Paul tinha um telefone, mas, disse ele, "nunca conseguiram meu número, portanto não sabiam como cortá-lo, e tinham outros problemas com que se preocupar". Paul guardava seu telefone com zelo, mas não de modo absoluto; refugiados com contatos estrangeiros úteis tinham acesso a ele. Odette enviou diversos fax a seus ex-empregadores no quartel-general das Forças de Paz em Washington, e no dia 29 de abril Thomas Kamilindi usou o telefone do hotel para dar uma entrevista a uma emissora de rádio francesa. "Descrevi como vivíamos, sem água — bebendo água da piscina —, e como era a matança, e como a FPR estava avançando", contou-me Thomas. A entrevista foi ao ar e, na manhã seguinte, o major Cyiza disse a Thomas: "Você fodeu tudo. Eles decidiram matar você. Dê o fora daqui, se puder".

Thomas não tinha para onde ir. Mudou-se para o quarto de um amigo, e na mesma tarde soube que um soldado havia chegado ao hotel para assassiná-lo. Pelo telefone, Thomas pediu a sua mulher que descobrisse o nome do tal soldado. Era Jean-Baptiste Iradukunda. "Era meu amigo de infância", Thomas me contou, "então eu liguei para ele e disse 'OK, estou indo', e fui. Ele me explicou que o comando militar queria me ver morto. Perguntei quem decidira isso, e quem o enviara. Ele hesitou. Então disse: 'Não sei quem vai matar você. Eu não consigo. Vou embora do hotel e vão mandar outro com certeza para matar você'."

"Ninguém veio me matar", disse Thomas. "A situação se normalizou. Saí para o corredor de novo depois de um tempo, e permanecemos quietos."

Quando perguntei a Paul sobre o problema de Thomas, ele riu. "Aquela entrevista não foi boa para os refugiados", disse, e acrescentou: "*Eles* queriam tirá-lo de lá, mas eu recusei".

Perguntei a Paul como tinha acontecido isso, isto é, por que razão sua recusa fora atendida.

Ele respondeu: "Não sei", e riu novamente. "Não sei como foi, mas recusei muitas coisas."

Enquanto isso, Ruanda afora: assassinato, assassinato, assassinato, assassinato, assassinato, assassinato, assassinato, assassinato, assassinato…

Pegue a estimativa mais acurada: 800 mil mortos em cem dias. Isso dá 333,3 assassinatos por hora, ou 5,5 vidas exterminadas por minuto. Considere também que a maior parte dessa matança ocorreu de fato nas primeiras três ou quatro semanas, e acrescente à taxa de mortos as legiões não computadas de mutilados que não morreram em decorrência de seus ferimentos, bem como a contínua e sistemática violação de mulheres tutsis — e então você terá uma ideia do que significou o fato de o Hôtel des Milles Collines ser o único lugar em Ruanda em que nada menos que mil pessoas marcadas para morrer se concentraram e, como disse Paul com toda a calma, "ninguém foi morto; ninguém foi aprisionado; ninguém foi espancado".

Abaixo do morro do hotel, em seu refúgio na igreja da Sagrada Família, Bonaventure tinha um rádio, e, sintonizado na RTLM, acompanhava a progressão da matança. Ouvia os incentivos camaradas dos locutores para que não sobrasse espaço nas covas, e apelos mais urgentes para que as pessoas fossem aqui ou ali, onde eram necessários mais braços para completar este ou aquele serviço. Ouvia os discursos das lideranças do governo do Poder Hutu, à medida que viajavam pelo país, conclamando as pessoas a redobrar seus esforços. E perguntava-se quanto tempo faltava para que o lento mas contínuo massacre de refugiados na igreja em que estava escondido acabasse por atingi-lo. Em 29 de abril, a RTLM proclamou que 5 de maio seria o "dia da limpeza" para a eliminação final de todos os tutsis de Kigali.

James Orbinski, um físico canadense que era um dos cerca de quinze trabalhadores humanitários estrangeiros que ainda estavam em Kigali, descreveu a cidade como "literalmente uma terra de ninguém". Disse: "A única coisa viva era o vento, exceto nos bloqueios das ruas, e os bloqueios estavam por toda parte. Os membros da *interahamwe* eram apavorantes, sedentos de sangue, bêbados — eles dançavam um bocado nos bloqueios. Tinha gente carregando familiares a hospitais e orfanatos. Levava dias para se conseguir andar dois ou três quilômetros". E chegar a um hospital não era garantia de segurança. Quando Orbinski visitou o hospital onde Odette e Jean-Baptiste haviam trabalhado, encontrou-o atulhado de cadáveres. Foi a um orfanato, na esperança de evacuar as crianças, e deparou com um oficial ruandês que disse: "Essas pessoas são prisioneiros de guerra, e no meu entender são insetos, que devem ser esmagados como insetos".

No final de abril, a cidade estava dividida ao longo de seu vale central: a leste, onde Orbinski estava baseado, a FPR detinha o controle; a oeste, a cidade pertencia ao governo. A Unamir e os poucos funcionários de emergência como Orbinski gastavam horas em negociação a cada dia, tentando viabilizar trocas de prisioneiros, refugiados e feridos entre os dois lados da linha de frente. Sua eficácia era extremamente limitada. "Eu ia à Sagrada Família todo dia, levando suprimentos médicos, fazendo listas", contou-me Orbinski. "Voltava no dia seguinte — vinte pessoas mortas, quarenta pessoas mortas."

Quando Paul rememorou como havia usado seu telefone no

Milles Collines para chamar a atenção internacional para a situação de seus hóspedes, afirmou: "Mas, sabe, a Sagrada Família também tinha uma linha telefônica, e aquele sacerdote, padre Wenceslas, nunca a usou. Meu Deus".

Era verdade que o telefone funcionava na igreja. O próprio Bonaventure Nyibizi, em seu esconderijo, estava ciente disso, e um dia, em meados de maio, conseguiu dar uma escapada e chegar até o aparelho. "Liguei para Washington, para a missão da Usaid", ele me contou. "Disseram: 'Você sabe qual é a situação. Assim que tiver uma chance de sair, entre em contato com a missão mais próxima'." Não era exatamente uma mensagem de esperança; mas, para Bonaventure, fazer contato e saber que outras pessoas sabiam que estava vivo, e onde, já era um consolo.

Por que o padre Wenceslas não fez ligações semelhantes? Por que outras pessoas não atuaram como Paul? "É um mistério", disse Paul. "Todo mundo poderia ter feito isso. Mas, por exemplo, o próprio Wenceslas andava armado, mesmo sendo um padre. Não posso dizer que ele tenha matado alguém. Nunca o vi matando. Mas eu o vi com um revólver. Um dia ele veio até meu quarto. Ele estava falando sobre o que estava acontecendo no país, sobre como as pessoas estavam alvejando, a partir da Sagrada Família — de sua igreja! —, soldados em carros militares. Disse que lhes dava bebida *porque* eles haviam matado pessoas. Eu disse: 'Senhor, eu não concordo com isso'. E minha mulher disse: 'Padre, em vez de carregar sua Bíblia, por que o senhor carrega um revólver? Por que o senhor não baixa esse revólver e levanta sua Bíblia? Um sacerdote não deveria ser visto de blue jeans e camiseta segurando um revólver'."

Mais tarde, Odette me contou a mesma história, e disse que o padre Wenceslas lhe respondera: "Cada coisa tem seu tempo. É tempo de revólver, não de Bíblia".

Paul lembrava de uma outra réplica. Segundo ele, o padre Wenceslas havia dito: "Já mataram cinquenta e nove padres. Não quero ser o sexagésimo". A resposta de Paul foi: "Se alguém chegar e atirar no senhor agora, acha que o revólver o impedirá de morrer?".

Depois do genocídio, Wenceslas fugiu com a ajuda de missionários franceses para uma cidadezinha no sul da França, onde se engajou no serviço pastoral. Em julho de 1995, foi preso e acusado, sob a lei francesa, de crimes de genocídio em Kigale, mas seu caso logo empacou em tecnicidades legais. Depois de duas semanas numa prisão francesa, foi libertado e reassumiu seu sacerdócio. Em janeiro de 1998, a Suprema Corte da França decretou que poderia ser julgado, afinal. Ele foi acusado, entre outras coisas, de fornecer aos assassinos listas de tutsis abrigados em sua igreja, de encorajar refugiados a sair do esconderijo para que fossem mortos, de assistir a massacres sem interferir, de sabotar os esforços da Unamir para evacuar refugiados da igreja, e de coagir garotas refugiadas a fazer sexo com ele. Em 1995, dois entrevistadores — um ruandês cujas irmãs e esposa haviam se refugiado na Sagrada Família e um jornalista francês — perguntaram-lhe se se arrependia de suas ações durante o genocídio. "Não tive escolha", Wenceslas respondeu. "Era preciso aparentar ser pró-milícias. Se eu tivesse tido uma atitude diferente, teríamos todos desaparecido."

A última aparição registrada da Virgem Maria no santuário do monte em Kibeho ocorreu em 15 de maio de 1994, numa época em que os poucos tutsis sobreviventes naquela paróquia ainda estavam sendo caçados. No mês anterior, milhares de tutsis haviam sido mortos em Kibeho. O maior massacre dali tinha ocorrido na catedral, e se estendera por vários dias, até que os assassinos se cansaram de trabalhar com as mãos e botaram fogo no lugar, imolando os vivos e os mortos. Durante os dias que antecederam o incêndio, o padre Pierre Ngoga, um sacerdote local, havia procurado defender os refugiados e pagara por isso com a própria vida, enquanto outro sacerdote local, o padre Thadée Rusingizandekwe, foi descrito por sobreviventes como um dos líderes de diversos ataques da *interahamwe*. Vestido, como os membros da milícia, num traje de folhas de bananeira, o padre Thadée, segundo relatos, portava um fuzil e atirava na multidão.

Com a liderança da igreja assim dividida, a aparição de 15 de maio ofereceu uma solução teológica para a questão do genocídio. As palavras exatas atribuídas à Santa Mãe pela visionária Valentine Nyiramukiza se perderam. Mas a mensagem foi transmitida pela rádio Ruanda na época, e numerosos sacerdotes e jornalistas ruandeses — entre eles Thomas Kamilindi, que a ouviu no Hôtel des Milles Collines — contaram-me que, segundo o relato, a Virgem havia dito que o presidente Habyarimana estava com ela no céu, e as palavras da santa haviam sido amplamente interpretadas como uma expressão de apoio divino ao genocídio.

O bispo de Gikongoro, monsenhor Augustin Misago, que escreveu um livro sobre as aparições de Kibeho, contou-me que a insinuação de Valentine de que "a matança de tutsis era aprovada no paraíso" parecia-lhe algo totalmente "impossível — uma mensagem preparada pelos políticos". Mas na época, as mensagens emitidas por líderes da igreja frequentemente adquiriam uma conotação política durante os massacres. Na verdade, o bispo Misago foi frequentemente descrito como um simpatizante do Poder Hutu; foi acusado publicamente de impedir o acesso de tutsis a lugares de refúgio, criticando colegas do clero que ajudavam "baratas", e pedindo a um emissário do Vaticano que visitou Ruanda em junho de 1994 que dissesse ao papa "para encontrar um lugar para os sacerdotes tutsis porque o povo de Ruanda não os quer mais". Pior que isso: em 4 de maio daquele ano, pouco antes da última aparição mariana em Kibeho, o bispo apareceu lá pessoalmente com um destacamento policial, e aconselhou um grupo de noventa pequenos estudantes tutsis, que estavam prestes a ser chacinados, a não se preocuparem, pois a polícia os protegeria. Três dias depois, a polícia ajudou a massacrar 82 das crianças.

O bispo Misago era um homem grande e imponente. Um retrato seu — vestido, como quando o encontrei, numa longa batina branca com botões púrpura — pendia ao lado de um retrato muito menor do papa, na parede da sala onde ele me recebeu, na diocese. Minutos depois da minha chegada, começou uma tempestade de trovões. A sala ficou mais escura, a batina do bispo pareceu ficar mais brilhante, e sua voz elevou-se até virar um grito para sobrepor-se ao estrondo da chuva no telhado de ferro corrugado. Parecia contente em gritar. Não estava nem um pouco feliz com minha visita — eu fora sem hora marcada, levando um bloco de notas — e sua conversa era acompanhada por uma gesticulação agitada, em que constantemente ele folheava uma agenda de bolso, sem de fato olhar para ela. Ele também tinha o hábito infeliz de dar uma risada alta e nervosa, "Ha-ha-ha!", toda vez que mencionava uma situação incômoda, como um massacre.

"O que é que eu podia fazer?", disse ele, quando lhe perguntei a respeito das 82 crianças tutsis mortas em Kibeho. Ele me contou que havia ido a Kibeho com o comandante da polícia de Gikongoro e um oficial da inteligência "para ver como restaurar a ordem e a unidade". Disse que não tivera outra escolha senão trabalhar com tais autoridades. "Eu não tinha um exército. O que podia fazer sozinho? Nada. Isso é lógica elementar." Havia considerado que os estudantes tutsis em Kibeho estavam inadequadamente protegidos. Disse: "A conclusão era a de que o número de policiais devia ser aumentado. Antes, havia cinco. Então, eles mandaram uns vinte".

O bispo riu e continuou: "Voltamos a Gikongoro, confiantes de que a situação iria melhorar. A desgraça é que entre aqueles policiais havia alguns cúmplices da *interahamwe*. Eu não tinha como saber disso. Essas decisões eram tomadas no exército. Então o diretor da escola veio a Gikongoro para explicar a situação e pedir que a equipe policial fosse trocada, e quando voltou para casa descobriu que o massacre tinha acontecido. Está vendo? Ha-ha-ha! Primeiro fomos mal-informados, depois ficamos impotentes para consertar a situação. Também, você é adulto e não julga que alguém seja capaz de matar crianças".

Na verdade, o que me parecia é que, na quarta semana do genocídio, nenhum adulto em Ruanda ainda poderia imaginar que policiais seriam protetores confiáveis de tutsis. O bispo insistiu que não tinha o que fazer. "Vocês, ocidentais, nos abandonaram a todos", disse. "Até o núncio papal partiu em 10 de abril. Não dá para culpar só o pobre bispo de Gikongoro."

"Mas o senhor ainda era um homem influente", eu disse.

"Não, não, não", disse o bispo. "Isso é uma ilusão." Soltou sua risada nervosa. "Quando os homens se tornam demônios, e você não tem um exército, o que pode fazer? Todos os caminhos são perigosos. Então, como eu poderia influir? Nem mesmo a Igreja — não somos como extraterrestres que podem antever as coisas. Podemos ter sido vítimas de falta de informação. Quando se está mal-informado, hesita-se em tomar uma posição. E havia uma poderosa produção oficial de desinformação. Como jornalista, quando você não tem certeza de algo, você não publica — antes vai apurar. As acusações globais contra a Igreja não são científicas. São propaganda ideológica."

O bispo não estava negando que tivesse cometido uma grande estupidez em Kibeho. Mas não parecia considerá-la um crime, e embora tenha dito que estava "embaraçado" pelo fato de ter embarcado na propaganda oficial, não deu nenhum sinal de remorso. Queria ser encarado como uma vítima do mesmo engano que resultou na chacina de 82 crianças. Se eu o entendi bem, ele estava dizendo que fora um homem profundamente inocente enganado por demônios. Pode ser. Mas era curioso que encarasse minhas perguntas sobre seu relacionamento com aqueles demônios como um ataque à instituição da Igreja Católica Romana, e quando de fato perguntei-lhe sobre a Igreja, sua resposta não constituiu propriamente uma defesa.

"Até onde eu sei", disse, "nenhum membro da Igreja declarou inaceitável nenhum dos eventos que estavam acontecendo. O monsenhor Vincent Nsengiyumva, o velho arcebispo de Kigali, é o melhor exemplo. Ele não fazia segredo de sua amizade com o presidente Habyarimana. Claro que os outros bispos e membros do clero desaprovavam. Mas, você sabe, a sociedade profana do Ocidente gosta muito de escancarar tudo nos jornais, no cinema, na tevê, enquanto nós temos o hábito de fazer as coisas em segredo e discretamente, sem tocar tambores ou trombetas. Se você se manifestasse, alguém poderia dizer que você se tornara um herege."

É verdade que, para muitos ruandeses, ir contra o Poder Hutu teria soado como uma heresia. Mas o bispo Misago parecia querer reconsiderar seu desabafo. Depois de alguns minutos, declarou: "Eu estava cansado quando você chegou. Estava indo me deitar. Estava um tanto cansado e agitado, e isso pode ter influído no tom das minhas respostas. Também, você faz cada pergunta".

Estava claro que o bispo Misago não havia agido de modo tão vil quanto o padre Wenceslas. Ainda assim, surpreendeu-me que um homem com sua reputação ficasse em Ruanda depois do genocídio. Numerosos padres haviam sido presos por sua conduta em 1994, e um funcionário do Ministério da Justiça em Kigali contou-me que seria possível montar um grande processo que levasse à prisão de Misago. Mas, acrescentou, "o Vaticano é poderoso demais, arrogante demais, para que possamos sair brigando com bispos. Já ouviu falar da infalibilidade?".

Durante uma de suas visitas ao Hôtel des Milles Collines, o padre Wenceslas havia convidado Paul Rusesabagina a tomar um drinque com ele na igreja da Sagrada Família. Mas Paul nunca abandonou o hotel, e o próprio Wenceslas deveria dar graças por isso, pois entregara sua mãe a Paul para que a abrigasse no hotel. Na verdade, numerosos homens ligados ao regime do Poder Hutu haviam instalado suas esposas tutsis no Milles Collines, e se a presença delas certamente contribuía para a segurança do hotel, por outro lado Paul sentia que ela cobria de vergonha aqueles homens. "O próprio Wenceslas sabia que não era capaz de garantir nem a segurança de sua mãe", disse Paul. "E ele foi tão arrogante quando a trouxe que me disse: 'Paul, estou lhe trazendo minha barata'. Você se dá conta? Ele estava falando sobre sua mãe. Ela era uma tutsi."

Wenceslas, disse-me Paul, era "só um — como se diz? — um bastardo. Ele não conheceu o pai". Mas o que isso explica? Muitíssimas pessoas que se comportaram do mesmo jeito ou pior que Wenceslas tinham pais, e nunca chamariam as próprias mães de baratas, ao passo que muitas pessoas que se relacionavam mal com suas origens não se tornaram criminosos enlouquecidos. Eu não estava interessado no que tornava Wenceslas fraco; queria saber o que tornava Paul forte — e ele não me contou. "Eu não fui realmente forte", disse ele. "Não fui. Mas talvez tenha usado meios diferentes, que as outras pessoas não queriam usar." Só depois — "quando as pessoas começaram a falar sobre aquela época" — é que lhe ocorreu que ele fora um caso excepcional. "Durante o genocídio eu não sabia", me contou. "Pensava que muita gente fazia como eu, porque sei que se quisessem poderiam fazê-lo."

Paul acreditava no livre-arbítrio. Entendia suas ações durante o genocídio do mesmo modo que entendia as dos outros, como escolhas. Ele não parecia pensar que pudesse ser chamado de íntegro, exceto quando comparado com o comportamento criminoso de outros, e rejeitava esse parâmetro. Paul havia dedicado todas as suas variadas energias a evitar a morte — a sua e a dos outros —, mas o que temia ainda mais que um fim violento era viver e morrer como o que ele chamava de "imbecil". Vista sob essa luz, a alternativa de matar ou ser morto se traduzia nas perguntas: matar em nome do quê? Ser morto como quê? — e não representava nenhum grande desafio.

O enigmático para Paul era que tantos de seus conterrâneos tivessem escolhido entregar-se à desumanidade. "Foi mais do que uma surpresa", disse-me ele. "Foi um desapontamento. Eu me desapontei com a maioria de meus amigos, que mudaram imediatamente com aquele genocídio. Costumava vê-los como cavalheiros, e quando os vi com os assassinos fiquei decepcionado. Ainda tenho alguns amigos em quem confio. Mas o genocídio mudou tanta coisa — em mim mesmo, em meu comportamento. Eu costumava sair, me sentir livre. Podia ir tomar um drinque com qualquer um. Podia confiar. Mas agora tendo a não fazer isso."

Portanto, Paul tinha uma consciência rara, e sabia da solidão que ela acarreta, mas não havia nada de falso em sua modéstia quanto a seus esforços em prol dos refugiados do Milles

Collines. Ele não os havia salvado, e não poderia tê-los salvado — não definitivamente. Armado apenas com um armário de bebidas, uma linha telefônica, um endereço internacionalmente famoso, e seu espírito de resistência, havia meramente sido capaz de trabalhar pela proteção deles até vir o momento em que foram salvos por outros.

A primeira grande evacuação do hotel foi tentada pela Unamir em 3 de maio. Caminhões chegaram para levar ao aeroporto 62 refugiados aos quais fora oferecido asilo na Bélgica, entre eles Thomas, Odette e Jean-Baptiste e suas famílias. Mas, assim que os refugiados embarcaram nos caminhões, espiões do governo entraram no pátio de estacionamento, fazendo listas dos evacuados, e foi ao ar pela RTLM um alerta para que o comboio fosse detido. A cerca de 1,5 quilômetro do hotel, uma multidão crescente de membros da *interahamwe* e soldados deteve os caminhões num bloqueio. Os refugiados foram forçados a descer; alguns foram espancados e chutados. Milicianos da *interahamwe* sintonizaram seus rádios na RTLM e ficaram à escuta dos nomes de evacuados conhecidos. Depois procuraram essas pessoas para submetê-las a agressões especiais. O ex-procurador-geral François Xavier Nsanzuwera foi quem levou a pior. Sob as vistas de homens da Unamir, ele foi nocauteado com a coronha de um fuzil. Enquanto estava desfalecido na calçada, vários tiros foram disparados contra ele. Nenhum o acertou. Mas a multidão ficou mais inflamada e começou a reivindicar o direito de massacrar os evacuados. Soldados do exército contiveram a massa, recusando-se ao mesmo tempo a deixar os caminhões partirem. Ouvi muitos relatos sobre as horas que os evacuados passaram no bloqueio e nenhuma explicação convincente de por que, no final, o comboio teve permissão para voltar ao hotel, mas o fato é que ele teve, e Odette passou a noite com um estojo de costura, dando pontos em ferimentos.

Doze dias depois, um oficial da inteligência militar apareceu no hotel e informou Paul de que todos os que estavam dentro dele seriam mortos naquela noite. Não dava nem para pensar em esperar ajuda da Unamir. Mais uma vez, Paul mobilizou todas as suas conexões, no governo e no exterior, e convocou cada refugiado com contatos úteis a fazer o mesmo. Paul recorda ter falado com o diretor-geral do Ministério das Relações Exteriores em Paris, a quem disse: "Se o senhor quiser que essas pessoas sejam salvas, elas serão salvas. Mas se quiser que elas morram, elas morrerão hoje, e vocês, franceses, vão pagar de um jeito ou de outro pelas pessoas que forem mortas hoje neste hotel". Quase imediatamente após essa conversa, o general Bizimungu, do alto comando das Forças Armadas, e o general Dallaire, da Unamir, procuraram Paul para garantir que o hotel não seria tocado.

Paul fez seu esforço, mas a decisão de vida ou morte ficava, como sempre, nas mãos dos assassinos e, nesse caso específico, na de seus patronos franceses. Nessa noite uma única bala estilhaçou uma janela do Milles Collines, como a sugerir que a mão da morte estava temporariamente paralisada. Mas àquela altura a batalha por Kigali estava acirrada, e o hotel e vários outros locais notoriamente de "refúgio", como a igreja da Sagrada Família, haviam se transformado em fichas de negociação. A FPR detinha milhares de prisioneiros leais ao governo num estádio do outro lado da cidade, e o comando da FPR propôs o tipo de acordo que o Poder Hutu era capaz de entender: se vocês matarem aqueles, nós matamos estes. Foi negociada uma troca. A Unamir ajudou a mediar o acordo e forneceu o transporte. Na época, foi noticiado amplamente que a ONU salvara os refugiados. Mas a verdade foi outra: eles foram salvos pela ameaça da FPR de matar os outros.

A evacuação continuou lentamente, caminhão a caminhão, dia a dia. Houve muitos dias em que nenhum caminhão se moveu, e mesmo enquanto alguns refugiados eram transportados para a liberdade, os massacres continuaram na Sagrada Família e em outros lugares em Kigali. Em 17 de junho, quando apenas um punhado de refugiados permanecia no Milles Collines, Paul foi ao Hôtel des Diplomates, em busca de bebidas para o general Bizimungu. Quando voltou ao Milles Collines, descobriu que um bando da *interahamwe* havia invadido a suíte em que ele estava alojado com a família. Sua mulher e seus filhos estavam escondidos no banheiro, enquanto a milícia destruía a sala de estar. Paul cruzou com alguns dos invasores no corredor. "Eles me perguntaram: 'Onde está o gerente?'. Eu estava de camiseta e jeans e eles acham que um gerente está sempre de gravata. Perguntei: 'O gerente? Vocês não o encontraram?'. Eles disseram: 'Não. Onde ele está?'. Respondi: 'Foi naquela direção', e andei na direção oposta. Encontrei mais alguns deles na escada, e eles perguntaram: 'Onde está o gerente?'", riu Paul. Mais uma vez, ele os mandou para o outro lado. Então foi procurar o general Bizimungu, que estava esperando seu suprimento de bebidas. O general instruiu um de seus sargentos a expulsar a milícia. De acordo com as lembranças de Paul, Bizimungu disse: "Sobe lá e diz àqueles milicianos que se eles matarem alguém, eu mato eles. E se ainda estiverem neste hotel daqui a cinco minutos, vou começar a atirar".

No dia seguinte, Paul e sua família juntaram-se a um comboio da Unamir com destino à zona dominada pela FPR. Ele havia feito o que podia. Mas se a FPR não tivesse encurralado o Poder Hutu a partir do outro lado do vale, não teria havido nenhum comboio — e provavelmente nenhum sobrevivente.

[...] *e bem poderia acontecer à maioria de nós, gente refinada, estar no meio da batalha de Armageddon e não pensar em nada que não fosse o aborrecimento da fumaça das explosões e da luta no pedaço de terreno à nossa volta.*

George Eliot, *Daniel Deronda*

11

As noites eram sinistramente calmas em Ruanda. Depois que os pássaros silenciavam, praticamente não havia ruído de animal nenhum. Eu não conseguia entender isso. Então me dei conta da ausência de cães. Que espécie de país não tem cães? Comecei a observar nos mercados, nas ruas, no campo, nos terrenos de igrejas, nos pátios de escolas, nos pastos, cemitérios, ferros-velhos e nos jardins floridos das belas mansões. Uma vez, nas montanhas ao longe, pensei ter divisado um garoto conduzindo um cachorro por uma trilha de terra. Mas era uma cabra que estava na ponta da corda. Vida de aldeia sem cães? Crianças sem cães? Pobres sem cães? Havia muitos gatos — os primeiros animais domésticos a sumir numa situação de fome, mas fome não era o problema de Ruanda —, e comecei a me perguntar se, em Ruanda, os gatos haviam vencido sua eterna guerra contra os cães.

Durante meus três primeiros meses no país, entre maio e agosto de 1995, fiz uma lista dos cachorros que vi: uma senhora belga hospedada no Hôtel des Milles Collines tinha um par de poodles toys que a acompanhavam em caminhadas matinais pelo jardim e em volta da piscina; a francesa dona da pensão onde morava o trabalhador voluntário holandês que eu conhecia tinha um gordo golden retriever; uma equipe de sapadores americanos e belgas tinha alguns pastores alemães que os auxiliavam na remoção de minas explosivas; e uma vez eu vi uma cadela magérrima roendo um esqueleto de peixe nos fundos de um restaurante na cidade de Gisenyi, no noroeste, mas ela podia ter simplesmente atravessado a fronteira com o Zaire, a poucas centenas de metros dali, e depois de um momento um cozinheiro a expulsou com altos brados e um golpe de colher de pau. Observando essa lista, você poderia concluir que a propriedade de cães correspondia à cor da pele: brancos tinham cães e africanos, não. Mas os africanos geralmente gostam tanto de cachorros quanto o resto da humanidade, de modo que a impressionante ausência de cães em Ruanda deixava-me perplexo.

Fiz investigações, e descobri que até o genocídio os cachorros haviam sido abundantes em Ruanda. As palavras que as pessoas usavam para descrever a população canina daquela época eram "muitos" ou "normal". Mas, à medida que os combatentes da FPR avançavam país adentro, descendo a partir do nordeste, eles matavam todos os cães.

O que a FPR tinha contra os cães? Todo mundo a quem perguntei deu a mesma resposta: os cachorros estavam devorando os mortos. "Isso foi filmado", alguém me disse, e desde então tenho visto mais cachorros ruandeses em telas de vídeo do que vi ao vivo em toda Ruanda — rastejando na terra vermelha característica do país, sobre as pilhas de corpos característicos daquela época, com o jeito de comer característico de sua espécie.

Informaram-me sobre uma inglesa de uma organização de ajuda médica que ficou muito aborrecida quando viu homens da FPR atirando nos cachorros que se alimentavam de uma pilha de cadáveres na grande catedral e diocese de Kabgayi, que havia servido como um campo de extermínio no centro de Ruanda. "Vocês não podem matar os cachorros", disse a inglesa aos soldados. Estava errada. Mesmo os capacetes-azuis da Unamir estavam atirando nos cães que viam pela frente no final do verão de 1994. Depois de meses, durante os quais os ruandeses ficaram se perguntando se as tropas da ONU sabiam ou não atirar, já que eles nunca usaram suas excelentes armas para barrar o extermínio de civis, os membros da força de paz revelaram-se enfim ótimos atiradores.

O genocídio havia sido tolerado pela assim chamada comunidade internacional, mas, conforme fiquei sabendo, as Nações Unidas viam os cães comedores de cadáveres como um problema de saúde.

* * *

Em 11 de dezembro de 1946, a Assembleia-Geral das Nações Unidas declarou o genocídio um crime perante o direito internacional. Em 9 de dezembro de 1948, a Assembleia-Geral foi mais longe, adotando a Resolução 260A(III), a Convenção para Prevenção e Punição do Crime de Genocídio, que obrigava as "partes contratantes" a "encarregar-se de prevenir e punir [...] ações cometidas com a intenção de destruir, no todo ou em parte, um grupo nacional, étnico, racial ou religioso".

Assim como a polícia de um Estado jura prevenir e punir o assassinato, os signatários da Convenção do Genocídio juraram zelar pela ordem de um admirável mundo novo. A retórica da utopia moral é uma resposta peculiar ao genocídio. Mas aqueles eram os dias turbulentos que se seguiram aos julgamentos de Nuremberg, quando o extermínio de judeus pelos nazistas na Europa havia sido reconhecido em toda a sua extensão como um fato que ninguém mais podia fingir ignorar. Os autores e signatários da Convenção do Genocídio sabiam muito bem que não haviam lutado na Segunda Guerra Mundial para interromper o Holocausto, mas sim — e frequentemente, como no caso dos Estados Unidos, de modo relutante — para conter a agressão fascista. O que fazia essas potências vitoriosas, que dominavam as Nações Unidas na época ainda mais do que dominam hoje, imaginar que agiriam de modo diferente no futuro?

Ruanda é um país cercado e paupérrimo, um pouco maior que Vermont e um pouco menos populoso que Chicago, um lugar tão espremido pelos vizinhos Congo, Uganda e Tanzânia que, na maioria dos mapas, seu nome, para ser legível, tem de ser impresso fora dos limites de seu território. No que diz respeito aos interesses políticos, militares e econômicos das potências mundiais, tem tanta importância quanto Marte. Na verdade, Marte é provavelmente mais importante do ponto de vista estratégico. Mas Ruanda, ao contrário de Marte, é povoada por seres humanos, e quando Ruanda sofreu um genocídio, as potências mundiais abandonaram-na à própria sorte.

Em 14 de abril de 1994, uma semana depois da morte dos dez capacetes-azuis belgas, a Bélgica se retirou da Unamir — exatamente como o Poder Hutu pretendia que fizesse. Soldados belgas, aborrecidos com a covardia e o desperdício de sua missão, rasgaram em pedaços suas boinas na pista do aeroporto de Kigali. Uma semana depois, em 21 de abril de 1994, o comandante da Unamir, o general de divisão Dallaire, declarou que, com apenas 5 mil soldados bem equipados e carta branca para combater o Poder Hutu, ele poderia deter rapidamente o genocídio. Nenhum analista militar com quem falei questionou essa avaliação, e muitos deles a confirmaram. A estação transmissora da RTLM teria sido um óbvio e fácil primeiro alvo. Entretanto, no mesmo dia, o Conselho de Segurança da ONU aprovou uma resolução que reduzia o contingente da Unamir em 90%, ordenando a total retirada, com exceção de 270 tropas cujas ordens lhes permitiam pouco mais do que se agachar atrás de seus sacos de areia e observar.

O abandono de Ruanda pelas forças da ONU foi a maior vitória diplomática do Poder Hutu até então, e pode ser creditada quase exclusivamente aos Estados Unidos. Com a lembrança do fracasso na Somália ainda muito viva, a Casa Branca havia acabado de rascunhar um documento chamado Diretiva de Decisão Presidencial 25, que consistia num levantamento de razões para evitar o envolvimento norte-americano em missões de paz da ONU. Pouco importava que o apelo de Dallaire por um contingente ampliado não demandasse tropas norte-americanas, ou que a missão não fosse propriamente de manutenção da paz, mas de prevenção de genocídio. A DDP 25 continha também o que os políticos de Washington chamam de "linguagem" pela qual os Estados Unidos buscavam persuadir os outros a não assumir as missões que eles próprios queriam evitar. Na verdade, a embaixadora do governo Clinton nas Nações Unidas, Madeleine Albright, opunha-se a deixar em Ruanda até mesmo o reduzido grupo de 270 tropas. Albright acabaria sendo promovida a secretária de Estado, em grande parte graças a sua reputação como uma "filha de Munique", uma tcheca refugiada do nazismo sem nenhuma tolerância para a conciliação e com inclinação pelo envio de forças norte-americanas ao exterior para botar na linha ditadores patifes e Estados criminosos. Seu nome é raramente associado a Ruanda, mas tirar o corpo fora, e pressionar outros a tirarem também, enquanto a taxa de mortes no país subia dos milhares às dezenas de milhares e às centenas de milhares, foi o ponto mais baixo de sua carreira como estadista.

Uma semana após o corte na Unamir, quando os embaixadores da Tchecoslováquia, da Nova Zelândia e da Espanha, incomodados com as crescentes evidências de genocídio em Ruanda, começaram a pressionar pelo regresso das tropas da ONU, os Estados Unidos reivindicaram o controle da missão. Mas não houve missão nenhuma a ser controlada. O Conselho de Segurança, em que Ruanda convenientemente ocupou uma cadeira temporária em 1994, não foi capaz sequer de aprovar uma resolução que contivesse a palavra "genocídio". Nesse andamento esplêndido, abril deu lugar a maio. Enquanto os líderes do genocídio em Ruanda redobravam esforços por uma completa mobilização nacional para extirpar os últimos tutsis sobreviventes, o Conselho de Segurança preparava-se, em 13 de maio, para votar mais uma vez sobre a restauração do poderio da Unamir. A embaixadora Albright conseguiu adiar por quatro dias a votação. O Conselho de Segurança concordou então em enviar 5500 homens para a Unamir, só que — por insistência norte-americana — muito lentamente.

Então maio virou junho. Àquela altura, um consórcio de oito impacientes nações africanas havia anunciado sua disposição para mandar uma força de intervenção a Ruanda, desde que Washington enviasse cinquenta carros blindados de transporte de tropas. O governo Clinton concordou, mas em vez de emprestar os veículos aos corajosos africanos, decidiu arrendá-los à ONU — à qual Washington devia bilhões de dólares em contribuições atrasadas — por 15 milhões de dólares, incluindo nesse preço o transporte e peças sobressalentes.

Em maio de 1994, eu estava por acaso em Washington, para visitar o United States Holocaust Memorial Museum, uma atração turística imensamente popular adjacente ao National Mall. A fila para comprar ingresso começou duas horas antes do horário de abertura. Esperando em meio à multidão, tentei ler um jornal local. Mas não pude avançar além de uma foto da primeira página: corpos arrastados pelas águas, corpos mortos, inchados e sem cor, corpos tão numerosos que se espremiam uns contra os outros e obstruíam a corrente. A legenda explicava que se tratava dos cadáveres de vítimas do genocídio em Ruanda. Olhando por cima do jornal, vi um grupo de funcionários do museu chegando para o trabalho. Em seus paletós marrons, vários deles portavam buttons que eram vendidos a um dólar na loja do museu, com os slogans "Lembre-se" e "Nunca mais". O museu tinha apenas um ano de idade; na cerimônia de sua inauguração, o presidente Clinton o havia descrito como "um investimento num futuro seguro contra qualquer insanidade que venha a nos ameaçar". Pelo visto, tudo o que ele queria dizer era que as vítimas dos futuros extermínios agora poderiam morrer sabendo que já existia em Washington um santuário onde seu sofrimento podia ser comemorado, mas na época seu significado parecia carregar uma promessa mais corajosa.

No início de junho, o secretário-geral da ONU e mesmo, num lance inesperado, o ministro do Exterior da França haviam passado a descrever a matança em Ruanda como "genocídio". Mas o chefe da Comissão de Direitos Humanos da ONU ainda preferia a frase "possível genocídio", enquanto o governo Clinton verdadeiramente proibia o uso irrestrito da palavra que começa com "g". A formulação oficial aprovada pela Casa Branca era: "atos de genocídio podem ter ocorrido". Quando Christine Shelley, uma porta-voz do Departamento de Estado, tentou defender esse contorcionismo semântico num encontro com a imprensa em 10 de junho, perguntaram a ela quantos atos de genocídio são necessários para formar um genocídio. Ela disse que não estava "em posição de responder", acrescentando vagamente: "Há expressões que estamos usando com cujo uso estamos tentando ser coerentes". Pressionada a definir um ato de genocídio, Shelley recitou a definição do crime dada pela Convenção do Genocídio de 1948, que os Estados Unidos relutaram em assinar até 1989, catorze anos depois que a própria Ruanda havia assinado. Uma transcrição, mantida pelo Departamento de Estado, das gravações daquele encontro de imprensa registra o seguinte diálogo:

> Pergunta: Então a senhora diz que o genocídio ocorre quando ocorrem certos atos, e diz também que esses atos vêm acontecendo em Ruanda. Então por que não pode dizer que vem acontecendo um genocídio?
>
> Sra. Shelley: Porque, Alan, há uma razão para a escolha de palavras que temos feito, e eu tenho... talvez eu tenha... eu não sou uma advogada. Não abordo isso do ponto de vista do direito internacional ou do direito acadêmico. Tentamos, o melhor que podemos, ponderar acuradamente uma descrição ao nos referirmos particularmente a esse assunto. Isto é... o assunto está lá. As pessoas obviamente o estão vendo.

Shelley chegou um pouco mais perto da resposta certa quando declarou rejeitar a denominação de genocídio porque "há obrigações que aparecem em conexão com o uso do termo". Ela quis dizer que, sendo um genocídio, a Convenção de 1948 exigia que as partes contratantes agissem. Washington não queria agir. Então Washington fazia de conta que não era um genocídio. Ainda assim, supondo que o diálogo acima tenha durado cerca de dois minutos, uns onze tutsis eram exterminados em Ruanda enquanto ele acontecia.

A imprensa e muitos membros do Congresso estavam tão revoltados com as descaradas evasivas do governo sobre Ruanda que, ao mesmo tempo que Shelley fazia malabarismos verbais em Washington, o secretário de Estado Warren Christopher declarava a repórteres em Istambul: "Se existe uma mágica particular em chamar a coisa de genocídio, não hesito em chamá-la". A assessoria de Clinton produziu então uma nova e inventiva leitura da Convenção do Genocídio. Em vez de obrigar os Estados signatários a prevenir o genocídio, na interpretação da Casa Branca a Convenção meramente "autoriza" tal ação preventiva. Isso era besteira, claro, mas, ao neutralizar a palavra "genocídio", a nova manobra permitiu aos representantes norte-americanos usá-la sem angústia. Enquanto isso, os carros blindados de transporte para uma força de intervenção pan-africana estavam parados numa pista de pouso na Alemanha, pois a ONU barganhava por uma redução de 5 milhões de dólares no preço do aluguel. Quando a Casa Branca finalmente concordou com o desconto, não havia aviões disponíveis para transportar os carros. No desespero de achar alguma coisa que desse sustentação às constantes declarações norte-americanas de preocupação por Ruanda, funcionários do governo começaram a dizer aos repórteres que Washington estava contribuindo em Uganda com uma iniciativa de saúde pública que consistia em retirar mais de 10 mil cadáveres de ruandeses das margens do lago Vitória.

Quanto mais Washington se esforçava para manter as mãos limpas no tocante a Ruanda, mais sujas elas ficavam. Ao mesmo tempo, a França ansiava impacientemente por uma oportunidade de salvar seu investimento de prestígio político e militar em Ruanda. Isso significava salvar os herdeiros do Poder Hutu de Habyarimana da cada vez mais provável perspectiva de derrota total nas mãos da temida e anglófona FPR. As comunicações entre Paris e Kigali permaneceram constantes, cordiais e não raro francamente conspiratórias. Astutos diplomatas franceses e seus prepostos na África geralmente adotavam a posição oficial do governo genocida: de que, longe de ser um assunto político, os massacres dos tutsis eram o resultado da fúria popular que se seguiu ao assassinato de Habyarimana; de que a "população" havia "se levantado unida" para se defender; de que o governo e o exército queriam apenas restaurar a ordem; de que a matança era uma extensão da guerra com a FPR; de que a FPR começara a guerra e era o maior agressor — em resumo, de que os ruandeses estavam simplesmente matando-se uns aos outros como estavam acostumados a fazer, por arcaicas razões tribais, desde tempos imemoriais.

Mistificação à parte, o genocídio continuava sendo um fato, e embora a França tivesse raramente hesitado, no passado, em perpetrar invasões militares unilaterais para apoiar seus clientes africanos, o genocídio tornava embaraçoso um movimento desse tipo. A imprensa francesa estava incomodando as autoridades políticas e militares do país com denúncias de sua escandalosa cumplicidade na preparação e implementação da carnificina. Então, em meados de junho, o governo francês teve a ideia de programar uma expedição militar a Ruanda como missão "humanitária", a ser levada a cabo sob a bandeira das Nações Unidas, com algumas tropas senegalesas alugadas para ir junto, de modo a criar uma aura de multilateralismo. Quando lhe perguntaram o que achava de tal esquema, o indignado general Dallaire da Unamir declarou ao *Independent*, de Londres: "Eu me recuso com todas as forças a responder essa pergunta. Nem pensar". Muitos líderes africanos de fora do bloco francófono, como o presidente Nelson Mandela e o arcebispo Desmond Tutu, ambos da África do Sul, questionaram abertamente as motivações francesas, e a FPR qualificou de inaceitável o plano de Paris. Nas noites de 16 e 18 de junho, carregamentos de armas para o regime do Poder Hutu aterrissaram, com a conivência da França, na cidade de Goma, no leste do Zaire, e foram transportadas através da fronteira até Ruanda. Mas em 22 de junho o Conselho de Segurança — desejoso de se livrar de sua vergonha, e aparentemente sem perceber a vergonha suplementar que isso lhe trazia — endossou a expedição francesa, dando-lhe um mandato de dois meses com a permissão de usar a força de agressão que fora sistematicamente negada à Unamir.

No dia seguinte, as primeiras tropas francesas da *Opération Turquoise* deslocaram-se de Goma para o noroeste de Ruanda, onde foram saudadas por deslumbrados bandos da *interahamwe* — que cantavam, agitavam bandeiras tricolores francesas e carregavam cartazes com slogans como "Bem-vindos hutus franceses" — enquanto um disc-jóquei da RTLM aconselhava as mulheres hutus a se insinuarem para os brancos, escarnecendo: "Agora que as garotas tutsis estão todas mortas, é a sua chance".

O *timing* da *Opération Turquoise* foi impressionante. No final de maio, o massacre dos tutsis estava mais lento porque a maior parte já fora massacrada. A caçada continuava, claro, especialmente nas províncias ocidentais de Kibuye e Cyangugu, mas Gérard Prunier, um cientista político que participava da força-tarefa que elaborou o esquema de intervenção da França, escreveu que a grande preocupação em Paris, à medida que os planos de mobilização eram postos em prática em meados de junho, era se suas tropas encontrariam alguma grande concentração de tutsis para resgatar diante das câmeras de televisão. Em grande parte de Ruanda, a mensagem do Poder Hutu para as massas havia mudado de uma ordem para matar a uma ordem para fugir do avanço da FPR. Em 28 de abril — época remota, na comprimida escala de tempo do apocalipse de Ruanda — um quarto de milhão de hutus, em debandada diante do avanço da FPR, espremeram-se sobre uma ponte e desaguaram na Tanzânia, vindos da província oriental de Kibungo. Essa foi a maior e mais rápida fuga em massa através de uma fronteira internacional na história moderna, e embora tenha incluído brigadas inteiras da *interahamwe*, unidades militares, políticos municipais e multidões de civis que haviam atulhado de cadáveres a igreja de Nyarubuye e o resto de Kibungo, aqueles que fugiam eram indiscriminadamente recebidos de braços abertos pela ONU e agências humanitárias e acomodados como refugiados em acampamentos gigantes.

Antes de a França até mesmo começar a falar em expedição militar "humanitária", a FPR controlava a parte leste de Ruanda, e suas forças moviam-se firmemente para o oeste num amplo movimento em forma de pinça em direção ao norte e ao sul de Kigali. À medida que progrediam, toda a extensão do extermínio dos tutsis nas áreas que eles conquistavam era exibida para o mundo. Enquanto os líderes do governo ruandês e a RTLM alegavam que a FPR estava matando cada hutu que encontrava, e porta-vozes militares franceses divulgavam a ideia de um "genocídio de mão dupla" e chamavam a FPR de *Khmer Noir*, a impressão dominante na imprensa internacional era a de um exército rebelde espantosamente disciplinado e correto, determinado a restaurar a ordem. Para os tutsis e para a maioria dos hutus de boa consciência, a maior esperança de salvação era alcançar a zona dominada pela FPR, ou ser alcançado por ela.

A FPR, que na época consistia de uns 20 mil combatentes, estava forçando ao recuo um exército nacional com o dobro de seu tamanho, apoiado por milícias e por uma grande massa de civis mobilizados para a "autodefesa". Para qualquer pessoa preocupada com o bem-estar do Poder Hutu, como muitas na França, a pergunta óbvia parece ter sido: o que saiu errado? A resposta mais simples era de que o regime do Poder Hutu em Ruanda estava enfraquecendo seu esforço militar na linha de frente ao desviar energia para completar o genocídio, exatamente como os alemães haviam feito nos meses finais da Segunda Guerra Mundial. Mas uma dinâmica mais sutil estava em ação em Ruanda também. Desde o início da guerra com a FPR em 1990, os extremistas hutus haviam promovido suas aspirações genocidas com base na retórica invertida da vitimização hutu. Agora o Poder Hutu havia comandado um dos crimes mais abomináveis de um século de contínua e aparentemente inexorável matança política, e o único meio de se safar desse peso era continuar a fazer o papel de vítima. Ao ceder Ruanda à FPR e conduzir vastas multidões para o exílio, os líderes do Poder Hutu poderiam conservar o controle sobre seus súditos, estabelecer um Estado de "refugiados" em campos mantidos pela ONU e continuar dizendo que seus piores temores tinham sido justificados.

A França prometeu ao Conselho de Segurança que seu objetivo em Ruanda "naturalmente exclui qualquer interferência na evolução da correlação de forças militares entre as partes envolvidas no conflito". Mas uma semana depois de sua chegada as tropas francesas ocupavam cerca de um quarto do país, avançando pelo sudoeste de Ruanda para se encontrar frente a frente com a FPR. Àquela altura, a França subitamente reinterpretou sua ação "humanitária" e declarou sua intenção de transformar todo o território que ela havia conquistado numa "área protegida". A FPR não foi a única a perguntar: protegida de quem? O próprio ex-presidente francês Valéry Giscard d'Estaing acusou o comando francês de "proteger alguns daqueles que haviam perpetrado os massacres".

A FPR não desperdiçou muito tempo discutindo. Lançou a maior ofensiva de que foi capaz para limitar a *Zone Turquoise*. Em 2 de julho ela conquistou Butare, e em 4 de julho tomou Kigali, desmanchando os planos anteriores do Poder Hutu de marcar aquele dia com os funerais do presidente Habyarimana e uma celebração da erradicação total dos tutsis da capital.

A *Opération Turquoise* acabou ganhando crédito pelo resgate de pelo menos 10 mil tutsis no oeste de Ruanda, mas outros milhares continuavam a ser mortos na zona ocupada pelos franceses. Brigadas do Poder Hutu adornavam seus carros com bandeiras francesas para atrair tutsis para fora de seus esconderijos e os levar para a morte; e mesmo quando tropas francesas verdadeiras encontravam sobreviventes, elas frequentemente lhes diziam para esperar por transporte, iam embora e quando voltavam descobriam que aqueles que haviam "salvado" eram agora cadáveres. Desde o momento que chegaram, e aonde quer que fossem, as forças francesas sustentaram e preservaram os mesmos líderes políticos locais que comandaram o genocídio. Enquanto os Estados Unidos ainda não haviam liberado os carros blindados de transporte prometidos aos voluntários africanos da Unamir, os franceses chegaram no Zaire prontos para a batalha, com uma impressionante força de artilharia e blindados, e uma frota de vinte aviões militares, que se revelou imediatamente a mais imponente potência aérea da África Central. E na mesma medida em que eles abraçavam o regime militar do Poder Hutu e suas milícias como as autoridades legítimas de um Estado sob cerco rebelde, encaravam abertamente a FPR como o inimigo — pelo menos até a queda de Butare. Aí os franceses moderaram seu tom. Não recuaram, propriamente, mas a animosidade sarcástica com que os porta-vozes da *Turquoise* referiam-se aos rebeldes subitamente deu lugar a algo como um respeito relutante, e começaram a circular rumores de que a FPR havia conquistado uma vitória militar direta contra a França. Vários anos depois, perguntei ao general de divisão Paul Kagame, que havia conduzido a FPR à vitória, se havia alguma verdade nessa teoria.

"Algo do gênero", disse-me Kagame. "Foi durante nossa aproximação a Butare. Recebi do general de divisão Dallaire, da Unamir, uma mensagem do general francês em Goma dizendo-me que não deveríamos entrar em Butare. Estavam tentando me dizer que haveria luta." Kagame disse a Dallaire que não podia "tolerar tal provocação e tal arrogância da parte dos franceses". Então, recordou, "eu disse às tropas para mudar de curso e rumar para Butare. Elas chegaram à noite. Eu disse que simplesmente cercassem a cidade e ficassem a postos. Não queria que os soldados se envolvessem numa fuzilaria à noite. Então tomaram posição e esperaram até de manhã. Quando nossas tropas entraram, descobriram que os franceses haviam se retirado secretamente para Gikongoro" — rumo ao oeste. "Mas então, por intermédio de Dallaire, pediram permissão para voltar e recolher algumas freiras católicas e alguns órfãos que queriam levar consigo. Dei sinal verde. Os franceses voltaram, mas eles não sabiam que já havíamos controlado a estrada que liga Gikongoro a Butare. Armamos uma grande emboscada com quase duas companhias ao longo da estrada."

O comboio francês consistia de 25 carros, e assim que ele saiu de Butare as forças de Kagame o pararam e ordenaram aos franceses que submetessem cada veículo a uma inspeção. "Nosso intuito era nos certificar de que nenhuma daquelas pessoas que estavam levando era da FAR ou das milícias. Os franceses se negaram. Seus jipes estavam equipados com metralhadoras, e eles as apontaram para nossas tropas, num sinal de hostilidade. Quando os soldados emboscados perceberam que haveria um confronto, saíram de seus esconderijos, e alguns deles, que tinham lança-bombas, apontaram-nas para os jipes. Quando os soldados franceses viram isso, foram instruídos a apontar suas armas para cima. E apontaram. Permitiram a nossos soldados que fizessem a inspeção." Num dos últimos carros, disse Kagame, foram encontrados dois soldados do governo. Um deles saiu correndo e foi morto a tiros. Kagame acrescentou: "Talvez tenham matado o outro também". Ao som dos tiros, os carros franceses que já haviam sido liberados e seguiam viagem deram meia-volta na estrada e começaram a atirar de longe, mas o tiroteio durou menos de um minuto.

Kagame recordou outro incidente, quando seus homens tinham tropas francesas sob custódia e foi necessário conduzir tensas negociações por intermédio do general Dallaire. Naquela ocasião, disse Kagame, "eles ameaçaram vir com helicópteros e bombardear nossas tropas e posições. Eu lhes disse acreditar que o assunto seria discutido e resolvido pacificamente, mas que se quisessem brigar, para mim não tinha problema". No final, disse ele, os franceses pediram seus homens de volta, e ele os libertou. Kagame, que cresceu em Uganda como refugiado ruandês e falava inglês, contou-me que não conseguia compreender o apoio francês aos *génocidaires* — como até os ruandeses de fala inglesa chamam os adeptos do Poder Hutu — e zombou do temor francês de uma conquista anglófona de Ruanda. "Se eles queriam que as pessoas daqui falassem francês, não deviam ter ajudado a matar pessoas daqui que falavam francês."

Os sentimentos de Kagame a respeito da Unamir eram mais matizados. Ele disse que apreciava o general Dallaire como pessoa, mas não "o capacete que ele usava", e que havia declarado isso ao próprio Dallaire. "A Unamir estava aqui, armada — tinham carros de transporte blindados, tanques e todo tipo de armamentos —, e as pessoas foram mortas enquanto eles ficavam olhando. Eu disse que nunca permitiria aquilo. Disse-lhe: 'Numa situação assim, você tem de tomar partido. Mesmo que eu estivesse servindo à ONU, tomaria a decisão de proteger as pessoas'. Lembro mesmo de ter lhe dito que é uma verdadeira desgraça para um general estar numa situação em que as pessoas estão sendo mortas, sem defesa, e ele está equipado — tem soldados, tem armas — e não pode protegê-las."

O próprio Dallaire parecia concordar. Dois anos e meio depois do genocídio, disse: "O dia em que eu tirar meu uniforme será também o dia em que prestarei contas a minha alma, e aos traumas [...] particularmente, de milhões de ruandeses". Mesmo no seio das tropas que serviram na *Opération Turquoise*, algumas almas ficaram perturbadas. "Fomos enganados", declarou o sargento-ajudante Thierry Prungnaud a um repórter num posto de coleta de contribuições para sobreviventes tutsis feridos e famintos, no início de julho de 1994. "Isto não é o que nos levaram a acreditar. Disseram-nos que os tutsis estavam matando hutus. Pensávamos que os hutus eram os mocinhos e as vítimas." Mas, desconforto individual à parte, o feito marcante da *Opération Turquoise* foi permitir que a matança de tutsis continuasse por um mês extra, e garantir ao comando genocida uma travessia segura, com grande parte das suas armas, para o Zaire.

Quando a FPR entrou em Butare e em Kigali, no início de julho, mais de 1 milhão de hutus fugiram, seguindo seus líderes em direção ao oeste. O que os impulsionava era o medo de que a FPR os tratasse como o Poder Hutu havia tratado seus "inimigos". Esse medo foi frequentemente descrito como medo de retaliação, mas para aqueles no meio da multidão que haviam de fato ajudado a exterminar tutsis o medo deveria ser chamado, mais apropriadamente, de medo de justiça, ou pelo menos de punição. Naturalmente, para temer a justiça, é preciso primeiro que a gente acredite que fez coisa errada. Para os *génocidaires*, a perspectiva de uma vitória iminente da FPR provava que eles eram as vítimas, e a engrenagem de propaganda do Poder Hutu tentou tirar o máximo proveito desse sentimento.

"Os 50 mil corpos que podem ser encontrados no lago Vitória, e que ameaçam o lago de poluição, vêm de massacres que só a FPR pode ter cometido", declarou o locutor da RTLM Georges Ruggiu, numa transmissão típica, em 30 de junho. Ruggiu, um branco, cidadão belga nascido na Itália, que havia descoberto sua missão na vida como propagador de informações falsas a serviço do Poder Hutu, foi além, sugerindo absurdamente que apenas 5 mil pessoas ainda podiam ser encontradas vivas na zona dominada pela FPR. A manhã seguinte, 1º de julho, era o dia da independência de Ruanda, e Ruggiu desejou aos ouvintes "um bom feriado nacional, mesmo sendo provavelmente um feriado em que terão muito trabalho e luta pela frente". Em vez disso, centenas de milhares de ouvintes de Ruggiu estavam fugindo. A própria RTLM foi forçada a fechar as portas por alguns dias enquanto transferia seus estúdios para fora de Kigali, em direção ao noroeste. Transmissões como a de Ruggiu fizeram um bom trabalho para convencer mesmo aqueles que não tinham sangue nas mãos de que ficar para trás não era uma boa opção. Mas a fuga era frequentemente cega — dependia de laços de família, ou pânico de massa, mais do que da razão ou de escolha individual. Em muitos casos, comunidades inteiras eram arrebanhadas na estrada e postas em marcha pela força das armas, com seus prefeitos e vereadores à frente da multidão, e soldados e milicianos da *interahamwe* atrás, incitando-a adiante.

Os que fugiam para o sul entravam na *Zone Turquoise*, enquanto ao norte 1,5 milhão de pessoas inundavam Gisenyi e a fronteira com Goma, no Zaire. No caminho, apoderavam-se de cada coisa transportável que pudessem e de cada veículo sobre rodas que ainda funcionasse, para seu próprio transporte e o de sua carga. O que não podiam levar consigo, as hordas do Poder Hutu saqueavam sistematicamente e depredavam: repartições públicas, fábricas, escolas, torres de energia, casas, lojas, plantações de café e chá. Destruíam telhados, quebravam janelas, rachavam encanamentos e comiam ou carregavam tudo que pudesse ser comido.

Milhares de crianças eram abandonadas ao longo da rota de fuga, perdidas no meio do tropel, frequentemente deixadas para trás de propósito, sabe-se lá por quê: por conta de alguma fantasia de que era mais seguro para as crianças? Ou porque, livres da carga, os pais poderiam mover-se mais rapidamente? Era uma questão de vergonha ou de falta de vergonha? Sacerdotes conduziam paróquias inteiras rumo ao desconhecido. Batalhões de soldados caminhavam em meio à multidão, homens de negócios e burocratas conduziam seus carros lotados com as louças e bens domésticos, além de suas mulheres e primos, filhos e avós — e seus rádios, claro, sintonizados na RTLM. Quando a tensão tomava conta da multidão, havia correrias desordenadas, e as pessoas morriam pisoteadas às dúzias.

As tropas avançadas da FPR seguiam a turba rumo à área central do Poder Hutu no noroeste, tomando das forças desbaratadas do governo o controle sobre o país. Em 12 de julho, a chefia do Comitê Internacional da Cruz Vermelha declarou que 1 milhão de pessoas haviam sido mortas no genocídio. Em 13 de julho, os rebeldes conquistaram Ruhengeri, a velha base natal de Habyarimana, e durante os dois dias que se seguiram cerca de meio milhão de hutus atravessaram a fronteira para Goma. Em 15 de julho, os Estados Unidos retiraram o reconhecimento diplomático do governo do Poder Hutu em Ruanda e fecharam a embaixada do país em Washington. Em 16 de julho, o presidente do Poder Hutu e a maior parte de seu gabinete fugiram para a *Zone Turquoise*. A França havia prometido prendê-los, mas em 17 de julho eles se transferiram com o *entourage* do coronel Bagasora para o Zaire, onde se dizia que o afluxo de ruandeses chegava agora a 1 milhão. Ao mesmo tempo, em Kigali, a FPR declarava que formaria um novo governo nacional, guiado pelos princípios de repartição do poder dos Acordos de Arusha, sem discriminação de etnias. Em 18 de julho, após uma intensa batalha de artilharia, a FPR tomou Gisenyi e passou a controlar a fronteira noroeste com o Zaire. Em 19 de julho, o novo governo — uma coalizão entre a FPR e os membros sobreviventes dos partidos Antipoder Hutu — foi empossado em Kigali, e em Nova York o embaixador na ONU do governo derrubado foi obrigado a abandonar seu assento no Conselho de Segurança. A partir de então, o exército nacional de Ruanda seria chamado de Exército Patriótico Ruandês, as exiladas Forças Armadas Ruandesas seriam chamadas de ex-FAR, e FPR daria nome apenas à estrutura política do antigo movimento rebelde, que formava a espinha dorsal do novo regime. Em 20 de julho, a ex-FAR e a *interahamwe* começaram a assaltar suprimentos de emergência de comida e bens que estavam sendo transportados por via aérea ao Zaire para os refugiados. No mesmo dia, em Goma, foram relatados os primeiros casos de cólera nos novos e superlotados acampamentos. E com isso o genocídio passou a ser notícia velha.

O mundo, que ficara "de braços cruzados", como definiu o general Kagame, durante o extermínio dos tutsis, reagiu à fuga em massa de hutus para o Zaire com apaixonada intensidade. Goma, no final do verão de 1994, apresentava um dos mais desconcertantes espetáculos humanos do século, e o sofrimento em exibição ali constituía o que os cameramen descaradamente chamam de "grande tevê".

Goma situa-se na margem norte do lago Kivu, ao pé de uma cadeia de altíssimos vulcões, e ao norte e a oeste da cidade estende-se por vários quilômetros uma inóspita planície de lava negra endurecida, coberta por um matinho rude e áspero. A rocha é recortada e cheia de pontas, que laceram mesmo os pés dos camponeses de Ruanda, acostumados a andar descalços, e no entanto é uma rocha que se esfarela, e tudo o que se aproxima dela é logo coberto por uma poeira semelhante a pó de carvão. Foi nesse leito de enxofre que as hordas ruandesas se estabeleceram em seis campos mais populosos que qualquer cidade da região — 120 mil aqui, 150 mil ali, 200 mil estrada abaixo —, e de repente começaram a morrer como moscas. Mais de 30 mil morreram em três ou quatro semanas antes que a epidemia de cólera fosse controlada. Um homem cambaleava pela estrada, sentava-se e, enquanto as câmeras filmavam, se enrugava, caía para o lado e morria. E não só homens, mas também mulheres e crianças — simplesmente porque tinham tomado um gole de água em que alguém havia urinado, defecado ou despejado um cadáver. Os mortos eram enrolados em esteiras de palha e depositados na beira da estrada para serem recolhidos: quilômetro após quilômetro de corpos bem embrulhados. Tiveram de trazer escavadeiras para abrir covas coletivas e jogar nelas os corpos. Imagine: 1 milhão de pessoas movendo-se em meio à fumaça dos fogareiros num vasto campo negro, e atrás delas — aconteceu assim — o grande cone escuro do vulcão Nyaragongo novamente ativo, borbulhando chamas que tornavam vermelho o céu noturno e fumaça que depois escurecia o dia.

Essa cena foi transmitida para todo o mundo, apresentada alternativamente de duas maneiras. Na versão sentimental, você ouviu, ou leu, que havia acontecido um genocídio, e então você ouviu e viu, ou leu, que 1 milhão de refugiados foram parar nesse cenário perfeito do inferno na terra, e você pensou que genocídio mais refugiados é igual a refugiados do genocídio, e seu coração se compungiu. Ou então você teve a versão correta — aquelas eram pessoas que haviam matado ou que haviam sido obrigadas pelo pavor a seguir os assassinos rumo ao exílio — e ouviu, ou leu, ou não pôde deixar de inferir que aquele quase perfeito cenário do inferno na terra era algum tipo de punição divina, que o cólera era como uma praga bíblica, que o horror chegara a um empate, e que tudo aquilo era muito mais do que você podia suportar, que dirá compreender, e seu coração se compungiu. Por esse processo de compressão e imaginação, o fervilhar imponderável de humanidade febril em Goma obliterou a memória do cemitério deixado para trás, e uma epidemia que foi causada por água ruim e matou dezenas de milhares eclipsou um genocídio causado por um século de insana política de identidade e que resultou em quase 1 milhão de assassinatos.

"Se tiver sangue, é notícia", diz o antigo adágio das redações de jornal, e em Ruanda o sangue estava começando a secar. A história agora estava em Goma, e não era mais apenas uma triste, confusa e feia história africana. Era nossa história, também — o mundo inteiro estava lá para salvar os africanos de sua triste, confusa e feia história. Aviões saracoteavam para dentro e para fora do campo de pouso de Goma 24 horas por dia, trazendo cobertura plástica para a construção de tendas, toneladas de comida, equipamentos para perfuração de poços, suprimentos médicos, frotas de utilitários, material de escritório, cal para enterrar os mortos, enfermeiras, médicos, assistentes sociais, agentes de segurança, assessores de imprensa — na maior, mais rápida e mais cara operação da indústria da ajuda humanitária internacional no século XX. O Alto Comissariado das Nações Unidas para Refugiados, o UNHCR, liderava o ataque, e atrás dele vinha um exército de mais de cem instituições de ajuda ávidas para entrar na tremendamente dramática — e também lucrativa — ação. Quase da noite para o dia, Goma tornou-se a capital de um novo e semiautônomo arquipélago de campos de refugiados, organizado com crescente eficiência sob a pálida bandeira azul do UNHCR. Abaixo daquela bandeira, entretanto, a ONU tinha pouco controle.

Tropas do Zaire haviam alegado estar desarmando os ruandeses à medida que eles atravessavam a fronteira, e grandes pilhas de facões e revólveres acumulavam-se de fato ao lado dos barracões de imigração, mas, sentado em seu carro, em meio à torrente humana que trafegava por Goma, um oficial militar norte-americano telefonou para Washington e relacionou um espantoso arsenal de artilharia, carros blindados e armas leves que a ex-FAR passava carregando à sua volta. Sob a égide desse exército amplamente intacto, e da *interahamwe*, os acampamentos rapidamente se organizaram como réplicas perfeitas do Estado do Poder Hutu — a mesma disposição comunitária, os mesmos líderes, a mesma rígida hierarquia, a mesma propaganda, a mesma violência. Nesse regime, os humanitários eram tratados em grande parte como os empregados de um hotel decadente ocupado pela máfia: estavam ali para providenciar comida, remédios, utilidades domésticas, uma aura de respeitabilidade; se às vezes recebiam agrados, era só porque estavam sendo preparados para servir; se precisavam ser espancados, um bando logo os cercava; e se eram, basicamente, os lacaios de seus hóspedes criminosos, isso não era de todo involuntário. Com o tempo, seus serviços os transformaram em cúmplices do sindicato do Poder Hutu.

Nada disso era especialmente sutil ou secreto. No final de agosto, quando os franceses finalmente deixaram a *Zone Turquoise*, outros 500 mil hutus — muitos deles leais ao Poder Hutu — haviam se deslocado para o Burundi ou, através de Bukavu, no Zaire, para uma rede de acampamentos que se estendia ao longo da margem sul do lago Kivu. Embora Goma tivesse ainda os acampamentos mais animosos, a ex-FAR e a *interahamwe* logo estabeleceram sua presença onde quer que a ONU criasse um refúgio. O direito humanitário internacional proíbe a criação de campos de refugiados a menos de oitenta quilômetros do país de origem de seus habitantes, mas todos os acampamentos para ruandeses estavam a uma distância menor que essa, e em sua maioria ficavam a poucos quilômetros das fronteiras de Ruanda com a Tanzânia, o Burundi ou o Zaire. Cerca de um terço da população hutu de Ruanda estava nesses campos. Naturalmente, isso significava que dois terços — mais de 4 milhões de pessoas — haviam optado por ficar em Ruanda, e o cólera e todo o horror de Goma levaram muitos refugiados a refletir que talvez teria sido melhor se eles também tivessem ficado. Mas aqueles que falavam em voltar eram frequentemente denunciados como cúmplices da FPR, e alguns acabaram mortos pelas milícias dos acampamentos. Afinal, se todos os refugiados inocentes partissem, só restariam os culpados, e o monopólio do Poder Hutu sobre a piedade internacional poderia ser abalado.

Um repórter que foi deslocado diretamente da Bósnia para Goma disse-me que sabia o que era o Poder Hutu e que olhava para o vulcão e rezava: "Deus, se aquela coisa entrar em erupção agora e soterrar os assassinos, acreditarei que o Senhor é justo e passarei a ir à igreja de novo todos os dias da minha vida". Muitos trabalhadores das instituições de ajuda humanitária revelaram-me pensamentos angustiados semelhantes, mas isso não impediu a maioria deles de se estabelecer lá. Incomodavam-se com o fato de os líderes do acampamento serem criminosos de guerra, não refugiados em qualquer sentido convencional da palavra, mas fugitivos. Era desagradável ouvir aqueles líderes dizerem que os refugiados nunca voltariam, a não ser como tinham vindo, em massa, e que quando voltassem terminariam o serviço que haviam começado com os tutsis. E era realmente perturbador que, semanas depois de sua chegada, antes mesmo que o cólera estivesse totalmente sob controle, bandos armados dos acampamentos começassem a promover uma guerrilha de ataques sangrentos Ruanda adentro, através da fronteira. Algumas agências humanitárias acharam tão desagradável a extrema politização e militarização dos campos que em novembro de 1994 se retiraram de Goma. Mas outras preencheram avidamente os lugares vagos.

Nos primeiros meses depois do genocídio, houve muita discussão na ONU sobre a criação de uma força internacional para desarmar os militantes nos acampamentos e separar da massa os políticos e criminosos. Por meses a fio, altos diplomatas internacionais emitiram, um após o outro, declarações alarmantes sobre a violência entre os refugiados no Zaire, alertando que o Poder Hutu planejava uma invasão maciça de Ruanda e apelando por uma força que estabelecesse ordem nos acampamentos. Porém, embora todas as grandes potências estivessem gastando pesados recursos para manter os acampamentos funcionando, quando o secretário-geral da ONU pediu voluntários para uma tal força, nenhum país se dignou a fornecer tropas.

Os campos de fronteira transformaram a crise de Ruanda numa crise regional. Continuava sendo, como fora desde sempre, uma crise política, mas a assim chamada comunidade internacional preferia tratá-la como uma crise humanitária, como se o sofrimento tivesse aparecido sem nenhuma causa humana, como uma enchente ou um terremoto. Na verdade, a catástrofe de Ruanda *era* amplamente compreendida como uma espécie de desastre natural — com os hutus e tutsis simplesmente fazendo o que ditava sua natureza, e matando-se uns aos outros. Se tantas pessoas haviam fugido em tão horríveis circunstâncias, pensava-se, elas deviam estar fugindo de algo ainda mais horrível. Assim, os *génocidaires* conquistaram outra extraordinária vitória de relações públicas por meio da hábil manipulação do sofrimento da massa e — acima de tudo — do apelo à consciência do mundo.

Em setembro de 1997, pouco depois de o secretário-geral Kofi Annan tê-lo pressionado a não testemunhar diante do Senado da Bélgica, o general Dallaire, ex-Unamir, foi à televisão canadense e disse sobre sua primeira missão em Ruanda: "Sou totalmente responsável pelos dez soldados belgas mortos, pelas outras mortes, pelo fato de vários dos meus soldados terem sido feridos ou terem ficado doentes por falta de suprimentos médicos, pela morte de 56 pessoas da Cruz Vermelha, pelo deslocamento e fuga de 2 milhões de pessoas, e pela morte de cerca de 1 milhão de ruandeses — porque a missão fracassou, e eu me considero intimamente envolvido com essa responsabilidade".

Dallaire se recusou a jogar a responsabilidade no sistema das Nações Unidas. Em vez disso, ele a atribuiu aos Estados membros do Conselho de Segurança e da Assembleia-Geral. Se, em face do genocídio, os governos temem pôr seus soldados em risco, disse ele, "então não mandem soldados, mandem escoteiros" — o que foi basicamente o que o mundo fez nos campos de refugiados. Dallaire vestia uniforme quando enfrentou a câmera; seu cabelo grisalho estava cortado rente; ele jogava seu queixo quadrado para a frente; seu peito estava salpicado de condecorações. Mas ele falava com alguma agitação, e suas frases cuidadosamente medidas não conseguiam mascarar seu sentimento de indignação e sua fúria.

Ele disse: "Nem comecei minha queixa de verdade contra a apatia e o absoluto alheamento da comunidade internacional, e particularmente do mundo ocidental, diante da situação dos ruandeses. Porque, fundamentalmente, para dizer de modo franco e como um soldado, quem diabos se importa com Ruanda? Quero dizer, pense bem. Essencialmente, quantas pessoas de fato ainda se lembram do genocídio em Ruanda? Conhecemos o genocídio da Segunda Guerra Mundial porque a turma toda estava envolvida. Mas quem está realmente envolvido no genocídio de Ruanda? Quem compreende que mais gente foi morta, ferida e desabrigada em Ruanda que em toda a campanha iugoslava, na qual despejamos 600 mil soldados e na qual estava todo o mundo ocidental, e na qual estamos despejando bilhões, ainda tentando resolver o problema? Quanto está realmente sendo feito para resolver o problema de Ruanda? Quem está se afligindo por Ruanda e vivendo de fato seu drama e suas consequências? Quero dizer, existem centenas de ruandeses que eu conheci pessoalmente e que encontrei chacinados com suas famílias inteiras — e pilhas de corpos até aqui —, aldeias totalmente arrasadas [...] e divulgamos toda essa informação diariamente e a comunidade internacional ficou olhando".

A premissa utópica da Convenção do Genocídio havia sido a de que o imperativo moral de impedir tentativas de exterminar povos inteiros deveria ser o interesse soberano a animar a ação de uma comunidade internacional de Estados autônomos. Essa é uma noção radical, fundamentalmente em conflito, como muito da experiência internacionalista tem provado, com o princípio de soberania. Os Estados nunca agiram por razões desinteressadas e puramente humanitárias; a nova ideia era a de que a proteção da humanidade é do interesse de cada Estado, e era bem compreendido, logo depois da Segunda Guerra Mundial, que agir contra o genocídio implicaria disposição para usar a força e arriscar a vida de seus próprios homens. A crença era a de que o preço de tal risco para o mundo não seria tão grande quanto o preço da inação. Mas no mundo de quem estavam pensando os redatores da Convenção do Genocídio — e das convenções dos refugiados, que logo a seguiram?

Viajei primeiro a Ruanda via Bruxelas em 8 de maio de 1995. Os jornais europeus estavam cheios de artigos comemorativos do 50º aniversário da vitória das forças aliadas na Europa. O *Herald Tribune* havia reproduzido toda a sua primeira página de 8 de maio de 1945, e os artigos me impressionaram pelo espírito combativo: esmagar os alemães, conquistar, fazer justiça, reconstruir. A edição europeia do *Wall Street Journal* trazia matérias sobre uma pesquisa que descobriu que, cinquenta anos depois do ocorrido, 69% dos alemães acreditavam que fora um fato positivo a derrota de seu país. E eu me perguntei: podemos imaginar um resultado assim para qualquer das guerras de hoje?

Ruanda presenteou o mundo com o mais inequívoco caso de genocídio desde a guerra de Hitler contra os judeus, e o mundo enviou cobertores, feijões e esparadrapos a campos controlados pelos assassinos, aparentemente na esperança de que todo mundo se comportasse bem dali para a frente.

A promessa do Ocidente, após o Holocausto, de que o genocídio nunca mais seria tolerado provou-se vazia, e por mais nobres que sejam os sentimentos inspirados pela memória de Auschwitz, permanece o problema de que há uma grande distância entre denunciar o mal e fazer o bem.

Na televisão, o general de divisão Dallaire foi político. Não acusou nenhum governo específico. Disse: "A verdadeira pergunta é: o que a comunidade internacional realmente quer que a ONU faça?". Acrescentou: "Simplesmente não deram à ONU os instrumentos". E concluiu: "Nós não queríamos enfrentar as Forças Armadas Ruandesas e a *interahamwe*".

Ouvindo-o falar, lembrei-me de uma conversa que eu tivera com um oficial da inteligência militar norte-americana que fazia um banquete de Jack Daniel's e Coca-Cola num bar de Kigali.

"Ouvi dizer que você está interessado no genocídio", disse o americano. "Você sabe o que é genocídio?"

Pedi a ele que me contasse.

"Um sanduíche de queijo", disse ele. "Pode escrever. Genocídio é um sanduíche de queijo."

Perguntei-lhe o que queria dizer com isso.

"Quem se importa com um sanduíche de queijo?", disse. "Genocídio, genocídio, genocídio. Sanduíche de queijo, sanduíche de queijo, sanduíche de queijo. Quem dá a mínima? Crimes contra a humanidade. Onde está a humanidade? Quem é a humanidade? Você? Eu? Você viu algum crime cometido contra você? Ora, só 1 milhão de ruandeses. Você já ouviu falar na Convenção do Genocídio?"

Respondi que sim.

"Aquela convenção", disse o americano no bar, "daria um bom embrulho para um sanduíche de queijo."

PARTE DOIS

[…] *então o* Arcanjo *deteve-se* um momento
Entre o mundo destruído e o mundo restaurado […]
  John Milton, *Paraíso perdido*

12

Em julho de 1995, um ano depois da instalação do novo governo de Ruanda, o arcebispo Desmond Tutu, da África do Sul, visitou Kigali e proferiu um sermão num estádio de futebol, rogando à multidão reunida: "Por favor, por favor, por favor, irmãs e irmãos, por favor, por favor, fiquem em silêncio. Por favor, por favor, parem de chorar!".

Era uma mensagem surpreendente a um povo cujo país havia sido banhado em sangue, especialmente por vir de um homem que havia ganhado um Prêmio Nobel da Paz por recusar-se a ficar em silêncio. Mas, à medida que ele prosseguia, invocando a história recente da luta pelo poder entre negros e brancos na África do Sul, ficou claro que o arcebispo Tutu não viera só para consolar os ruandeses, mas também para repreendê-los. Na África do Sul, disse ele, "eles tinham línguas diferentes, raças diferentes, culturas diferentes. […] Vocês são todos negros. Falam uma só língua. Estou tentando descobrir o que é que existe dentro dessas cabeças". A multidão riu, mas o riso cessou quando o arcebispo prosseguiu: "Ei, ei, ei. Vocês estão querendo me dizer que os negros são burros? Hein? Vocês são burros?".

Um "Não" um tanto frouxo elevou-se da multidão.

"Não estou ouvindo. Vocês são burros?", Tutu perguntou de novo.

"Não."

Pela terceira vez, Tutu perguntou: "Vocês são burros?".

A resposta da multidão, assim como a pergunta do bispo, havia subido de volume a cada vez, mas mesmo o último e mais alto "Não!" parecia temperado por uma sensação de que, por

171

mais irônica que fosse a pergunta, ela continuava sendo um insulto de um tipo ao qual os ruandeses não estão acostumados.

O que o fato de ser negro tinha a ver com o que quer que fosse em Ruanda? Esse podia ser um problema na África do Sul, mas, com exceção de um punhado de residentes estrangeiros, todo mundo em Ruanda — burro ou inteligente, feio ou bonito, maioria ou minoria — é negro, e a fixação do arcebispo no assunto sugeria uma visão de fora do drama do país, que punha no mesmo saco agressores e agredidos, como cúmplices da desgraça de Ruanda.

"Estou aqui como africano", Tutu explicou depois a uma reunião de líderes nacionais e diplomatas. "Estou aqui como alguém que, queira ou não, compartilha da vergonha, da desgraça, dos fracassos da África, porque sou um africano. E o que acontece aqui, o que acontece na Nigéria, onde for — torna-se parte da minha experiência."

Um membro do Parlamento sentado ao meu lado revirou os olhos. A insistência de Tutu no tema da raça tinha o intuito de expressar solidariedade, mas Ruanda não era a África do Sul, ou a Nigéria, e os africanos não fizeram mais que os outros para parar o genocídio. Por isso, era estranho ouvir que um crime perpetrado por ruandeses contra ruandeses era um crime contra o orgulho e o progresso africano, e que a vergonha daquilo era um assunto particular da África, em vez de uma vergonha para toda a humanidade. Era estranho também receber a ordem de calar a boca e parar de agir como negros burros.

Quando eu ficava deprimido em Ruanda, o que era muito frequente, eu gostava de sair de carro. Na estrada, o país apresentava-se em seu esplendor agreste, e era possível imaginar, conforme as imagens passavam e o carro se enchia do cheiro de terra, eucalipto e carvão vegetal, que as pessoas e sua paisagem — as pessoas em sua paisagem — estavam como sempre haviam estado, inalteradas. Nos campos as pessoas aravam, nos mercados elas comerciavam, nas escolas as meninas em vestidos azuis brilhantes e os meninos em shorts cáqui e camisas safáris brincavam e se provocavam como crianças de qualquer lugar. Ao longo de vastos vales, e sobre os altos desfiladeiros, a beira da estrada apresentava o mesmo cortejo: mulheres vistosamente vestidas com bebês pendurados às costas e enormes cargas sobre as cabeças; jovens robustos de calças jeans e camisetas dos Chicago Bulls gingando de mãos vazias — exceto, talvez, por um radinho; uma garota perseguindo uma galinha, um menino tentando equilibrar a cabeça sangrenta de um bode sobre seus ombros; crianças pequenas em pijamas rasgados espantando as vacas para fora da estrada com longas varas.

Vida.

Você sabia, pelas estatísticas, que a maioria das pessoas que via era hutu, mas não tinha a menor ideia de quem era quem; se a menina que o fitava com surpresa quando você se aproximava de carro e no último momento piscava e abria um largo sorriso era uma sobrevivente do massacre, ou se era uma assassina, ou ambas as coisas, ou o quê. Se você parava para comprar um refresco e um espetinho de bode, ou para pedir informações, uma pequena multidão se reunia para espiar e dar palpite, fazendo você lembrar que era um ser exótico ali. Se você percorria o noroeste, e descia do carro para admirar os vulcões, camponeses vinham de suas lavouras para expressar sua aprovação pelo fato de que você não tinha outro objetivo, naquele momento, que o de observar com prazer a terra deles. Se você viajava para o sudeste através da reserva florestal tropical de Nyungwe e saía do carro para observar os macacos colobos, as pessoas que passavam em micro-ônibus acenavam e sorriam.

A maior parte de Ruanda já foi uma floresta como Nyungwe, uma escura massa de vegetação sulcada por nuvens baixas e finas. Mas séculos de ocupação desmataram a floresta, e na época em que eu estive lá, mesmo as mais íngremes encostas estavam ocupadas por lavoura e pastagens. Apenas o topo dos morros era sombreado por uma coroa remanescente de árvores altas. A intensidade com que cada pedaço de terra disponível estava lavrado oferecia uma evidência visual da densidade populacional de Ruanda e da consequente disputa por recursos, e há quem afirme que o genocídio foi motivado, em grande medida, por razões econômicas básicas: "o vencedor fica com o butim" e "este lugar é pequeno demais para nós dois" — esse tipo de coisa, como se a matança tivesse sido uma espécie de mecanismo darwiniano de controle populacional.

Não há dúvida de que a promessa de ganho material e de mais espaço para viver motivou alguns assassinos. Mas por que, então, Bangladesh, ou qualquer outro lugar terrivelmente pobre e terrivelmente superpovoado, não teve um genocídio? Superpopulação não explica por que centenas de milhares de pessoas concordaram em matar quase 1 milhão de vizinhos no curso de algumas semanas. Nada realmente explica isso. Considere todos os fatores: as desigualdades pré-coloniais; a administração fanaticamente hierárquica e centralizada; o mito hamítico e a polarização radical sob o domínio belga; as matanças e expulsões que começaram com a revolução hutu de 1959; o colapso econômico do final da década de 1980; a recusa de Habyarimana em deixar os refugiados tutsis voltarem; a confusão do pluripartidarismo; o ataque da FPR; a guerra; o extremismo do Poder Hutu; a propaganda; os ensaios de massacres; a maciça importação de armas; a ameaça oferecida à oligarquia de Habyarimana pela paz mediante repartição do poder e integração; a extrema pobreza, ignorância, superstição e medo por parte de um campesinato intimidado, submisso, paralisado — e em grande parte alcoolizado; a indiferença do resto do mundo. Combine esses ingredientes e você terá uma receita tão excelente para uma cultura do genocídio que é fácil dizer que ele estava apenas esperando para acontecer. Mas a dizimação foi totalmente gratuita.

E depois dela o mundo era um lugar diferente para qualquer um que decidisse pensar no assunto. Os ruandeses não tinham escolha. Isso era o que mais me interessava a respeito deles: não os mortos — o que você pode realmente dizer sobre 1 milhão de pessoas assassinadas que não conhecia? —, mas como aqueles que tinham de viver sem eles o fariam. Ruanda tinha as lembranças e os hábitos de um longo passado, entretanto a ruptura com esse passado havia sido tão absoluta que o país que eu atravessava de carro era na verdade um lugar que nunca havia existido antes. Cenas da vida rural que pareciam eternas para mim, e que pareciam espantosamente vazias a Joseph, o motorista, não eram uma coisa nem outra. A Ruanda que eu visitei nos anos posteriores ao genocídio era um mundo no limbo.

Eu disse antes que o poder consiste em grande parte na capacidade de fazer com que os outros habitem o cenário da realidade deles que você construiu, mesmo que você tenha de matar uma porção deles para que isso aconteça. Nesse sentido primário, o poder tem sido mais ou menos o mesmo em toda parte; o que varia é fundamentalmente a qualidade da realidade que ele busca criar: é baseado mais na verdade ou na falsidade, o que vale dizer, é mais ou menos opressor de seus súditos? A resposta frequentemente é uma indicação de quão estreita ou ampla é a base do poder: é centrado numa só pessoa ou está espalhado em muitos centros diferentes, que exercem controle uns sobre os outros? E seus súditos são meros súditos ou são também cidadãos? Em princípio, um poder de bases estreitas é mais propenso a oprimir, enquanto um poder de bases mais amplas requer um cenário mais verdadeiro em sua essência e tende a proteger da opressão um número maior de súditos. Essa regra foi celebremente articulada pelo historiador britânico lorde Acton em sua fórmula: "O poder corrompe e o poder absoluto corrompe absolutamente".

Mas, como a maioria dos truísmos, o adágio de Acton não é totalmente verdadeiro: para tomar um exemplo da história norte-americana, o poder do presidente Lincoln era mais absoluto que o do presidente Nixon, no entanto Nixon era com certeza o mais fundamentalmente corrupto dos dois. Portanto, quando julgamos o poder político, precisamos perguntar não apenas qual é a sua base, mas também como o poder é exercido, sob que circunstâncias, com que objetivos, a que preço e com que êxito. São julgamentos difíceis de serem feitos, que geralmente dão margem a discussão, e para aqueles de nós que vivemos na espantosa segurança geral proporcionada pelas grandes democracias ocidentais do final do século XX, eles são o próprio cerne da vida pública. Contudo, parecemos ter grande dificuldade em levar a sério a noção de que lugares onde a violência e o sofrimento de massa estão tão disseminados que são chamados casualmente de "sem sentido" possam ser também lugares onde as pessoas se engajam numa política cheia de sentido.

Quando fui pela primeira vez a Ruanda, estava lendo um livro chamado *Guerra civil*, que vinha sendo aclamado pela crítica. Escrevendo da perspectiva do imediato pós-Guerra Fria, o autor, Hans Magnus Enzensberger, um alemão, observava: "O mais óbvio sinal do fim da ordem mundial bipolar são as trinta ou quarenta guerras civis que estão acontecendo abertamente pelo mundo", e ele se punha a inquirir qual o sentido delas. Isso me pareceu promissor até que percebi que Enzensberger não estava interessado nos detalhes dessas guerras. Ele as tratava como um único fenômeno, e, depois de algumas páginas, anunciava: "O que dá às guerras civis de hoje uma nova e aterrorizante propensão é o fato de que elas são promovidas sem que haja prêmios para qualquer das partes, é o fato de que elas são guerras *em torno de absolutamente nada*".

Nos velhos tempos, de acordo com Enzensberger — na Espanha da década de 1930 ou nos Estados Unidos da de 1860 —, as pessoas costumavam matar e morrer por ideias, mas agora "a violência se separou da ideologia" e as pessoas que empreendem guerras civis simplesmente matam e morrem numa luta anárquica pelo poder. Nessas guerras, afirmava ele, não há noção alguma de futuro; o niilismo impera; "todo pensamento político, de Aristóteles e Maquiavel a Marx e Weber, virou de cabeça para baixo", e "tudo o que resta é o ur-mito hobbesiano da guerra de todos contra todos". Que uma tal visão das distantes guerras civis ofereça uma razão conveniente para ignorá-las pode explicar sua enorme popularidade em nossos dias. Seria ótimo, poderíamos dizer, que os nativos se acalmassem lá no lugar deles, mas se estão lutando sem o menor motivo, então não é problema meu.

Mas *é* problema nosso. Ao negar a particularidade dos povos que estão fazendo história, e a possibilidade de que possam ter política, Enzensberger confunde seu fracasso em reconhecer o que está em jogo nos eventos com a natureza desses eventos. Assim, ele vê o caos — o resultado, não a causa — e sua análise suscita a pergunta: quando, de fato, existem diferenças ideológicas entre duas partes em conflito, como podemos julgá-las? No caso de Ruanda, abraçar a ideia de que a guerra civil era um vale-tudo — no qual todo mundo tinha a mesma legitimidade e a mesma ilegitimidade — é aliar-se à ideologia do Poder Hutu do genocídio como autodefesa.

A política, afinal, opera a maior parte do tempo na zona cinzenta do ruim — ou, se você for otimista, do melhor — contra o pior. Num dia qualquer na Ruanda pós-genocídio, você podia recolher histórias pavorosas, e podia também recolher histórias de notáveis progressos sociais e políticos. Quanto mais histórias eu recolhia, mais começava a me dar conta de que a vida durante o genocídio, por força de sua intensidade absoluta, havia exigido uma gama mais simples de respostas do que o desafio de viver com a sua lembrança. Para aqueles que haviam sofrido, as histórias e perguntas tendiam a operar numa espécie de mecanismo de estímulo-resposta — as histórias suscitavam perguntas, que suscitavam mais histórias, que suscitavam mais perguntas —, e ninguém, independentemente do grau de inteligência, parecia esperar respostas precisas. Quando muito eles tinham a esperança de chegar a algum entendimento, a alguma maneira de pensar na desafiante condição humana no final deste século de extremos inauditos. Muito frequentemente, eu sentia que essas histórias me eram oferecidas do mesmo modo que os náufragos, nem afogados nem salvos, mandam mensagens em garrafas: na esperança de que, mesmo que as inscrições que carregam não tragam nenhum benefício ao remetente, elas possam em alguma outra ocasião ser úteis a alguém, em algum lugar.

Mesmo agora, quando escrevo, nos primeiros meses de 1998, a guerra de Ruanda contra o genocídio continua. Talvez no momento em que você esteja lendo isto o resultado já esteja mais claro. Ruanda pode ter sofrido novamente incalculáveis banhos de sangue, e o Poder Hutu pode ter prevalecido sobre grande parte do país, se não sobre ele todo. Há também uma possibilidade de que Ruanda venha a ser um lugar de luta contínua e cansativa, com períodos e regiões de grande horror, e períodos e regiões de nervosa estabilidade, o que é mais ou menos o que tem sido desde o genocídio. Claro que, se você for algum tipo de arqueólogo que tiver encontrado este livro num futuro distante, digamos daqui a uns quinhentos ou seiscentos anos, existe uma possibilidade de que Ruanda seja uma terra pacífica de vida, liberdade e busca da felicidade; você pode estar planejando passar suas próximas férias lá, e as histórias que encontra nestas páginas não lhe oferecerão senão um pano de fundo histórico, do mesmo modo que hoje lemos histórias do genocídio dos índios norte-americanos ou da época da escravidão, ou relatos dos crimes terríveis contra a humanidade que marcaram o progresso da Europa, e você pode pensar, como o Marlow de Conrad disse da Inglaterra: "Vivemos na luz de uma lanterna — tomara que ela dure enquanto a velha Terra continuar girando! Mas as trevas estavam aqui ontem".

13

Nos nove meses que passei em Ruanda no curso de seis viagens, o único cadáver fresco que vi foi o de um jovem morto num desastre de automóvel. Três minutos antes ele ainda era senhor de sua vida, então seu motorista desviou para não atingir uma velha que atravessava a estrada, e agora ele jazia de lado no capim alto, encolhido em posição fetal, com a cabeça rachada. Se eu tivesse uma foto dele e a reproduzisse aqui com a legenda "Vítima tutsi do genocídio", ou "Vítima hutu da FPR", você não teria como perceber o engano. Em qualquer dos casos, o apelo a sua simpatia e sua indignação seria o mesmo.

É assim que a história de Ruanda tem sido geralmente relatada, enquanto se arrasta a guerra entre os *génocidaires* e o governo instaurado pela FPR. Numa matéria típica, intitulada "Procurando em vão pela superioridade moral em Ruanda", o jornal da minha cidade, *The New York Times*, descrevia um refugiado hutu mutilado num ataque de soldados tutsis, e um refugiado tutsi mutilado pelas milícias do Poder Hutu, como "vítimas de uma luta épica entre dois grupos étnicos rivais", na qual "ninguém tem as mãos limpas". A impressão criada por reportagens desse tipo é a de que, uma vez que as vítimas dos dois lados do conflito sofrem igualmente, nenhum dos dois lados pode ser apoiado. Para reforçar sua tese, o *Times* serviu-se de uma tremenda estocada de Filip Reyntjens, um belga que é considerado uma das maiores autoridades europeias a respeito de Ruanda. "Não é uma história de mocinhos e vilões", disse Reyntjens ao jornal. "É uma história de vilões. Ponto."

Foi depois de ler matérias jornalísticas desse tipo que eu tomei a decisão de ir a Ruanda. Um ano depois do genocídio, o Exército Patriótico Ruandês foi mobilizado para fechar um campo para "pessoas internamente desalojadas" em Kibeho, o monte famoso pelas aparições da Virgem Maria. Mais de 80 mil hutus que haviam fugido de suas casas depois do genocídio estavam vivendo no campo de Kibeho, que os franceses originalmente montaram durante a *Opération Turquoise*. A operação do EPR para fechar o campo acabou se complicando e calcula-se que pelo menos 2 mil hutus foram mortos. Mais uma vez, um batalhão da ONU estava à disposição e não fez nada. Lembro-me de uma foto de jornal de um soldado da ONU segurando dois bebês mortos, um em cada mão, durante a operação de limpeza depois da matança.

Primeiro o genocídio, e agora isso, pensei: os hutus matam os tutsis, e aí os tutsis matam os hutus — se a coisa é realmente assim, então não admira que não nos importemos com ela. Mas seria realmente assim tão simples?

As pilhas de mortos pela violência política são a matéria-prima básica de nossa dieta de informações nos dias de hoje, e, a acreditar no relato genérico, todos os massacres são iguais: os mortos são inocentes, os assassinos são monstruosos e a política reinante é insana ou inexistente. Exceto pelos nomes e pela paisagem, parece ser sempre a mesma história em qualquer lugar do mundo: uma tribo que está no poder chacina uma tribo destituída; cria-se um novo ciclo nos ódios ancestrais; quanto mais as coisas mudam, mais permanecem as mesmas. Como nos relatos sobre terremotos ou erupções vulcânicas, somos informados de que especialistas já sabiam que a falha geológica estava lá e que a pressão estava aumentando, e somos conclamados a nos emocionar — por medo, tristeza, compaixão, indignação, ou mesmo por uma fascinação mórbida — e quem sabe mandar um donativo aos sobreviventes. A história genérica dos massacres fala de violência "endêmica" ou "epidêmica" e de lugares onde as pessoas "se matam umas às outras", e a onipresença da praga parece anular qualquer possibilidade de pensar sobre cada caso singular. Essas histórias brotam de repente do nada e nele desaparecem com a mesma velocidade. Os mortos anônimos e seus assassinos anônimos tornam-se seu próprio contexto. O horror torna-se absurdo.

Eu queria saber mais. A matança no campo de Kibeho oferecia um indício unilateral do problema que seria a desativação final dos campos da ONU na fronteira — particularmente os fortemente militarizados enclaves do Poder Hutu no Zaire. Aqueles campos eram abrigos para criminosos de guerra e campeões de atrocidade, e sua própria existência punha em risco de vida todo mundo que vivia neles e à sua volta. Ninguém tinha a menor ideia de como fechar esses campos pacificamente; na verdade, ninguém parecia de fato acreditar que isso seria possível. A história de Ruanda andava martelando minha cabeça, e eu queria investigar como a matança de Kibeho podia ser relacionada e comparada com o genocídio que a precedeu. De acordo com a ortodoxia dos direitos humanos de nossa época, tais comparações são um tabu. Nas palavras da Anistia Internacional: "Qualquer que seja a escala de atrocidades cometidas por um lado, elas não podem jamais justificar atrocidades similares por parte do outro lado". Mas o que significa a palavra "similares" no contexto de um genocídio? Uma atrocidade é uma atrocidade e, por definição, é injustificável, certo? A questão mais pertinente é saber se a coisa toda se resume a atrocidade.

Tomemos a marcha do general Sherman sobre a Georgia, à frente do exército da União, perto do fim da Guerra Civil americana, uma campanha de terra arrasada, cheia de assassinatos, estupros, incêndios e pilhagens, que figura como um caso exemplar de brutal desrespeito aos direitos humanos. Os historiadores não parecem acreditar que as atrocidades do avanço de Sherman tenham obedecido a algum imperativo estratégico que não poderia ser satisfeito de outra maneira. Contudo, existe um consenso de que a preservação da União e a consequente abolição da escravatura serviram ao bem da nação, por isso os historiadores veem a campanha de Sherman como um episódio de excessos cometidos por agentes do Estado, e não como evidência do caráter fundamentalmente criminoso do Estado.

Analogamente, na França, durante os meses imediatamente posteriores ao fim da Segunda Guerra Mundial, entre 10 mil e 15 mil pessoas foram mortas como cúmplices do fascismo, num surto nacional de justiça popular. Embora ninguém recorde esses expurgos como um momento de orgulho, nenhum líder nacional os lamentou alguma vez publicamente. A França, que se considera o berço dos direitos humanos, tinha um venerável sistema legal, com uma abundância de policiais, advogados e juízes. Mas a França tinha sofrido uma provação infernal, e a morte imediata dos colaboracionistas era vista amplamente como purificadora da alma nacional.

O fato de que a maioria dos Estados nasce de um levante violento não significa, obviamente, que a desordem leve à ordem. Ao escrever a história de acontecimentos que ainda estão se desenrolando num Estado que ainda está informe, é impossível saber quais tendências prevalecerão, e a que preço. A posição mais segura é a posição dos direitos humanos, que avalia os regimes numa escala estritamente negativa, como a soma de seus crimes e violações: se você condena todos os violadores e alguns deles emendam sua conduta, você sempre pode ficar com o crédito por sua boa influência. Infelizmente, a posição mais segura pode não ser necessariamente a mais inteligente, e eu me pergunto se há espaço — ou mesmo necessidade — para exercer julgamento político nesses assuntos.

O campo de Kibeho havia sido um entre as dúzias de campos para "pessoas internamente desalojadas" (PIDs) estabelecidos na *Zone Turquoise*. Quando os franceses se retiraram, no final de agosto de 1994, os campos abrigavam pelo menos 400 mil pessoas, e foram deixados sob a supervisão da recauchutada Unamir e de um grupo de agências internacionais de socorro, da ONU e privadas. O novo governo pretendera fechar os campos imediatamente. Ruanda, argumentava o governo, era segura o bastante para que todo mundo voltasse para casa, e a significativa concentração de militares e milicianos do Poder Hutu entre as PIDs tornava os próprios campos uma grande ameaça à segurança nacional. As agências de ajuda concordaram, em princípio, mas insistiram que a saída dos campos tinha de ser inteiramente voluntária.

As PIDs, entretanto, não estavam ávidas para deixar os campos, onde eram bem alimentadas e recebiam cuidados médicos das agências de ajuda, e onde rumores de que a FPR estava exterminando em massa os hutus eram espalhados pelos *génocidaires*, que mantinham uma influência poderosa sobre a população. Como nos campos da fronteira, agentes da *interahamwe* não hesitavam em ameaçar e atacar aqueles que desejassem sair de Kibeho, temendo que uma deserção em massa da população civil os deixasse isolados e expostos. Os *génocidaires* também empreendiam frequentes saídas dos campos para aterrorizar e saquear as comunidades vizinhas, atacando tutsis sobreviventes do genocídio e hutus que eles suspeitavam que pudessem testemunhar contra eles. Kibeho era o epicentro dessas atividades. De acordo com Mark Frohardt, que trabalhava no Gabinete de Emergência para Ruanda, da ONU, e depois serviu como enviado-chefe da missão de direitos humanos da ONU em Ruanda, a Unamir "determinou que uma porcentagem desproporcionalmente alta dos assassinatos que estavam acontecendo em Ruanda no final de novembro e início de dezembro de 1994 haviam ocorrido dentro de um raio de vinte quilômetros a partir de Kibeho".

Naquele dezembro, a Unamir e o Exército Patriótico Ruandês realizaram sua única operação conjunta, uma blitz de um dia em Kibeho na qual cerca de cinquenta "elementos nocivos" — isto é, *génocidaires* — foram presos e algumas armas, confiscadas. Pouco depois, o EPR começou a fechar os campos menores. A estratégia preferencial era a da coerção não violenta: as pessoas eram despejadas de seus barracos, em seguida os barracos eram queimados. As PIDs entenderam a mensagem, e as instituições de socorro também aderiram ao programa, ajudando a transferir mais de 100 mil pessoas para casa. Estudos subsequentes feitos por agentes das instituições humanitárias e monitores de direitos humanos da ONU concluíram que pelo menos 95% dessas PIDs restabeleceram-se pacificamente em suas casas. Ao mesmo tempo, muitos *génocidaires* fugiam para outros campos, especialmente para Kibeho, enquanto algumas PIDs que haviam voltado a suas aldeias eram detidas sob acusação de genocídio, e algumas, segundo consta, eram mortas em atos de vingança ou banditismo.

No início de 1995, 250 mil PIDs continuavam nos campos, dos quais Kibeho era o maior e o que continha a maior concentração de *génocidaires* agressivos. A ONU e as instituições de ajuda, temendo as consequências de fechamentos forçados, ofereceram-se para apresentar uma alternativa. O governo esperou. Os meses se passaram e os humanitários não conseguiam chegar a um plano coerente de fechamento dos campos. No final de março, o governo anunciou que o tempo estava se esgotando, e em meados de abril o EPR foi novamente mobilizado para a tarefa: campo por campo, o exército mandou para casa de maneira ordenada pelo menos 200 mil hutus.

Kibeho ficou por último. Antes do amanhecer de 18 de abril, o EPR cercou o campo, que ainda abrigava pelo menos 80 mil homens, mulheres e crianças. Alarmados pelos soldados, e levados ao pânico graças à manipulação de agentes internos do Poder Hutu, as PIDs correram desordenadamente morro acima e aglomeraram-se compactamente em torno do quartel-general do Zambatt — o contingente zambiano da Unamir —, fortemente guarnecido por sacos de areia e rolos de arame farpado. Na correria, pelo menos onze crianças morreram esmagadas e centenas de pessoas queimaram-se gravemente em panelas ferventes ou sofreram cortes profundos ao ser empurradas contra o arame farpado da ONU.

O EPR apertou o cerco em torno da multidão, e nos dois dias seguintes várias passagens foram abertas ao longo do perímetro do campo. Instituições de ajuda estabeleceram mesas de cadastramento, e cerca de 5 mil pessoas foram revistadas e levadas para casa. Mas as entradas eram muito poucas, e o processo de cadastramento, lento demais. Não havia caminhões suficientes para apressar a evacuação, os *génocidaires* entre as PIDs pressionavam os demais a não cooperar, e alguns funcionários de instituições internacionais de ajuda também aconselhavam os residentes do campo a resistir à evacuação. Restava pouca água e comida no campo. A maioria das pessoas mal podia se mover; ficavam junto às próprias fezes e urina. Em 19 de abril, algumas PIDs atiraram pedras nos soldados, e algumas teriam tentado apoderar-se de armas do EPR. Os soldados abriram fogo, matando várias dúzias de pessoas. Ao longo do dia membros do destacamento médico australiano da Unamir, Ausmed, começaram a chegar ao campo para reforçar o contingente zambiano.

Ao anoitecer de 20 de abril, começou a cair uma chuva forte. Naquela noite, no campo superlotado, algumas pessoas começaram a atacar com facões quem estivesse por perto. Houve também tiros esporádicos, da parte de soldados do EPR e de elementos armados de dentro do campo. Ao amanhecer, pelo menos 21 pessoas haviam sido mortas, principalmente a tiros, e muitas mais estavam feridas, em geral a facão. Crianças continuaram morrendo pisoteadas. O EPR continuou a apertar o cerco. Ao longo do dia seguinte, as pessoas continuaram a enfileirar-se diante dos pontos de cadastramento e a deixar o campo, a maioria a pé, porque a chuva tornara as estradas intransitáveis. O EPR restringiu o acesso das PIDs aos suprimentos médicos e de água, e periodicamente atirava para o ar a fim de empurrar a multidão para os pontos de cadastramento. Atos de violência prosseguiam dentro do campo. "Na área dos zambianos", recordou mais tarde um oficial da Ausmed, "um grupo ainda correu em busca de abrigo e se escondeu no alojamento. Ajudamos os zambianos a empurrá-los de volta através da cerca de arame."

No final da manhã de 22 de abril, a encharcada e atormentada massa de PIDs de Kibeho avançou de novo desordenadamente contra as linhas do EPR, rompendo o cordão de isolamento na extremidade mais baixa do campo. Um rio de PIDs passou correndo pela brecha, avançando pelo vale em direção aos morros em frente. As tropas do EPR abriram fogo, atirando a esmo e sem parar contra a multidão, e inúmeros soldados saíram em perseguição aos fugitivos, disparando e lançando granadas contra eles. A barragem do EPR continuou durante horas; além das metralhadoras, granadas-foguetes e pelo menos um morteiro alvejaram o campo.

Impedida por suas ordens de recorrer à violência, exceto em autodefesa, as forças de paz da Unamir no complexo do Zambatt só pegaram em armas para rechaçar a invasão de seu espaço pela turba de PIDs. Muitos recordaram mais tarde ter chorado de desespero e confusão quando a morte e a mutilação os rodearam. Num testemunho típico, um membro da Ausmed relatou ter visto "através de uma janela um homem atacando uma mulher com um facão", depois PIDs "atirando tijolos e outras coisas em nós", depois soldados do Exército Patriótico disparando os fuzis ou jogando granadas nas PIDs, depois uma PID atirando nas forças de paz, depois "quatro soldados do EPR perseguindo uma garota atrás do Posto de Registro de Feridos e disparando contra ela dezoito vezes", depois uma "metralhadora sobre rodas varrendo uma multidão de PIDs em longas rajadas", depois "soldados matando duas velhas e chutando-as morro abaixo".

Outro membro da Ausmed lembrava de ter visto soldados do EPR matar mulheres e crianças, e disse: "Eles pareciam sentir prazer naquilo". Outra testemunha da Ausmed descreveu os disparos de um par de soldados do EPR contra a multidão: "Eles davam pulos, rindo e brincando. Era como se estivessem possuídos por um frenesi". O mesmo homem também disse: "Foi muito horrível ver pelo menos quatro soldados do EPR cercar uma PID e descarregar contra o homem uma carga inteira de fuzil automático cada um. Algumas PIDs paravam, então os soldados atiravam pedras nelas para que corressem e pudessem disparar contra elas de novo. Essas PIDs estavam desarmadas e apavoradas".

Por volta das quatro horas daquela tarde, quando Mark Cuthbert-Brown, um major britânico que servia como chefe de polícia da Unamir, chegou a Kibeho de helicóptero, o tiroteio havia refluído, limitando-se a um pipocar esporádico de tiros e a curtas rajadas de armas automáticas. Do alto, Cuthbert-Brown vira longas filas de milhares de PIDs sendo revistadas e cadastradas nos postos de controle do EPR e dirigindo-se à estrada para deixar Kibeho. Os australianos, os zambianos e agentes humanitários haviam conseguido sair de seus abrigos e começavam a recolher os mortos e feridos, embora seu acesso fosse frequentemente impedido pelos homens do EPR. Então, depois de uma hora no campo, o major Cuthbert-Brown ouviu "uma súbita intensificação do ritmo dos tiros". Mais uma vez, as PIDs romperam o cordão do EPR e espalharam-se morro abaixo, e as cenas anteriores de atrocidades repetiram-se durante várias horas. Agachado atrás de sacos de areia com seus binóculos, Cuthbert-Brown viu soldados do EPR caçarem as PIDs pelo vale e através dos morros distantes, enquanto outros soldados do EPR continuavam a processar a liberação de milhares de PIDs.

Pouco depois do anoitecer, a segunda onda de fuzilaria intensiva arrefeceu. Cuthbert-Brown anotou:

> 20h10. Percebo um rumor de gritos e gemidos vindo da área oeste do complexo (mas ele pode ter se elevado gradualmente por um tempo).

21h00. Lamento continua, mas há uma pausa nos tiros e nas explosões de granadas.

21h20. Umas poucas explosões de granadas perto do quartel-general do Zambatt.

21h30. Tiros esparsos na mesma área.

21h33. Seis rajadas disparadas junto ao muro do campo.

21h55. Gritos histéricos elevam-se acima do lamento de fundo; oficiais zambianos especulam que eles podem indicar uma luta de facão no alojamento. Logo dá lugar ao rumor normal de gemidos, que permanece pela noite toda.

Um homem da Ausmed disse: "Chegamos ao fim daquele dia enojados com o EPR e com o fato de a ONU não ter mandado mais que um destacamento de zambianos e uns 25 australianos".

Durante a noite o EPR suspendeu o fogo. "Pouco depois do alvorecer", escreveu o major Cuthbert-Brown em seu diário, "olhei por cima do muro e vi corpos espalhados pela área." Ao longo do dia, dezenas de milhares de PIDs foram conduzidas aos caminhões e deixaram o devastado acampamento, enquanto as equipes da ONU e agentes humanitários cuidavam dos feridos e contavam os mortos. No início da tarde, repórteres chegaram ao campo e Cuthbert-Brown escreveu: "Arma-se o circo da mídia em volta das covas". A primeira cifra de mortos noticiada foi de 8 mil, mas esse número foi rapidamente corrigido para entre 2 mil e 4 mil — em sua maioria pisoteados e esmagados nas correrias, muitos assassinados pelo EPR, e um número considerável esfaqueados, agredidos a pauladas e mesmo trespassados por lanças pela *interahamwe*. Mas os números eram meras estimativas; o amontoamento de cadáveres em alguns pontos tornava impossível caminhar pelo acampamento, e o EPR dificultava o acesso.

Durante a semana seguinte, as estradas que saíam de Kibeho ficaram entupidas por dezenas de milhares de PIDs maltrapilhas que caminhavam para casa. Aqui e ali ao longo do caminho, grupos de civis juntavam-se para insultar e às vezes agredir os caminhantes. Foi um período tenso em Ruanda. "No ano passado, quando ninguém no mundo tentava barrar o genocídio, e eu vi o primeiro soldado da FPR chegando para libertar Ruanda, fui correndo apertar as mãos dele, pois esses caras eram heróis", contou-me Fery Aalam, um enviado suíço da Cruz Vermelha. "Depois de Kibeho, não sei se eu estenderia minha mão outra vez."

Os que regressaram de Kibeho sofreram uma taxa média ligeiramente mais alta de prisões e violência que os que vieram de outros campos. Mas consta que muitos adeptos do Poder Hutu de Kibeho fugiram pelo mato, atravessando as fronteiras de Ruanda para chegar ao arquipélago humanitário dos campos da ONU. Não havia outro refúgio seguro para os *génocidaires*.

Foi no meu quinto dia em Ruanda, quando eu viajava de carona de Kigali para o sul, que deparei com o desastre de carro em que o rapaz morreu. Havia vários sobreviventes feridos, e as pessoas que me davam carona levaram-nos ao hospital em Butare. Algumas enfermeiras norueguesas da Cruz Vermelha vieram conversar conosco. Elas estavam servindo a uma unidade de emergência que havia sido instalada para cuidar dos feridos de Kibeho. Tinham realizado em média trinta operações de grande porte por dia, e haviam dado alta a um grande grupo de pacientes naquela manhã. Só os casos mais graves continuavam.

"Quer ver?", perguntou uma das enfermeiras, e abriu caminho. Vinte ou trinta macas ocupadas se apertavam sob uma fraca iluminação de néon e o fedor de carne podre e remédios. "Os que ficaram", disse ela, "são todos casos de esfaqueamento." Pude constatar que era verdade — amputações múltiplas, rostos rasgados e inchados cobertos de pontos. "Tivemos alguns com o cérebro saindo para fora", disse a norueguesa animadamente. "Estranho, não é? O EPR não usa facões. Eles fizeram isso contra eles mesmos."

Eu me senti mareado e saí para o saguão, onde deitei no chão frio de concreto ao lado de uma janela aberta. A norueguesa me seguiu. "País estranho", disse. Concordei. Ela continuou: "Este hospital — ano passado, grande massacre. Hutus matando tutsis, médicos matando médicos, médicos matando pacientes, pacientes matando médicos, enfermeiras, todo mundo. Estou com a Cruz Vermelha — tão suíça, tão neutra. Sou nova, acabei de chegar para esse problema de Kibeho. Mas a gente fica pensando. Com Kibeho, as pessoas dizem que está começando de novo. É o próximo genocídio. Olho em volta. Falo com as pessoas. Vejo o que acontece. Acho que talvez esteja simplesmente terminando, de modo muito feio e demorado".

"Como é que você percebe a diferença?", perguntei.

"Fale com as pessoas. Elas estão apavoradas. Dizem: e os campos do Zaire, Burundi, Tanzânia? E a vingança? E a justiça? OK. Quando as pessoas estão apavoradas assim, também estão esperançosas. Estão dizendo que têm alguma coisa a perder — alguma esperança."

Eu disse: "Vejo que você deve ser uma boa enfermeira".

"Na verdade, não", disse ela. "As pessoas sempre dizem coisas ruins sobre os governantes — assim como sobre os médicos. OK. Então, como com os médicos, talvez seja porque você só precisa muito deles quando eles não podem ajudá-lo o bastante."

Ela me fez rir. Eu disse: "Você quer dizer: como os médicos, eles matam alguns, não podem ajudar alguns outros e salvam alguns outros".

"Isso é tão ruim?", ela perguntou. "Pergunte às pessoas. Num lugar como este, faça de conta que é um jornalista. Fale com todo mundo."

Contei a ela que eu era um jornalista. "Oh", disse ela. "Oh la la. Não posso falar com você. Norma da Cruz Vermelha. Esqueça tudo que eu disse."

Mas como eu poderia esquecer aquela enfermeira norueguesa? Era a pessoa mais otimista que jamais encontrei em Ruanda.

* * *

Uma noite, algumas semanas depois, eu estava num bistrô em Kigali, dividindo uma panela de *fondue bourguignonne* e uma jarra de vinho com Annick van Lookeren Campagne e Alexandre Castanias. Annick, que é holandesa, e Alexandre, um grego, trabalhavam como monitores para a missão dos direitos humanos da ONU em Ruanda. Ambos haviam estado em Kibeho durante a catástrofe, e aquele jantar era o último tempo que teriam juntos antes de Annick voltar para a Holanda. Deve ter sido por isso que Alexandre falou sobre Kibeho. Ele disse que era a primeira vez que o fazia, e depois de comer ficamos no restaurante durante horas. Pedimos uma segunda jarra de vinho, mandamos alguém comprar cigarros e Alexandre ficou nos servindo rodadas de conhaque.

A conversa sobre Kibeho havia começado quando Alexandre me perguntou se eu tinha estado na igreja de Nyarubuye, para ver o memorial dos mortos insepultos do genocídio. Eu ainda não tinha, e embora não me arrependa de ter ido lá posteriormente, dei a Alexandre o que acreditava ser — e ainda acredito — um bom argumento contra tais lugares. Disse-lhe que eu resistia à própria ideia de deixar corpos daquela maneira, eternamente em estado de violação — expostos como monumentos ao crime cometido contra eles, e aos exércitos que interromperam a matança, tanto quanto às vidas que eles haviam perdido. Lugares assim contradiziam o espírito dos dizeres de uma camiseta muito popular em Ruanda: "Genocídio. Enterre os mortos, não a verdade". Eu achava que esse era um bom slogan, e duvidava de que era preciso ver as vítimas para poder confrontar o crime. O assalto estético do macabro cria excitação e emoção, mas será que o espetáculo ajuda realmente a entendermos a iniquidade? Partindo da minha própria reação a imagens cruéis e ao que eu havia visto no pavilhão de hospital dos feridos de Kibeho, eu me perguntava se as pessoas não estariam blindadas de modo a resistir à assimilação do excesso de horror. Mesmo quando encaramos a atrocidade, encontramos meios de vê-la como algo irreal. E quanto mais olhamos, mais nos tornamos habituados a — e não informados por — aquilo que estamos vendo.

Eu disse essas coisas, e Alexandre respondeu: "Discordo totalmente. Vivenciei Kibeho como um filme. *Era* irreal. Só depois, olhando as fotos que fiz, aquilo se tornou real".

Quando a primeira onda de tiros começou, Alexandre estava no Zambatt. "Lembro que havia milhares de pessoas comprimindo-se na área do estacionamento. Milhares e milhares de pessoas. Eu estava no telhado, observando. E vi uma mulher, uma mulher gorda. Em meio a milhares e milhares e milhares de pessoas, essa gorda foi a única coisa que eu vi. Não vi mais ninguém. Eram apenas milhares. E essa mulher gorda, se espremendo na multidão… enquanto eu a observava, ela era como uma pessoa se afogando." Alexandre juntou as mãos, dobrando-as sobre si mesmas como se afundassem, e seu corpo todo pareceu encolher. "Num segundo ela estava lá de pé, no segundo seguinte foi engolida pela multidão, e eu vi isso acontecer. Ela desapareceu. Foi então que eu quis apenas tirar fotografias. Aquela mulher gorda, uma mulher gorda, quando você diz a palavra Kibeho, ela é tudo de que eu me lembro de verdade. Essa vai ser para sempre minha única imagem real de Kibeho, aquela gorda se afogando em meio a milhares e milhares de pessoas. Lembro que ela vestia uma camisa amarela."

Nunca vi as fotos de Alexandre, mas disse-lhe que sua descrição daquele momento, e de sua própria passagem de uma sensação de irrealidade à realidade de suas imagens, era mais perturbadora, mais vívida e mais informativa que qualquer coisa que as fotos em si pudessem revelar. De certo modo, era mais silenciosa; o momento do choque era menos concentrado, mas também envolvia mais alguém e levava alguém junto consigo.

"Não sei", disse ele. "Eu não poderia lhe dizer nada se eu não estivesse olhando."

"Você vê e não vê", disse Annick. "Você em geral faz coisas. As imagens vêm depois. Quando eles estavam se esmagando contra o portão no Zambatt, nós empurrávamos de volta para que ele não despencasse, e as pessoas começaram a jogar bebês por cima dele. A gente simplesmente os apanhava. A gente faz coisas das quais nunca vai querer ver uma imagem."

"Como caminhar sobre os corpos", disse Alexandre. "Sinto-me péssimo quando penso nisso. Era muito irreal e muito insana essa decisão de caminhar sobre os mortos. Não sei. Não sei o que era certo e o que era errado, ou se me sinto culpado, mas me sinto mal. Era necessário. Era o único jeito de passar."

"Nós tínhamos de tirar os vivos do meio deles", disse Annick. Ela e Alexandre haviam retirado centenas de crianças perdidas e tornadas órfãs do meio das pilhas de mortos, e de cada fresta onde pudesse se esconder uma pessoa pequena: do espaço entre as rodas e os para-lamas dos caminhões e de dentro de porta-malas.

"Não sei por quê, mas eu não me importava com as pessoas mortas a bala. Não dava a mínima para elas", disse Alexandre. "Estavam mortas, e as pessoas atingidas por balas não significavam nada para mim. Minha preocupação eram as pessoas esmagadas."

"Balas e facões foram feitos para matar", disse Annick. "As pessoas esmagadas simplesmente eram mortas por outras pessoas vulneráveis e frágeis como elas, tentando sobreviver."

"Encontrei um médico", continuou Alexandre. "Eu disse: 'Eles parecem estar simplesmente dormindo. Não sei como saber se estão mortos'. Ele entrou no meio deles e examinou vinte ou trinta pessoas, depois disse: 'Estão mortos. Estão todos mortos'. Mas quando eu precisava andar sobre eles, sentia como se pudesse acordá-los."

"Acontecia o mesmo com toda a bagagem amontoada", disse Annick. Eu podia imaginar a cena: Kibeho era uma cidade fantasma, com pilhas de pertences abandonados de pessoas em trânsito, cheirando a morte — e no alto do monte, a catedral carbonizada que havia se tornado um crematório durante o genocídio. "Quando andávamos sobre a bagagem", disse Annick, "provavelmente havia corpos mais embaixo. Você não podia sentir culpa, porque não adiantava nada, e você andava sobre eles para salvar vidas."

"Andar sobre eles era sentir-se vivo", disse Alexandre. "Depois de um tempo tratava-se simplesmente de levar a vida adiante. Os mortos estão mortos. Não há nada que se possa fazer. Mesmo com os vivos, o que podíamos fazer? Nós lhes dávamos água. Era nosso único medicamento. Era como um milagre. Você via o rosto de um menino, caído e parecendo morto na multidão, e deixava cair sobre ele umas gotas d'água, e ele fazia 'aaahhh!'" O rosto de Alexandre se expandiu e ele se levantou um pouco na cadeira, como um filme acelerado mostrando o desabrochar de uma flor. "Então você virava as costas", disse. "E no minuto seguinte todo mundo a quem tínhamos dado água havia morrido."

"É", disse Annick.

"Corpos", disse Alexandre.

"Aquele sujeito com a lança no pescoço", disse Annick. "Eu simplesmente o deixei. E de repente eu estava rindo. Não conseguia parar de rir. Estava com os feridos, sangue para todo lado, um ombro estilhaçado por uma granada, uma boca rasgada a facão, e eu simplesmente rindo. Eu!", disse ela. "Eu, que costumava desmaiar com injeções, estava ali dando pontos em ferimentos de facão. Tudo o que eu conseguia pensar era: ponho a bandagem neste sentido?" — girou a mão numa órbita horizontal — "Ou neste?" — na vertical.

"Domingo, quando fomos embora de carro, havia gente por toda a estrada, cadáveres, feridos", disse Alexandre. "Em tempos normais, a gente pararia e tentaria fazer alguma coisa por pessoas num estado muito menos grave. Não paramos. Simplesmente os largamos para trás. Isso me deixa muito mal. Não sei se é sentimento de culpa, mas é um sentimento muito ruim."

"É", disse Annick. "Aquilo foi ruim, hein? Nós simplesmente seguimos em frente. Tinha gente demais."

"Gente demais", repetiu Alexandre. Lágrimas surgiram em seus olhos, e seu nariz escorria, fazendo trilhas em seu lábio. Ele disse: "Não sei como funciona minha cabeça. Simplesmente não sei. Quando as pessoas estão mortas, você espera ver mais gente morta. Lembrei de 1973 em Atenas. Havia automóveis bloqueando a rua, e os tanques vieram e esmagaram os carros. Eu tinha onze ou doze anos e vi as pessoas. Estavam mortas, e eu esperava cada vez mais ver gente morta. Torna-se uma coisa normal. Podemos ver gente morta a tiros em tantos filmes, mas esta é a morte verdadeira, o esmagamento. Em Kibeho, no segundo ataque, eles dispararam loucamente. Uma fuzilaria que você não pode imaginar. O EPR simplesmente atirava e atirava, sem nem olhar para onde. Eu estava lá parado, chovia, e a única coisa que eu conseguia pensar era que queria sair da chuva. Eu nem pensava nos tiros, e eles estavam atirando feito loucos. Sair da chuva — era tudo o que eu queria".

"Você não devia se sentir mal", disse Annick. "Nós salvamos um monte de vidas. Às vezes era inútil, não podíamos fazer nada."

"Sabe", disse Alexandre, "o EPR... estavam pegando os feridos e jogando na fossa sanitária. Eles estavam vivos. Sabia disso?"

"Sim", disse Annick. "Isso foi horrível."

"Não quero ser julgado", disse Alexandre. "Não quero que vocês me julguem."

Levantou-se e foi ao banheiro. Annick disse: "Estou preocupada com Alexandre".

"E você?", perguntei.

"Mandaram-me procurar um psiquiatra", disse ela. "A missão dos Direitos Humanos. Dizem que tenho uma tensão pós-traumática. O que vão me dar? Prozac? É uma estupidez. Não quero drogas. Não sou eu que tenho problema em Kibeho."

Mais tarde, quando visitei Nyarubuye e me vi caminhando entre e sobre os mortos, lembrei de minha noite com Annick e Alexandre. "Você não sabe o que pensar a respeito", havia dito Alexandre, quando voltou à mesa, "quem está certo e quem está errado, quem é bom e quem é ruim, porque as pessoas naquele campo eram, muitas delas, culpadas de genocídio."

Mas como pensar no genocídio? "Vou lhe contar", disse-me o oficial americano com seu Jack Daniel's com Coca-Cola no bar de Kigali. "É o caso do pombo-viajante. Você já viu um pombo-viajante? Não, e nunca vai ver. É isso aí. Extinção. Você nunca vai ver um pombo-viajante." O sargento Francis, o oficial do EPR que me serviu de guia em Nyarubuye, entendia o que isso queria dizer. "As pessoas que fizeram isso", disse ele, "pensavam que, acontecesse o que acontecesse, ninguém ficaria sabendo. Não tinha importância, porque matariam todo mundo, e não haveria nada para ser visto."

Continuei olhando, então, desafiadoramente. Dizem que 99% das espécies de animais e plantas que ornaram o planeta desde que a vida começou foram extintas. Não há mais o que dizer sobre a providência que está por trás da queda de um pardal. Talvez até mesmo a extinção tenha perdido seu impacto. Vi várias centenas de mortos em Nyarubuye, e o mundo parecia cheio de mortos. Era impossível andar, com todos aqueles mortos na grama. Então você ouve os números: 800 mil, 1 milhão. A mente fraqueja.

Para Alexandre, Kibeho se reduzira a uma única mulher gorda de camisa amarela submersa pelas milhares e milhares de outras pessoas. "Depois da primeira morte não há nenhuma outra", escreveu Dylan Thomas, em seu poema da Segunda Guerra Mundial "Uma recusa a prantear a morte, pelo fogo, de uma criança em Londres". Ou, como definiu Stalin, que comandou o assassinato de pelo menos 10 milhões de pessoas: "Uma única morte é uma tragédia, um milhão de mortes é uma estatística". Quanto mais crescia a pilha de mortos, mais o foco voltava-se para os assassinos, e os mortos passavam a só ter importância como evidência. Entretanto, se olharmos a coisa de outro ângulo, fica claro que é mais digno de celebração salvar duas vidas do que apenas uma. Tanto Annick como Alexandre disseram que haviam parado de contar os mortos depois de um tempo, embora contar fizesse parte de sua tarefa oficial e cuidar dos doentes, não.

Ainda assim, supomos que é um crime maior matar dez do que matar um, ou 10 mil em vez de mil. Será? Não matarás, diz o mandamento. Nenhum número é especificado. A cifra de mortes pode crescer, e com ela nosso horror, mas o crime não cresce proporcionalmente. Quando um homem mata quatro pessoas, não tem de responder por uma única acusação de ter matado quatro, mas por quatro acusações de ter matado um e um e um e um. Ele não recebe uma sentença maior, mas quatro sentenças agregadas, e se houver pena de morte a vida *dele* só pode ser tirada uma vez.

Ninguém sabe quantas pessoas foram mortas em Nyarubuye. Alguns dizem mil, outros dizem muito mais: 1500, 2 mil, 3 mil. Diferenças consideráveis. Mas a soma dos mortos não é o ponto principal num genocídio, um crime pelo qual, à época da minha primeira visita a Ruanda, ninguém no mundo havia sido levado a julgamento, muito menos condenado. O que distingue o genocídio do assassinato, e mesmo de atos de assassinato político que podem ter um número igualmente grande de vítimas, é a intenção. O crime é querer extinguir um povo. A ideia é o crime. Não admira que seja tão difícil de retratá-lo. Para fazer isso é preciso aceitar o princípio do exterminador, e não ver pessoas, e sim todo um povo.

Em Nyarubuye, pequenos crânios de crianças estavam espalhados aqui e ali, e de um pátio de escola das vizinhanças chegavam até a igreja as vozes de seus antigos colegas. Dentro da nave, vazia e majestosa, onde um pó escuro de sangue ressecado deixava desenhadas nossas pegadas, um único e representativo cadáver fora deixado no chão diante do altar. Ele parecia estar rastejando em direção ao confessionário. Seus pés haviam sido amputados, e suas mãos também. Essa era uma das torturas mais comuns de tutsis durante o genocídio; a ideia era "diminuir o tamanho" das pessoas altas, e juntavam-se multidões para insultar, rir e festejar enquanto a vítima contorcia-se até morrer. Os ossos emergiam dos punhos e bainhas do morto como galhos, e ele ainda tinha um tufo de cabelo pendurado no crânio, e uma orelha perfeitamente formada, encolhida e esverdeada pelo tempo.

"Olhe seus pés e mãos", disse o sargento Francis. "Imagine como deve ter sofrido."

Mas o que importava seu sofrimento? O jovem do desastre de carro tinha sofrido, ainda que por um instante, e as pessoas em Kibeho também. O que o sofrimento tem a ver com o genocídio, se é a própria ideia que é o crime?

Três dias depois de terminada a fuzilaria em Kibeho, o novo presidente de Ruanda, Pasteur Bizimungu, um hutu da FPR, visitou os entulhos do campo, prestou sua homenagem a uma fileira de corpos que haviam sido estendidos ali para que ele os visse, e concedeu uma entrevista coletiva, na qual anunciou que o número oficial de mortos na operação de fechamento do campo era 334. Essa cifra absurdamente baixa sugeria uma ocultação da verdade, e só fez aumentar os protestos internacionais contra o modo como o governo presidiu o fechamento dos campos. Com um empurrão especialmente vigoroso da França, a União Europeia suspendeu seu já modesto programa de ajuda a Ruanda, e manteve-o suspenso mesmo depois que uma Comissão Internacional Independente de Investigação dos Eventos em Kibeho apelou aos organismos internacionais para que continuassem a apoiar e trabalhar junto com o novo regime instaurado pela FPR.

A Comissão de Kibeho foi formada por iniciativa daquele regime, num esforço para indicar que o sangrento fechamento dos campos não era algo costumeiro em Ruanda, e era composta de diplomatas, criminologistas, juristas e especialistas militares e forenses de oito países, da ONU e da Organização da Unidade Africana, assim como de um ministro de Ruanda. Em seu relatório final, os membros da comissão conseguiram desagradar todo mundo envolvido em Kibeho — o governo, a ONU e a comunidade humanitária internacional, e os *génocidaires* — ao distribuir a culpa pela catástrofe equanimemente entre as três partes.

Em outubro de 1994, uma Comissão de Peritos semelhante, estabelecida pelo Conselho de Segurança da ONU para investigar a chacina que se seguiu ao assassinato de Habyarimana, havia concluído que enquanto "ambos os lados do conflito armado perpetraram crimes contra a humanidade em Ruanda", os atos "organizados, planejados, sistemáticos e metódicos de extermínio em massa perpetrados por elementos hutus contra o grupo tutsi" em Ruanda "constituem genocídio", e que não foi encontrada nenhuma evidência "que indique que elementos tutsis perpetraram atos motivados pela intenção de destruir o grupo étnico hutu enquanto tal". Esse relatório indicava pela primeira vez, desde que a Assembleia-Geral aprovara a Convenção do Genocídio em 1948, que a ONU havia identificado um exemplo do crime. Portanto, chamava a atenção a conclusão do relatório da Comissão de Kibeho: "A tragédia de Kibeho não resultou de uma ação planejada pelas autoridades de Ruanda para matar um certo grupo de pessoas, nem foi um acidente que não pudesse ser prevenido".

A mensagem era clara: a Comissão considerava a existência continuada do campo de Kibeho como "um importante obstáculo aos esforços do país em recuperar-se dos efeitos devastadores do genocídio do ano passado", e concluía que tanto homens do EPR como "elementos no seio das PIDs" haviam submetido pessoas do campo a "privação arbitrária da vida e sérios danos físicos". Se essa parece ser uma linguagem estranhamente antisséptica para referir-se ao esfaqueamento de crianças desarmadas e ao fuzilamento de pessoas pelas costas, cabe lembrar que as organizações de direitos humanos frequentemente descrevem todo o genocídio de Ruanda como uma simples "grande violação dos direitos humanos", que é exatamente a mesma expressão que essas organizações usam para a pena de morte nos Estados Unidos. A Comissão observava que o EPR era um exército de guerrilha, inepto para o controle de massas e para o trabalho de polícia, e em suas recomendações instava o governo a desenvolver sua capacidade para reagir de forma humana e disciplinada a "situações de tensão social e emergência". Concluía também que os organismos internacionais de socorro, cindidos por conflitos políticos, haviam se provado incapazes de fechar Kibeho pacificamente, e pedia que voltassem para casa em ordem. Finalmente, a Comissão apelava ao governo para que conduzisse uma "investigação das responsabilidades individuais no interior das forças armadas", mas não dizia nada a respeito de levar a julgamento os *génocidaires* em meio às PIDs por seus crimes em Kibeho.

Na mesma época que a Comissão de Kibeho emitiu seu relatório, dois oficiais do EPR que haviam estado no comando durante o fechamento do campo foram presos, e cerca de um ano depois foram julgados por um tribunal militar. O veredicto era uma expressiva indicação de como o novo regime entendia sua difícil situação. Os oficiais foram inocentados de qualquer responsabilidade por haver comandado, ou permitido, um massacre, mas foram declarados culpados por não ter conseguido usar os meios militares à sua disposição para proteger civis em perigo, o que era precisamente a acusação que a FPR havia feito contra a Unamir, e contra a comunidade internacional como um todo, durante o genocídio de 1994.

Mas de quem o EPR deveria proteger as PIDs, a não ser dele mesmo? A resposta implícita no veredicto de Kibeho era de que o perigo primordial havia sido criado pelos *génocidaires* no interior do campo e pelas organizações humanitárias internacionais que haviam ficado satisfeitas em deixá-los alojados lá. Em outras palavras, o EPR julgava que tomara partido das massas hutus contra os líderes do Poder Hutu que lhes haviam causado tanto sofrimento. O tribunal estava pedindo que os assassinatos em Kibeho fossem vistos como a enfermeira norueguesa havia sugerido quando eu deitei no chão do hospital em Butare — não como um indicativo da nova ordem, mas como o horrendo final da antiga.

Mark Frohardt, um veterano de missões "internacionais de reação de emergência" no Chade, Sudão e Somália, e enviado-chefe da missão de Direitos Humanos da ONU em Ruanda, chegou a uma conclusão notavelmente parecida: "Não tenho nenhuma intenção de tentar justificar a maneira como Kibeho foi fechado", disse ele ao final de dois anos e meio em Ruanda. "Mas eu de fato acho importante entender que a inabilidade das organizações de ajuda em coordenar uma operação bem-sucedida criou o cenário para a tragédia que se seguiu. Assim que o exército viu que os esforços dos organismos de ajuda para tirar as pessoas dos campos não funcionavam, percebeu que ele próprio era a única instituição, ou força, do país capaz de fechar os campos." E, prosseguiu, "a principal razão para o nosso fracasso em esvaziar os campos e para o desastre da operação do EPR foi [...] a inabilidade em separar aqueles que estavam envolvidos no genocídio, os culpados por crimes contra a humanidade, daqueles que eram inocentes".

Frohardt estava falando como um trabalhador dos direitos humanos a uma plateia composta majoritariamente de colegas de profissão em Washington, e ele via o fracasso daquela comunidade em Kibeho como sintoma de um fracasso mais profundo de sua imaginação coletiva política e humana. "Eu nunca trabalhei numa sociedade pós-conflito em que os eventos recentes, a história recente, tivessem uma influência tão inexorável sobre a situação corrente", disse ele. "Nunca tampouco trabalhei num país em que as organizações de socorro e desenvolvimento fossem tão resistentes a incorporar a causa e a consequência desses eventos em suas análises da situação corrente." No final de 1994, apenas seis meses depois do genocídio, lembrou Frohardt, "trabalhadores humanitários em Ruanda frequentemente davam declarações como 'Sim, o genocídio aconteceu, mas é hora de deixá-lo para trás e seguir em frente', ou 'Já se falou bastante sobre o genocídio, agora vamos reconstruir o país'".

Eu ouvi comentários assim, também, e com frequência. Frohardt não era o único visitante estrangeiro a reconhecer que "tudo o que você faz em Ruanda tem de ser feito no contexto do genocídio", mas representava uma pequena minoria. Para a maioria, era como se a lembrança do genocídio fosse um aborrecimento ou, o que é pior, um artifício criado pelo novo governo como álibi para justificar suas imperfeições. Depois de um tempo, comecei a perguntar: "Se, Deus permita que não, um parente próximo ou amigo seu fosse assassinado — ou simplesmente morresse —, quanto tempo demoraria até que você superasse o sentimento de perda, de tal maneira que alguns dias ou mesmo uma semana pudessem passar sem que você sentisse sua dor? E se todo o seu universo social fosse liquidado?". Geralmente eu obtinha uma resposta como "OK, claro, mas isso não faz do genocídio uma desculpa para os problemas de hoje".

Algumas vezes, em Ruanda, eu sentava num restaurante de hotel e ficava vendo as notícias nos canais americanos de televisão por satélite. Entre as histórias que atraíram uma atenção especial entre 1995 e 1997 estavam o julgamento de O. J. Simpson e a cobertura do atentado a bomba em Oklahoma City. O. J., um jogador de futebol americano transformado em garoto-propaganda, era acusado de matar sua ex-mulher e um amigo dela, e milhões de pessoas pelo mundo afora ficaram galvanizadas pela busca da verdade e da justiça — e pela traição dessa busca — durante um par de anos. Em Oklahoma City, 168 pessoas foram pelos ares num edifício federal por obra de uma dupla de lunáticos que achavam que o governo dos Estados Unidos havia embutido chips de computador em seus corpos, e os parentes das vítimas tornaram-se figuras familiares aos telespectadores. E por que não? Seu mundo desmoronara num único instante de insanidade. Os ruandeses no restaurante do hotel pareciam compreender aquilo empaticamente, embora às vezes um ou outro entre eles observasse, calmamente, que aqueles crimes na televisão americana eram confortadoramente isolados, e que os "sobreviventes", como as famílias das vítimas são conhecidas no Ocidente, não haviam, pessoalmente, estado em perigo.

Todo mundo no restaurante do hotel assistia e discutia os detalhes do trauma, ou os procedimentos legais, e se perguntava como aquilo iria acabar. Era uma atividade que nos aproximava. E entretanto aqui estava uma sociedade cuja alma havia sido destroçada, onde havia sido feita uma tentativa de extirpar uma categoria inteira da humanidade, onde dificilmente se poderia encontrar uma pessoa que não tivesse relação com alguém que tinha matado ou sido morto, e onde a ameaça de um novo round permanecia intensamente real; e aqui estavam jovens estrangeiros, que haviam sido enviados em nome do humanitarismo, dizendo que os ruandeses deveriam deixar de usar desculpas.

Um ano depois de Kibeho, em maio de 1996, eu estava conversando com o general Kagame, que havia se tornado vice-presidente e ministro da Defesa de Ruanda depois da guerra, sobre como os campos da ONU vizinhos das fronteiras de Ruanda pareciam criar mais problemas do que os que eles resolviam. "Vou lhe dar um exemplo", disse Kagame. "Talvez seja um mau exemplo pelo fato de ser trágico. Mas vamos falar sobre Kibeho, o famoso Kibeho. Havia centenas de milhares de pessoas nesses campos. Bem, infelizmente, no processo de fechamento dos campos, pessoas foram mortas — muito infelizmente —, cerca de 8 mil pessoas, para usar as estimativas mais altas. Contudo, conseguimos reinstalar aquelas centenas de milhares de pessoas. Não estou dizendo que esse tinha de ser o preço. Mas nós insistimos. Dissemos: 'Se vocês não querem fechar os campos, então nós vamos fechá-los'. E foi isso o que aconteceu, aquela situação trágica. Mas não havia mais campos, veja, e poderia haver mais problemas para todo o país se os campos tivessem continuado."

Eu fiquei surpreso ao ouvir Kagame trazer à tona Kibeho por vontade própria; ele poderia preferir esquecê-lo. E fiquei surpreso por ele usar a cifra de 8 mil mortos. Perguntei-lhe se acreditava que aquele era o número preciso.

"Absolutamente não", respondeu. "Foi muito menos que isso."

"Mas aquela operação deu errado", eu disse. "E ninguém era capaz de pará-la, ou pelo menos ninguém o fez."

"Eles pararam a operação", disse ele. "Ela foi interrompida, com certeza. Talvez você tivesse perdido 20 ou 30 mil se ela não fosse interrompida."

"Mas houve excessos."

"Claro, da parte de indivíduos."

"Da parte dos seus soldados."

"Sim", disse Kagame. "Sim, sim, e isso simplesmente prova como ela foi interrompida."

14

Conheci uma vez uma mulher da cidade de Mbarara, no sudoeste de Uganda, que havia estado na escola secundária com Paul Kagame no início dos anos 1970. Perguntei-lhe como ele era naquela época. "Pele e osso", disse ela, e deu risada, porque chamar Kagame de pele e osso era como chamar a água de molhada. Você não podia vê-lo sem se perguntar se já tinha visto antes uma pessoa tão magra. Tinha 1,80 m, e as pernas de suas calças pendiam como se estivessem vazias, com os vincos retos como lâminas. Sua figura esguia como uma escultura de Giacometti parecia ter sido concebida por um cartunista do *Kangura* a serviço do Poder Hutu, com os dedos esqueléticos que você esperaria encontrar num chefe das baratas.

Um dos mitos culturais populares sobre os tutsis é o de que eles gostam de tomar leite mas não gostam muito de comer. Embora eu tenha visto muitos tutsis comerem com vontade, o mito tem algum fundamento, ao menos como comentário de comportamento. "As esposas tutsis são péssimas cozinheiras porque seus maridos não têm interesse em comida. Nós beliscamos aqui e ali", contou-me um tutsi. Ele havia feito uma espécie de estudo informal dos segredos tutsis. "Você já deve ter notado que nós o convidamos para beber, e claro que depois há algo para comer, mas nunca diremos: 'Philip, estou com tanta fome, vamos comer'." Eu tinha notado. O costume me foi explicado como um resquício de refinamento aristocrático, como mover-se lentamente ou falar baixo, coisas que também são consideradas maneiras tutsis. A ideia era a de que gente vulgar, camponesa, é dominada pelo apetite e tende a sair por aí falando alto, na confusão de suas rústicas vidas, enquanto pessoas de posição mostram comedimento. Os hutus frequentemente descrevem os tutsis como "arrogantes", e os tutsis tendem a achar que não têm do que se desculpar.

Mas a ugandense havia visto o adolescente Kagame de modo diferente. Ao dizer que ele era pele e osso, acrescentou: "Ele era um refugiado", sugerindo que sua compleição refletia infortúnio, não aristocracia. Disse também que era um ótimo aluno, e gostava de música — "Eu costumava vê-lo na loja de discos até a hora de fechar" —, mas isso era tudo o que lembrava. "Eu não prestava muita atenção", disse ela. "Ele era ruandês."

Isso era o que importava em Uganda: ele era um estrangeiro. A população de Uganda, como a da maioria dos países africanos, está distribuída entre tantas subpopulações tribais e regionais que não existe um grupo majoritário, apenas minorias mais numerosas ou menos numerosas. Quando Kagame estava crescendo em Uganda, os descendentes de ruandeses constituíam um dos grupos maiores. Acredita-se que a maioria deles tinham ascendência hutu, mas no contexto ugandense os rótulos hutu e tutsi significavam pouco mais que experiências históricas diferentes: quase todos os tutsis eram refugiados políticos, enquanto os hutus eram predominantemente descendentes de habitantes pré-coloniais ou migrantes econômicos. A despeito da crença generalizada de que hutus e tutsis carregam um germe primordial de mútua animosidade homicida, os ruandeses exilados conviviam pacificamente em Uganda, no Quênia, na Tanzânia e — até a política do Poder Hutu ultrapassar fronteiras no início dos anos 1990 — no Zaire. Só no Burundi os refugiados achavam inescapável a política que opunha hutus e tutsis.

"No exílio, víamos uns aos outros como ruandeses", explicou Tito Ruteremara, um dos fundadores e comissários políticos da FPR. "Vivendo fora de Ruanda, você não vê o outro ruandês como hutu ou tutsi, porque você vê todos os outros como estrangeiros e se aproxima dos ruandeses, e também porque, para os ugandenses, um ruandês é um ruandês."

Assim, os refugiados entendiam ser como seus vizinhos os imaginavam, e reconheciam nessa identidade não apenas uma forma de escapar da opressão ou da humilhação, mas também um valor a ser transformado numa causa. Aqui estava "o sentimento de unidade nacional" e "a sensação de formar um único povo", que o historiador Lacger identificara como subjacente à polarização colonial. E, para os fundadores da FPR, os ditadores hutus da Ruanda pós-colonial haviam, em nome do poder da maioria, feito ainda mais que os belgas para subverter aquela ideia de nação. A contrarrevolução que a FPR acabou propondo decorria dessa análise objetiva. Salvar o espírito da "ruandidade" para todos os ruandeses, do mais miserável ao mais próspero, antes que a possibilidade de solidariedade fosse destruída para sempre — essa era a ideia.

Em 1961, Kagame presenciou o incêndio de moradias tutsis por gangues de hutus perto da casa de seus pais na montanha de Nyaratovu, em Gitarama. Ele tinha quatro anos de idade. Viu o carro que seu pai havia alugado para fugir com a família subir a estrada, e viu que os incendiários também o tinham visto. Eles pararam de fazer o que estavam fazendo e começaram a correr em direção à sua casa. O carro chegou lá primeiro, e a família fugiu para o norte, rumo a Uganda. "Nós crescemos lá", ele me contou. "Fizemos amigos. Os ugandenses eram hospitaleiros conosco, mas sempre éramos discriminados. Havia sempre modos de nos fazer lembrar que nunca seríamos aceitos porque éramos estrangeiros."

A naturalização é raramente uma opção na África; só uns poucos refugiados ruandeses chegaram a adquirir cidadania estrangeira, e aqueles que o fizeram frequentemente a obtiveram por meio de suborno ou falsificação. Em Uganda, a discriminação e a hostilidade contra os ruandeses intensificaram-se no final dos anos 1960 e ao longo dos 1970 sob as devastadoras ditaduras de Milton Obote e Idi Amin. Naquela época a ajuda internacional aos refugiados ruandeses havia em grande parte se esgotado. Em contraste com o derramamento de atenções àqueles que fugiram de Ruanda em 1994 após o genocídio, disse Kagame, "por mais de trinta anos nós fomos refugiados, e ninguém falou sobre nós. As pessoas esqueceram. Diziam: 'Vão para o inferno'. Ou diziam: 'Sabemos como vocês, tutsis, são arrogantes'. Mas o que a arrogância tem a ver com isso? É uma questão de direitos das pessoas. Você vai negar que eu pertenço a Ruanda, que eu sou ruandês?".

A linha política dos refugiados no início dos anos 1960 era dominada pelos monarquistas, e trinta anos depois os propagandistas do Poder Hutu gostavam de assinalar que o próprio Kagame era sobrinho da viúva de Mutara Rudahigwa, o *mwami* que havia morrido em 1959 depois de receber uma injeção de um médico belga. Mas, como me contou Tito Ruteremara, da FPR, uns vinte anos mais velho que Kagame: "As pessoas da nossa geração política, cuja consciência foi formada no exílio, como refugiadas, desprezavam os monarquistas — desprezavam toda a velha corrupção étnica colonial, com a hipótese hamítica e tudo o mais". Kagame concordava: ser um tutsi, ou um monarquista, era um problema ancestral, e nenhuma das duas identidades parecia poder trazer muito benefício a seu portador.

Os líderes políticos geralmente adoram falar sobre sua infância, sobre seus anos de formação, felizes ou tristes, cuja lenda pode ser burilada retroativamente de modo a profetizar grandeza. Kagame não. Ele era um homem público intensamente reservado; não tímido — pois expressava seus pensamentos com objetividade incomum —, mas inteiramente sem ostentação. Bem-vestido, casado, pai de dois filhos, dizia-se que gostava de jantares festivos, de dança e de competições de tiro, e que era um frequentador das quadras de tênis do Cercle Sportif de Kigali; seus soldados prestavam-lhe reverência e adoração, tendo posto seu nome em muitos hinos e canções. Ele era certamente o homem mais discutido de Ruanda, mas não se importava, na sua vida pública, em ser encantador ou, em qualquer sentido convencional, carismático. Isto é, ele emitia muito pouco calor, e contudo sua frieza era arrebatadora. Mesmo numa sala lotada, destacava-se como uma figura isolada. Era um tático; sua formação era em inteligência militar, reconhecimento e guerra de guerrilhas; gostava de estudar e antecipar os movimentos dos outros, e de fazer com que seus próprios movimentos provocassem surpresa.

"Tenho pretendido ser original em meu modo de pensar, especialmente no que diz respeito a minha própria situação aqui", ele me contou uma vez, acrescentando: "Não que eu não perceba que há outras pessoas que merecem admiração, mas é que simplesmente não é meu costume admirar ninguém. Mesmo se alguma coisa funcionou, penso que existem muitas outras coisas que poderiam funcionar também. Se existe alguma outra coisa que funcionou, certamente vou pegar um pouco dessa experiência. Mas se puder existir um outro meio de fazer as coisas funcionarem, eu vou gostar de descobri-lo. Se eu puder ter um modo original de pensar, está bom para mim."

Exceto pelo fraseado, soava como o poeta Rilke falando sobre amor e arte, mas Kagame estava falando sobre liderança no governo e na guerra e, mais que tudo — como sempre —, sobre ser ruandês. Ele queria encontrar uma maneira original de ser ruandês, e Ruanda claramente precisava de uma. Entretanto, a originalidade é um empreendimento perigoso, e Ruanda era um lugar perigoso. Kagame disse que queria ser "exemplar", portanto era cuidadoso com relação a seu próprio exemplo, e talvez tenha sido sua busca por uma resposta original para essas circunstâncias verdadeiramente originais que o tenha tornado resistente a deixar que os outros fizessem uma imagem do mundo perdido da sua infância. Havia influências, claro, mas a única sobre a qual ele alguma vez se sentiu inclinado a falar a respeito foi sua amizade com outro rapaz refugiado ruandês chamado Fred Rwigyema.

"Com Fred", Kagame me contou, "havia algo de pessoal dos dois lados. Crescemos juntos quase como irmãos. Éramos tão próximos que as pessoas que não nos conheciam pensavam automaticamente que éramos da mesma família. E mesmo como crianças, na escola primária, discutíamos o futuro dos ruandeses. Éramos refugiados num campo de refugiados numa casa de sapé durante todo aquele período. Fred e eu costumávamos ler histórias sobre como as pessoas lutavam para se libertar. Tínhamos ideias sobre nossos direitos. Isso estava sempre remoendo nossas cabeças, mesmo quando garotos."

Em 1976, quando estavam na escola secundária, Rwigyema largou o estudo para juntar-se aos rebeldes ugandenses, liderados por Yoweri Museveni, que estavam lutando contra Idi Amin a partir de bases na Tanzânia. Kagame só voltou a ver Rwigyema em 1979, quando Amin fugiu para o exílio e Kagame uniu-se a seus amigos na facção Museveni do novo exército de Uganda. Em 1981, quando o antigo ditador Milton Obote tomou de novo o poder em Uganda, Museveni voltou para o mato para lutar um pouco mais. Seu exército consistia de 27 homens, incluindo Rwigyema e Kagame.

À medida que jovens ruandeses exilados em Uganda aderiam às forças rebeldes, Obote passou a desenvolver uma virulenta campanha xenófoba contra a população ruandesa. Aos disparos contra a massa e discursos inflamados seguiu-se, em outubro de 1982, uma campanha de assassinatos, estupros e saques, e quase 50 mil ruandeses foram forçados a deixar o país e voltar para Ruanda. Habyarimana enfiou-os em acampamentos, onde muitos morreram, até serem empurrados de volta a Uganda em 1984. Dois anos depois, quando Museveni tomou o poder, pelo menos 20% de seu exército era de origem ruandesa. Rwigyema chegou perto do topo do alto comando, e Kagame tornou-se diretor da inteligência militar.

Foi contra esse pano de fundo que Habyarimana declarou, em 1986, que não discutiria mais o direito de regresso dos refugiados ruandeses. A FPR foi fundada no ano seguinte como um movimento clandestino empenhado na luta armada contra o regime de Habyarimana. Tito Ruteremara liderava o braço político, e Rwigyema abriu caminho para a união dos oficiais ruandeses do exército ugandense, que se tornaram o núcleo da força militar da FPR. "Nós havíamos sentido o começo da coisa toda, lutando em Uganda", disse Kagame. "Lutar lá era servir a nossa causa, e ia ao encontro de nossa linha de pensamento — estávamos combatendo a injustiça — e além disso era talvez o modo mais seguro de viver em Uganda naquela época, para um ruandês. Mas no fundo de nossos corações e mentes sabíamos que pertencíamos a Ruanda, e que, se eles não quisessem resolver o problema politicamente, a alternativa poderia ser a luta armada."

Perguntei uma vez a Kagame se ele havia chegado a imaginar, àquela altura, que se tornaria o vice-presidente de Ruanda e comandante de seu exército nacional. "Nem passou pela minha imaginação", disse ele. "Não era sequer minha ambição. Meu pensamento estava fixado na ideia de lutar e combater pela reconquista de meus direitos como ruandês. O que viesse a acontecer em consequência disso era outra questão."

Em gerações anteriores, quando os africanos falavam em "libertação" queriam dizer independência diante dos impérios europeus. Para os homens e as mulheres que formaram a FPR, e para pelo menos meia dúzia de outros movimentos rebeldes no continente nos anos 1980 e 1990, "libertação" significava sacudir o jugo das ditaduras dependentes típicas do neocolonialismo da Guerra Fria. Crescendo numa África pretensamente livre e independente, eles viam seus líderes predatórios como imaturos, como motivo de vergonha, em vez de orgulho, indignos e incapazes de servir ao destino de seus povos. A corrupção que infestava uma parte tão grande da África não era apenas uma questão material; a alma estava em jogo. E para essa geração emergente o horror era o fato de que o sofrimento pós-colonial estava sendo infligido a africanos por outros africanos, mesmo quando o Ocidente ou a União Soviética tinham grande parcela de responsabilidade. Museveni, cujo exemplo de rebeldia e de reconstrução de Uganda a partir de uma sangrenta ruína havia estimulado a FPR, disse-me uma vez que o fracasso da África em alcançar uma independência respeitável não podia mais ser atribuído aos estrangeiros: "Ele se devia mais às forças internas, que eram fracas e desorganizadas".

Pelo fato de estar sob intensa pressão interna no final dos anos 1980 para limpar seu exército e seu governo de ruandeses e destituir fazendeiros ruandeses de grande parte de suas terras, Museveni foi frequentemente acusado de organizar pessoalmente a FPR. Mas a deserção em massa dos oficiais e soldados ruandeses de seu exército na época da invasão de outubro de 1990 foi uma surpresa e um constrangimento para o líder ugandense. "Acho que num determinado momento Museveni chegou a nos chamar de traidores", contou-me Kagame. "Ele pensou: 'Esses são amigos que me traíram, e nunca me deixaram saber'. Mas nós não precisávamos da influência de ninguém, e na verdade os ugandenses eram muito desconfiados de nós. Eles nunca sequer reconheceram nossa contribuição, os sacrifícios que havíamos feito. Éramos meros ruandeses e isso acabou sendo muito vantajoso para nós. Deu-nos um empurrão, e ajudou algumas pessoas fracas em Uganda a sentir que tinham resolvido um problema quando partimos."

Mais espantoso ainda que o sigilo da atividade dos ruandeses no interior do exército de Uganda foi a intensa campanha internacional da FPR para mobilizar apoio entre os ruandeses espalhados no exterior. "Era engraçado", disse-me um ugandense em Kampala. "No final dos anos 1980, uma porção desses ruandeses começou a se preocupar com sua linhagem, organizando reuniões de família. Juntavam todo mundo e faziam árvores genealógicas, listando todos os outros ruandeses que eles conheciam: nomes, idades, profissões, endereços e assim por diante. Mais tarde, eu me dei conta de que estavam fazendo um banco de dados de toda a comunidade, e que ia muito além de Uganda — englobando toda a África, a Europa, a América do Norte. Estavam sempre levantando fundos para noivados, casamentos, batizados. É uma coisa normal, mas havia uma pressão para que as contribuições fossem altas, e a gente não conseguia entender para que tanto dinheiro. Por ocasião do casamento de dois figurões, foram arrecadados 50 mil dólares. A gente ficava imaginando as grandes festas que eles deviam estar fazendo com aquele dinheiro todo, mas não: era tudo muito modesto. Bem, nós não percebíamos isso na época."

Desde o começo, a liderança da FPR compôs-se tanto de hutus como de tutsis, incluindo desertores dos círculos íntimos de Habyarimana, mas seu núcleo militar sempre foi esmagadoramente tutsi. "Claro", disse Tito Ruteremara. "Os tutsis eram os refugiados. Mas a luta era contra a política em Ruanda, não contra os hutus. Deixávamos isso claro. Dizíamos às pessoas a verdade — sobre o ditador, sobre nossa política de libertação e unidade com debate —, e com isso nos fortalecemos. Dentro de Ruanda, eles estavam recrutando combatentes pela força e coerção. Conosco, todo mundo era voluntário. Mesmo as mulheres idosas, que iam trabalhar na lavoura para levantar algum dinheiro. Mesmo um homem doente que só tinha condições de nos oferecer uma pequena prece — tudo isso ajudava."

O ugandense que havia observado com perplexidade o modo como os ruandeses traçavam árvores genealógicas e arrecadavam dinheiro tinha uma amiga casada com um ruandês. "Na manhã de 1º de outubro de 1990, o marido dessa mulher lhe disse: 'Este será um dia muito importante na história'. Não disse nada mais, apenas 'Pode escrever o que estou dizendo'. Ela e o marido eram muito próximos, mas ela só foi entender o que ele estava dizendo quando ouviu à noite, no rádio, que Fred Rwigyema havia penetrado em Ruanda à frente de seu povo."

Museveni reagiu à invasão de Ruanda pela FPR mandando o exército ugandense fechar a fronteira e bloquear a deserção em massa de ruandeses, que estavam roubando cada peça de equipamento que podiam agarrar. Além disso, entrou em contato com Habyarimana para propor negociações urgentes. "Tentamos alcançar a paz", contou-me Museveni. "Mas Habyarimana não mostrou interesse. Ele estava ocupado mobilizando a Bélgica, mobilizando a França. Em seguida começou a me acusar de ter começado tudo. Então deixamos que a coisa seguisse seu próprio curso." Tito Ruteremara riu quando relembrou aqueles primeiros dias da guerra. "Habyarimana era um homem muito estúpido", disse. "Ao culpar Museveni, ele nos salvou. A partir dali, em vez de impedir-nos de passar para o lado de Ruanda, Museveni fechou a fronteira no sentido oposto — de modo que não podíamos voltar para Uganda. Assim, Habyarimana na verdade nos forçou a continuar lutando com ele, mesmo se pudéssemos sentir que estávamos perdendo."

* * *

Kagame acompanhou as primeiras notícias da invasão da FPR de Fort Leavenworth, no Kansas, onde estava matriculado como ugandense num curso de treinamento de oficiais. No segundo dia da guerra, Fred Rwigyema foi morto. Correu a história de que ele havia sido assassinado por dois de seus oficiais, que foram, por sua vez, submetidos à corte marcial e executados. Mais tarde, a FPR passou a dizer que Rwigyema havia sido morto por balas inimigas, e que os dois oficiais morreram numa emboscada. O que quer que tenha acontecido, menos de dez dias depois da morte de Rwigyema, Kagame deixou seu curso no Kansas e voou de volta para a África, onde desertou de seu posto no exército ugandense e substituiu o amigo assassinado como comandante de campo da FPR. Faltavam poucos dias para ele completar 33 anos.

Uma vez perguntei a ele se gostava de combater. "Oh, sim", respondeu, "eu estava muito irritado. Estava com muita raiva. E vou lutar de novo se tiver motivo. Não tenho nenhum problema quanto a isso." Ele certamente era bom naquilo. Os militares consideram uma obra de puro gênio o exército que formou a partir dos restos do grupo original de Rwigyema, assim como a campanha que comandou em 1994. O fato de ter obtido sucesso com um arsenal composto meramente de morteiros, granadas-foguetes e, principalmente, Kalashnikovs de segunda mão — que um especialista norte-americano em armas qualificou de "monte de merda" — só fez aumentar sua lenda.

"O problema não é o equipamento", disse-me Kagame. "O problema sempre é o homem que está por trás dele. Será que ele entende por que está lutando?" Nessa visão, combatentes determinados e disciplinados, motivados por ideias coerentes de avanço político, sempre podem sobrepujar os soldados de um regime corrupto que não tem nada a defender a não ser seu próprio poder. A FPR tratava o exército como uma espécie de universidade de campo. Ao longo da guerra, os oficiais e suas tropas eram mantidos afiados não apenas pelos exercícios marciais, mas também por um programa contínuo de seminários políticos; os indivíduos eram encorajados a pensar e falar por conta própria, a discutir e debater a linha do partido, mesmo que ao mesmo tempo fossem instruídos a servi-la. "Tentamos encorajar a responsabilidade coletiva", explicou Kagame. "Em todos os meus lugares de atuação, na FPR, no governo, no exército, minha responsabilidade primordial é ajudar a desenvolver pessoas que possam assumir todo tipo de responsabilidade."

Ao lado da disciplina política, a FPR conquistou reputação pela rígida disciplina física durante seus anos como força de guerrilha. Em grande parte da África, um uniforme de soldado e uma arma foram vistos por muito tempo — e ainda são — como pouco mais que uma licença para cair no banditismo. Durante os quatro anos de combates em Ruanda, o casamento e até mesmo o namoro estavam proibidos aos quadros da FPR; o roubo era punido com o açoite, e os oficiais e soldados condenados por crimes como assassinato e estupro estavam sujeitos à execução. "Não vejo o que há de bom em manter vivo alguém que fez tanto mal aos outros", disse-me o general Kagame. "E as pessoas respeitavam isso. Isso trazia sanidade e disciplina. Você não pode conceder a pessoas armadas a liberdade de fazer o que quiser. Se elas estão equipadas para usar a força, devem usá-la racionalmente. Se lhes derem a oportunidade de usá-la irracionalmente, elas podem se tornar um grande perigo para a sociedade. Não há dúvida sobre isso. Seu objetivo é proteger a sociedade."

No final da guerra, em julho de 1994, até mesmo muitos agentes humanitários internacionais olhavam a FPR com reverência e falavam com muita convicção sobre a retidão de sua causa e de sua conduta. Seria difícil dizer que a FPR foi à guerra por motivos humanitários, mas ela foi efetivamente a única força militar no mundo a responder às exigências da Convenção do Genocídio de 1948. Que elementos da FPR tenham perpetrado matanças em represália contra supostos *génocidaires*, e cometido atrocidades contra civis hutus, isso não se discute; em 1994, a Anistia Internacional relatou que entre abril e agosto "centenas — talvez milhares — de civis desarmados e adversários capturados e desarmados" haviam sido mortos por tropas da FPR. Mas o que impressionou mais vivamente os observadores nos dias finais do genocídio foi o comedimento geral desse exército rebelde, mesmo quando seus soldados estavam encontrando suas antigas aldeias, e suas próprias famílias, aniquiladas.

"Aqueles caras da FPR tinham uma impressionante clareza de propósitos", disse-me James Orbinski, o médico canadense que trabalhou em Kigali durante o genocídio. "Eles tinham ideias de certo e errado que eram obviamente flexíveis — quero dizer, eles *eram* um exército —, mas basicamente suas ideias e ações estavam muito mais certas do que erradas. Os exércitos sempre têm um estilo. Esses caras — eles estavam sempre de uniforme passado, bem barbeados, com as botas brilhando. A gente os via andando no território deles, dois sujeitos de mãos dadas, sóbrios, orgulhosos de estar ali. Guerreavam como o diabo. Mas quando entravam num lugar, você não via as pilhagens habituais na África. Lembro que quando Kigali caiu um sujeito roubou um rádio de uma casa e foi imediatamente trazido para fora e fuzilado."

Um homem de negócios hutu contou-me uma história diferente: "Eles eram muito organizados, muito firmes *e* pilhavam feito loucos. É verdade que não era cada um por si. Em geral era algo feito ordenadamente, com uma estrutura de comando. Mas aquilo que eles necessitavam, ou queriam, eles tomavam, de cabo a rabo. Vieram até a minha loja com caminhões e a limparam. Não gostei nada daquilo, mas na época me contentei em ficar quieto. Considerei mais ou menos uma taxa pela libertação — na época".

Heróis, salvadores, arautos de uma nova ordem. Os homens — e rapazes (muitos deles não estavam bem barbeados, pois simplesmente eram novos demais para se barbear) — de Kagame eram tudo isso naquele momento. Mas seu triunfo permanecia obscurecido pelo genocídio, e sua vitória estava longe de ser completa. O inimigo não havia sido vencido; havia simplesmente batido em retirada. Aonde quer que se fosse, em Ruanda ou nos campos de fronteira, para líderes da FPR e para líderes do Poder Hutu, para trabalhadores humanitários e para diplomatas estrangeiros, nas montanhas, nos cafés, mesmo no interior das prisões superlotadas de Ruanda, ouvia-se que haveria outra guerra, e logo. Essa conversa havia começado imediatamente depois da última guerra, e eu a ouvia quase todo dia em cada uma das minhas visitas.

Era estranho ficar esperando por uma guerra, coisa que eu me sentia fazendo junto com todo mundo durante a maior parte do tempo que passei em Ruanda. Quanto mais certeza a gente tinha de que ela estava se aproximando, mais tinha medo e mais desejava que viesse e se resolvesse logo. Começou a ser quase como um compromisso marcado. O único meio de evitar a guerra era uma força internacional séria e pronta para a batalha dominar e desarmar o exército fugitivo do Poder Hutu e as milícias nos campos de fronteira das Nações Unidas, e isso nunca iria acontecer; em vez disso, nós os estávamos protegendo. Então a gente esperava, e ficava se perguntando como seria a guerra, e com o tempo me ocorreu que essa expectativa angustiante fazia parte dela: se a próxima guerra era inevitável, a última guerra não chegou a terminar.

Nesse clima de emergência e suspense, nem de guerra nem de paz, a FPR pôs-se em ação para lançar as bases de um novo Estado ruandês, e para criar uma nova narrativa nacional que pudesse simultaneamente confrontar o genocídio e oferecer um meio de seguir em frente a partir dele. A Ruanda que a FPR havia lutado para criar — com todos os ruandeses vivendo pacificamente dentro do país pela primeira vez desde a independência — era um sonho radical. Agora, a existência de um Estado virtual do Poder Hutu nos campos de fronteira obrigava esse sonho a ser adiado, e, mesmo antes de Kibeho, Kagame começou a dizer que se a comunidade internacional não separasse os *génocidaires* no Zaire do restante da população dos campos, e não mandasse as massas de volta para casa, ele estaria preparado para fazer isso em seu lugar. "Queremos as pessoas de volta", ele me contou, "porque é um direito delas e é nossa responsabilidade trazê-las de volta, quer elas nos apoiem ou não."

Enquanto isso, todo o discurso de reconciliação e unidade nacional chocava-se com o fato de que a próxima guerra seria uma guerra *sobre* o genocídio. Pois enquanto a FPR e o novo governo exigiam que o genocídio fosse reconhecido como, nas palavras de Kagame, "o evento definidor na história de Ruanda", o Poder Hutu ainda procurava fazer de seu crime um sucesso ao torná-lo indistinguível do *continuum* da história ruandesa.

Kagame contou-me uma vez que depois de assinar os Acordos de Arusha, no verão de 1993, ele havia falado sobre afastar-se da luta — "ir para a escola, ou algum outro lugar, e simplesmente dar um tempo". Mas, disse, "depois de umas poucas semanas tornou-se um problema político. Algumas pessoas vieram de Kigali e disseram: 'Sabe, todo mundo está preocupado. Eles acham que quando você falou em sair, estava planejando alguma coisa'". Kagame riu, uma risada alta e entrecortada. "Eu disse: 'Olhe, vocês são mesmo injustos. Quando eu estou dentro, sou um problema. Quando digo que estou saindo, sou um problema. Se eu quisesse ser um problema, seria de fato um problema. Não preciso sair por aí chorando, entende?'" Claro que a paz não durou o suficiente para Kagame relaxar. "Meu ofício era lutar", disse ele. "Eu lutei. A guerra acabou. Eu disse: 'Vamos dividir o poder'. E era sincero. Se não fosse, eu teria tomado conta de tudo."

Irritava a Kagame e a seus colegas da FPR que o novo governo de Ruanda fosse rotineiramente descrito na imprensa internacional como *seu* governo, e rotulado de "dominado pelos tutsis" ou, mais exatamente, "dominado pela minoria". Toda atividade político-partidária estava temporariamente suspensa, mas, no espírito dos Acordos de Arusha, o governo incluía muitos membros dos antigos partidos de oposição Antipoder Hutu em postos de chefia. Mais que isso: dezesseis dos 22 ministros, incluindo o primeiro-ministro e os ministros da Justiça e do Interior, eram hutus, enquanto o exército, cujo contingente dobrou rapidamente, chegando a pelo menos 40 mil homens, incluía vários milhares de ex-oficiais e soldados do antigo exército de Habyarimana e de sua *gendarmerie*. Como me disse o presidente Pasteur Bizimungu, que era hutu, falar de domínio tutsi era ecoar "os slogans ou o modo de ver as coisas dos extremistas", quando, pela primeira vez nos cem anos que se seguiram à colonização, "existem neste país autoridades, hutus e tutsis, que estão colocando em prática um programa de ação que permita às pessoas compartilhar os mesmos direitos e obrigações fundamentais, independentemente de sua origem étnica — e os extremistas não ficam contentes com isso".

Kagame, para quem o cargo de vice-presidente foi especialmente inventado, não negava que a FPR formava a espinha dorsal do regime, e que como seu principal estrategista político e militar ele era a figura política mais poderosa do país. "Quem controla o exército controla tudo", os ruandeses gostavam de dizer, e depois da destruição total da infraestrutura nacional durante o genocídio isso parecia ser mais verdadeiro do que nunca. Mas Kagame impôs controles institucionais de seu próprio poder — quem mais poderia fazê-lo? —, e, quando disse que poderia remover esses controles, estava apenas manifestando o óbvio. Ele podia até estar exagerando o caso, uma vez que nunca esteve claro, depois do genocídio, que tinha controle total do exército, mas estava tentando dizer que escolhera não ser um líder absoluto num país que nunca havia experimentado outro tipo de governo. E ele me disse: "Nunca tive a ilusão de que essa tarefa política seria simples".

Um dos primeiros atos do novo governo foi abolir o sistema de cédulas de identidade étnica, que haviam servido como tíquetes de morte para os tutsis durante o genocídio. Mas, mesmo sem as cédulas de identidade, todo mundo parecia saber quem eram seus vizinhos. Como consequência do genocídio, as categorias étnicas haviam se tornado mais carregadas de significado do que nunca. Ruanda não tinha polícia nem tribunais em funcionamento; a grande maioria de seus profissionais da lei foram mortos ou se tornaram eles mesmos assassinos, e enquanto os suspeitos de ser *génocidaires* eram presos aos milhares, muitos ruandeses preferiam fazer justiça por conta própria, sem esperar que o Estado a fizesse.

Portanto, houve assassinatos; ninguém sabe quantos, mas ouviam-se histórias de novas mortes de poucos em poucos dias. Como regra geral, as vítimas eram hutus, e os assassinos não eram identificados. O EPR alegava ter posto na cadeia centenas de soldados indisciplinados, mas o sigilo militar tendia a obscurecer esses assuntos. E foi um caso delicado quando dois soldados foram condenados à morte por um tribunal do EPR, sob a acusação de assassinatos por vingança, quando ninguém ainda fora levado a julgamento por crimes cometidos durante o genocídio. Entretanto, de seus postos no exílio, líderes do Poder Hutu reagiram às notícias de assassinatos por vingança em Ruanda com expressões de indignação que frequentemente soavam mais como alegre entusiasmo — como se com cada hutu assassinado seus próprios crimes fossem amortizados. Hassan Ngeze havia escapado de um campo para Nairóbi e estava publicando o *Kangura* de novo. Ele e inúmeros outros panfletários "refugiados" puseram em marcha uma incansável campanha, dirigida principalmente a diplomatas, jornalistas e entidades de ajuda do Ocidente, proclamando mais alto que nunca que o EPR era o verdadeiro agressor genocida de Ruanda.

"Esse bando fez um genocídio, então eles saem dizendo hutu-tutsi, hutu-tutsi, e tudo passa a ser genocídio para eles", escarneceu Kagame, acrescentando: "Johannesburgo sozinha tem mais crime que o país inteiro de Ruanda. Nairóbi tem mais. Reconheço que temos problemas. Reconheço que as coisas estão feias. Mas digo que é preciso distinguir. Se considerarmos tudo a mesma coisa, estaremos cometendo um erro".

Não escapava aos novos líderes de Ruanda o paradoxo de que o genocídio havia lhes trazido mais poder e, ao mesmo tempo, envenenado suas perspectivas de usá-lo da maneira que prometeram. "Fomos obrigados a assumir uma situação totalmente nova e diferente — algo que não havíamos antecipado", disse Kagame. "A mudança foi tão abrupta, e a magnitude dos problemas que surgiram era tão imensa, que juntar as pessoas para fazer do país um todo tornou-se muito difícil. Você descobre de repente que, no exército, cerca de um terço das pessoas, talvez um pouco mais, perdeu sua família. Ao mesmo tempo, as pessoas responsáveis não estão sendo efetivamente levadas à justiça. Imagino que isso acabe minando a dedicação e a disciplina inicial de cada um. Isso é natural, absolutamente natural, e tem suas consequências."

Um estudo da Unicef postulou mais tarde que, de cada seis crianças que haviam estado em Ruanda durante a matança, pelo menos cinco haviam presenciado derramamento de sangue, e podemos supor que os adultos não estavam mais protegidos que elas. Se imaginarmos o que a totalidade de tal devastação significa para uma sociedade, fica claro que o crime do Poder Hutu foi muito maior que o assassinato de quase 1 milhão de pessoas. Ninguém em Ruanda escapou de danos físicos ou psíquicos diretos. O terror foi concebido para ser total e duradouro, um legado que deixasse por muito tempo os ruandeses girando desorientados no redemoinho de suas memórias, e nisso foi bem-sucedido.

Eu me sentia tentado, de tempos em tempos, a pensar em Ruanda depois do genocídio como um país impossível. Kagame nunca parecia se permitir o luxo de uma noção assim inútil. "As pessoas não são inerentemente más", ele me disse. "Mas elas podem ser tornadas más. E podem aprender a ser boas."

Ele sempre soava tranquilizadoramente lúcido, mesmo quando descrevia, com crueza característica, os infinitos desalentos e a contínua aflição que com certeza o esperavam. Falava de todas as dores de seu pequeno e mutilado país como um conjunto de problemas a serem resolvidos, e parecia enfrentar de bom grado o desafio. Era um homem de rara envergadura — um homem de ação com uma aguda inteligência humana e política. Parecia impossível descobrir, na história que estava ajudando a construir e dentro da qual havia nascido, algum ângulo que ainda não houvesse examinado. E onde outros viam fracasso, ele via oportunidade. Era, afinal das contas, um revolucionário; por mais de quinze anos, sua vida havia consistido em derrubar ditadores e estabelecer novos Estados sob as mais duras circunstâncias.

Pelo fato de não ser um ideólogo, Kagame foi frequentemente chamado de pragmático. Mas isso sugere uma indiferença aos princípios e, com a obstinação inflexível de um soldado, ele procurava fazer da atitude racional um princípio. A razão pode ser impiedosa, e Kagame, que havia emergido em uma época impiedosa, estava convencido de que com a razão poderia consertar tudo o que estava torto em Ruanda, de que o país e seu povo poderiam verdadeiramente ser transformados — tornados sãos, e por isso melhores —, e estava determinado a provar isso. O processo podia ser feio; contra aqueles que preferiam a violência à razão, Kagame estava pronto para lutar, e, ao contrário da maioria dos políticos, quando falava ou agia, desejava ser compreendido, não amado. Então, ele se fazia claro, e podia ser notavelmente convincente.

Nós sempre nos encontrávamos no seu gabinete no Ministério da Defesa, uma sala ampla com cortinas translúcidas cobrindo as janelas. Ele acomodava sua figura magra como uma antena numa grande poltrona de couro preto, eu sentava num sofá a seu lado, e ele respondia minhas perguntas por duas ou três horas seguidas com uma concentração feroz. E tudo o que dizia era importante, pois Kagame era o que se pode chamar de alguém influente. Ele fazia as coisas acontecerem.

Várias vezes, quando estava sentado a seu lado, lembrei-me de outro célebre combatente civil alto e magro, Abraham Lincoln, que disse certa vez: "Supor que os homens de ambição e talento não continuarão a se destacar no meio de nós é negar o que a história do mundo nos ensina como verdade. E, quando eles aparecerem, buscarão saciar sua paixão pelo mando tão naturalmente quanto outros o fizeram antes deles […] seja por meio da emancipação de escravos, seja pela escravização de homens livres". Kagame havia se provado totalmente eficaz em conseguir o que queria, e se Kagame de fato queria encontrar uma resposta original para suas circunstâncias originais, o único caminho aberto para ele era o da emancipação. Esse certamente era o modo como apresentava a questão, e eu não duvidava de que fosse isso o que ele queria. Mas sempre chegava a hora em que eu tinha de deixar seu gabinete. Kagame levantava, trocávamos um aperto de mão, um soldado com a arma a tiracolo abria a porta, e então eu saía de novo para Ruanda.

15

Bonaventure Nyibizi e sua família foram transferidos da igreja da Sagrada Família para a zona da FPR em meados de junho de 1994. Olhando em volta a partir do comboio, ele viu Kigali como um cemitério: "Só sangue e..." — fez um som de pneu murchando — "pfffhhh-h-hh".

Nos campos de recolhimento de sobreviventes mantidos pela FPR, Bonaventure procurou notícias sobre parentes e amigos. Não precisou de muito tempo para concluir que "era irrealista ter esperança de que alguém tivesse sobrevivido". Uma irmã sua foi encontrada viva, mas três dos cinco filhos dela haviam sido mortos, assim como a mãe de Bonaventure e todo mundo que vivia com ela. A maior parte da família e dos amigos de sua mulher também foram liquidados. "Às vezes", disse ele, "você encontrava alguém a quem havia julgado morto, e percebia que de algum modo alguns conseguiram continuar vivos." Mas a euforia de tais encontros, que pontuaram a tristeza dos sobreviventes durante meses após o genocídio, era temperada pelo registro constante das perdas. "Em geral", disse Bonaventure, "a gente não queria nem ter esperança."

Por volta de 20 de julho, Bonaventure voltou para casa, e mergulhou no desespero. "Kigali era difícil de acreditar", ele me contou. "O lugar cheirava a morte. Havia muito pouca gente que você conhecia de antes, e faltava água e energia elétrica, mas o problema, para a maioria das pessoas, era que suas casas haviam sido destruídas. A maior parte da minha casa estava destruída. As pessoas encontravam seus móveis e pertences nas casas de vizinhos que tinham fugido, ou então tomavam eles próprios as coisas dos vizinhos. Eu não estava realmente interessado em fazer nada."

Bonaventure acreditava que a sobrevivência não fazia sentido até que se encontrasse "uma razão para sobreviver, uma razão para olhar para o amanhã". Essa era uma visão generalizada em Ruanda, onde a depressão era epidêmica. O assim chamado instinto de sobrevivência é frequentemente descrito como uma necessidade animal de autopreservação. Mas, uma vez que a aniquilação física é afastada, a alma ainda requer preservação, e uma alma ferida se torna a fonte de sua própria aflição; ela não pode cuidar de si mesma diretamente. Assim, a sobrevivência pode parecer uma maldição, pois uma das necessidades dominantes de uma alma carente é a de que necessitem dela. À medida que fui conhecendo sobreviventes, percebi que, quando se trata de preservação da alma, a necessidade de cuidar dos outros é frequentemente maior que a de cuidar de si próprio. Através de todo o fantasmagórico interior do país, os sobreviventes procuravam-se uns aos outros, formando famílias substitutas e aglomerando-se em barracas abandonadas, galpões de escolas e lojas incendiadas, ansiando por segurança e conforto em lares improvisados. Estabeleceu-se nas ruínas um mundo de sombras dos gravemente traumatizados e dolorosamente despossuídos. A extensão da orfandade era especialmente chocante: dois anos depois do genocídio, mas de 100 mil crianças cuidavam umas das outras em lares que não contavam com nenhuma presença adulta.

Bonaventure ainda tinha sua mulher e seus filhos, e começou a adotar outras crianças. Recuperou seu carro e o que restava de sua casa, e estava recebendo pagamento atrasado de seus empregadores estrangeiros. Mas mesmo ele precisava de mais razões para viver — um futuro, como dizia. Um dia, em agosto, ficou sabendo que a Usaid estava mandando alguém para restabelecer sua missão em Kigali. Bonaventure foi buscar o homem no aeroporto e voltou a trabalhar com empenho. "Catorze horas por dia", ele me contou. "Eu ficava muito cansado, mas isso ajudou muito." Bonaventure morria de medo do ócio e da desocupação, que associava a sua recente vitimação. "Na maioria dos casos", disse ele, "com uma pessoa que perdeu seus parentes e amigos, quando você vai ver o que ela está fazendo, de fato não está fazendo nada. Então não existe esperança para ela. Manter-se ocupado é muito, muito importante."

Tudo precisava ser feito — e imediatamente. Bonaventure não conseguia imaginar como Ruanda pudesse ser reconstruída como algo que se assemelhasse à ordem produtiva, e os especialistas internacionais em desastres que começaram a proliferar em missões de avaliação econômica disseram unanimemente que nunca viram um país tão arrasado. Quando o novo governo foi empossado, não havia sobrado um único dólar ou franco ruandês no tesouro; nenhuma almofada de carimbo, nenhum grampo, muito menos um grampeador, na maioria dos órgãos públicos. Onde ainda havia portas, ninguém tinha a chave do cadeado; se um carro fora deixado para trás, era provável que não funcionasse. Se você fosse ao banheiro, era provável que ele estivesse entupido de cadáveres, e o mesmo valia para os poços. Quanto às linhas de água, luz e telefone, era melhor esquecê-las. Ao longo de todo o dia em Kigali havia explosões, porque alguém tinha pisado numa mina ou tropeçado numa bomba que não havia sido detonada. Os hospitais estavam em ruínas, e a demanda por seus serviços era esmagadora. Muitas das igrejas, escolas e outras dependências públicas que não haviam servido como matadouros tinham sido saqueadas, e a maioria das pessoas que haviam estado no seu comando ou estavam mortas ou tinham fugido. As colheitas anuais de chá e café se perderam, e vândalos inutilizaram todas as fábricas de chá e cerca de 70% das máquinas de beneficiamento de café.

Levando em conta as circunstâncias, podia-se supor que o sonho da volta ao lar houvesse perdido boa parte de seu encanto para os tutsis da diáspora ruandesa; que as pessoas que haviam se instalado em casas seguras no exterior, recebendo as notícias da matança por atacado de seus pais e irmãos, primos e cunhados, devessem considerar a perspectiva de continuar no exílio e ter uma morte natural. Podia-se supor que o simples desejo de não enlouquecer inspirasse tais pessoas a renunciar para sempre a qualquer esperança de voltar a chamar Ruanda de "lar". Em vez disso, os exilados começaram a correr de volta a Ruanda antes mesmo que o sangue tivesse secado. Dezenas de milhares voltaram imediatamente, seguindo os passos da FPR, e centenas de milhares logo os seguiram. Os tutsis que voltavam e os hutus que fugiam cruzavam uns com os outros nas fronteiras.

Os ruandeses em regresso vinham de toda a África e de ainda mais longe — de Zurique e Bruxelas, Milão, Toronto, Los Angeles e La Paz. Nove meses depois que a FPR libertou Kigali, mais de 750 mil ex-exilados tutsis (e quase 1 milhão de vacas) estavam de volta a Ruanda — uma substituição dos mortos na razão de quase um para um. Quando Bonaventure observou que encontrara poucos rostos familiares ao regressar a Kigali, estava falando não apenas dos que estavam faltando, mas de todas as pessoas que nunca havia visto ali antes. Quando os ruandeses me perguntavam há quanto tempo eu estava em Ruanda, eu geralmente perguntava o mesmo a eles, e depois de ter passado uns poucos meses no país não era raro descobrir que eu estava lá havia mais tempo que o ruandês com quem eu falava. Quando perguntava às pessoas por que tinham vindo, no mais das vezes eu obtinha respostas fortuitas — para dar uma olhada, para ver quem estava vivo, para ver o que podiam fazer para ajudar — e geralmente ouvia: "É bom estar em casa".

Mais uma vez, a pequena e estranha Ruanda dava ao mundo um fenômeno épico historicamente sem precedentes. Mesmo os líderes da FPR, que trabalharam a rede de refugiados da diáspora durante anos — levantando fundos, despertando consciências e recrutando gente —, estavam espantados com a escala dessa volta. O que levava essas pessoas, muitas das quais nunca haviam pisado em Ruanda, a abandonar vidas relativamente estabelecidas e seguras para instalar-se num cemitério? O legado da exclusão, as pressões do exílio, a lembrança de (ou ânsia por) uma pátria, tudo isso teve um papel. E também a determinação generalizada de desafiar o genocídio, de levantar-se e constituir uma população que supostamente deveria ter sido aniquilada. E, para muitos, o sentido de estar em casa se misturava com uma motivação de pura vantagem pessoal.

Atraídos pelas casas vazias, livres para serem tomadas, e por uma demanda de produtos e serviços muito maior que a oferta, os repatriados trouxeram para o país enormes carregamentos de tecidos, ferramentas, remédios, mantimentos e tudo o mais. Quem viesse com um carro podia reivindicar um lugar imediato no transporte público; quem tivesse um caminhão podia se tornar um empresário de fretes; quem dispusesse de alguns milhares de dólares podia ocupar um nicho de comércio, e com 100 mil era possível tornar-se um industrial. Havia histórias de pessoas que faziam uma vaquinha, alugavam um carro, enchiam-no de cigarros, balas, cerveja, gasolina ou pilhas, rodavam até Ruanda, vendiam a mercadoria com um lucro de 200% ou 300%, e então repetiam a operação dez ou quinze vezes, ficando ricas no curso de poucas semanas.

Você e eu poderíamos ter obtido o mesmo sucesso se tivéssemos dirigido nossa energia mental para isso, e alguns aventureiros estrangeiros de fato se deram bem com a desgraça ruandesa. Mas, se o lucro rápido fosse o único objetivo, profissionais ruandeses em plena carreira, vivendo no exílio com filhos cujas cabeças nunca correram perigo de ser cortadas por um vizinho, não teriam nenhuma necessidade de levar suas famílias inteiras para dentro do país. A motivação do lucro só explica de que modo a volta era uma opção viável e como, no curso de uns poucos meses, micro-ônibus e táxis circulavam de novo pelas ruas principais de Kigali, as lojas estavam abertas e movimentadas, os serviços públicos praticamente reativados, e novas cédulas de dinheiro haviam sido emitidas, invalidando as antigas, levadas para o exterior pelos *génocidaires* em fuga. O franco ruandês havia sofrido uma desvalorização de pelo menos 250% ao longo do ano de 1994, mas, com o dinheiro afluindo pelas fronteiras, uma casa noturna só tinha de ligar o gerador e aumentar o volume da música para manter lotada a pista de dança. O velho adágio de que é muito mais fácil destruir do que criar continuava válido, mas a rapidez com que a infraestrutura ruandesa foi restaurada e reativada foi quase tão desconcertante quanto a rapidez com que ela fora arrasada.

Era impossível não se comover com o regresso em massa dos "de 59", e era igualmente impossível não ficar intrigado com ele. Em 1996, mais de 70% das pessoas em Kigali e Butare, e em algumas áreas rurais na parte leste de Ruanda, eram recém-chegadas. Pessoas que nunca haviam deixado o país — tutsis e hutus — sentiam-se frequentemente deslocadas em suas próprias casas. Suas queixas vinham sempre acompanhadas da ressalva: "Não cite meu nome". Esse pedido para permanecer anônimo pode ter muitos significados. Ele sugere uma atmosfera de intriga e medo, e um desejo de falar com franqueza em circunstâncias em que a verdade é perigosa. Mas pode também pôr entre parênteses momentos confidenciais numa conversa mais longa, momentos em que o entrevistado parece duvidar do que está dizendo, seja por estar se tornando demasiado pessoal, até banal, seja por estar exagerando desbragadamente, talvez simplesmente mentindo, para defender um argumento que ele sabe que não poderá sustentar até o fim. O ouvinte dessas confidências deve tentar discernir a intenção por trás do pedido. Com os ruandeses, que haviam aprendido com a experiência a não subestimar nenhum medo, isso podia ser muito difícil. Eu estava especialmente precavido contra observações anônimas que atribuíam esta ou aquela qualidade a todo um grupo de pessoas, incluindo o do próprio entrevistado. Assim, quando alguém que vinha falando abertamente pedia de repente para não ter seu nome divulgado e em seguida dizia coisas terríveis sobre os tutsis "de 59", como se todo aquele contingente fosse uma pessoa só, eu ficava cético. Mas ouvi as mesmas histórias e atitudes centenas de vezes.

Um sobrevivente tutsi disse: "Eles vêm aqui, olham para a gente e dizem: 'Como vocês sobreviveram? Colaboraram com a *interahamwe*?'. Acham que fomos loucos de ter ficado no país — e talvez tenhamos sido mesmo — e por isso nos desprezam. Eles não querem ter de lembrar. Isso nos choca até a medula".

Um hutu anti-habyarimana disse: "Os tutsis estavam em apuros nos massacres do ano passado, e o exército agora é dominado pelos tutsis. Então, achamos que iriam cuidar dos sobreviventes, que essa seria a primeira tarefa do novo governo. Mas só os que voltaram do exterior estão obtendo moradias. E além disso, se essas pessoas de fora têm um problema com um hutu, elas o acusam de ter cometido o genocídio que não estavam nem aqui para ver".

Um tutsi disse: "Nós, sobreviventes, temos muita dificuldade em nos integrar na sociedade atual e — odeio dizer isso — no governo também. Eles trouxeram de fora o seu estilo próprio, e também não confiam muito em nós. Quando chegaram, tomaram o país como numa conquista. Acharam que era deles, e que tinham de tomar conta. Disseram a nós, tutsis, que estávamos aqui: 'Os inteligentes morreram e aqueles que sobreviveram estão traumatizados'. Os jovens combatentes da FPR trouxeram seus pais do exterior e, cansados da austeridade da luta, tomaram casas e bens para suas famílias. Não gostavam que os sobreviventes atrapalhassem. Eles diziam: 'Se mataram todo mundo e você sobreviveu, talvez você tenha colaborado'. Para uma mulher que fora estuprada vinte vezes por dia, dia após dia, e agora tinha um bebê por causa disso, eles diziam uma coisa dessas. Para um tutsi que se casara com uma hutu ou uma criança tornada órfã eles diziam uma coisa dessas. Dá para imaginar? Para nós, foi muito duro no começo descobrir que todo mundo havia morrido, que não conhecíamos mais ninguém. Não nos ocorreu a ideia de tomar posse das melhores casas, e agora somos nós que estamos nos encarregando da maioria dos órfãos".

Um hutu disse: "Eles não conhecem o país. Confiam apenas em si mesmos. Não estavam aqui, e não são capazes de entender. Parte da influência é boa. Precisávamos de mudanças, de ideias novas. Mas há muitos extremistas no meio deles. E muitos hutus que estiveram em apuros durante as matanças do ano passado estão de novo em apuros sob este regime. Pessoas que eram rotuladas de seguidoras da FPR agora são acusadas de *génocidaires*. Algumas estão na prisão. Algumas foram mortas. É o exército que controla o governo, e dentro do exército não existe controle suficiente. Para falar a verdade, se eu suportasse viver numa tenda plástica num acampamento com *génocidaires*, eu me tornaria um refugiado".

Um tutsi disse: "Nossas mulheres costumavam fazer vaquinhas para mandar Tampax às mulheres que estavam com a FPR nas montanhas, e agora, quando estamos com nossos velhos amigos hutus, gente com quem sempre tivemos grande intimidade, aquelas pessoas olham para nós como se perguntassem: 'Por que vocês estão sempre com esses hutus?'. E pensamos conosco: 'Vivemos junto com hutus nossa vida inteira, e falamos quase a mesma língua, e vimos nossas famílias serem mortas por hutus, mas vocês são mais racistas do que nós'. É um inimigo no subconsciente deles. A ideia de coabitação deles é muito teórica. Para os hutus, hoje em dia, é como era para nós antes da FPR chegar. Mesmo que você viva pacatamente, não pode falar muita coisa, não pode criticar um político, tem de viver com medo. Claro que todos os hutus têm agora alguém nos campos ou na prisão, e você não abandona seu irmão mesmo que ele tenha matado gente. Então, é um problema sério, saber em quem confiar. Mas os que regressaram não querem nem discutir isso".

Mesmo entre estes havia muita reclamação contra outros repatriados. Eles haviam imaginado que eram as únicas pessoas empreendendo uma volta ao lar, e acabaram descobrindo que estavam no meio de todo tipo de gente, vinda de todo tipo de lugar. Os que haviam passado as últimas três décadas em Uganda sendo chamados de ruandeses eram, na verdade, profundamente ugandenses, e as pessoas chamadas de ruandesas que haviam vivido no Burundi pareciam estrangeiras para eles. Não tinham uma razão mais forte para olhar uns aos outros como compatriotas do que um filho de sicilianos nascido na Argentina teria diante de um milanês que tivesse vivido toda a sua vida adulta como um imigrante na Suécia. Adaptar-se à vida no Zaire sob a extravagante ditadura de Mobutu Sese Seko e adaptar-se à vida na Tanzânia sob o socialismo autoritário de Julius Nyerere não haviam sido experiências comparáveis. Alguns dos repatriados haviam vivido em países francófonos, outros em países anglófonos, e embora a maioria ainda falasse pelo menos um pouco de quiniaruanda, muitos expressavam-se mais à vontade em suaíle ou alguma outra língua africana que outros repatriados não falavam.

O Poder Hutu criou um mundo no qual só havia "nós" e "eles", e Ruanda ainda era vista em geral, de dentro e de fora, como um mundo bipolar de hutus e tutsis. Mas uma elaborada grade de subcategorias jazia logo abaixo da superfície. Havia hutus com um bom histórico e hutus suspeitos, hutus no exílio e hutus desalojados, hutus que queriam trabalhar com a FPR e hutus Antipoder Hutu que eram também anti-FPR, e naturalmente continuavam existindo todos os antigos atritos entre os hutus do norte e os do sul. Quanto aos tutsis, havia todas as diferentes experiências e línguas, e os sobreviventes e os repatriados olhavam uns aos outros com uma desconfiança mútua; havia tutsis da FPR, tutsis alheios à FPR e tutsis anti-FPR; havia cidadãos urbanos e criadores de cabras, cujas preocupações como sobreviventes ou repatriados não tinham praticamente nada em comum. E, obviamente, havia muitas outras subcategorias, que se cruzavam com as anteriores e podiam, num momento determinado, tornar-se mais importantes. Havia clãs e famílias, ricos e pobres, católicos, muçulmanos, protestantes de várias linhas, e uma multidão mais particular de animistas, bem como as divisões e filiações sociais normais, incluindo homem e mulher, que estavam se casando com uma avidez fantástica, agora que a guerra acabara e o casamento era permitido na FPR, e que tantos haviam perdido qualquer outra forma de família.

Era de confundir a cabeça de qualquer um. Mesmo os ruandeses não tinham a pretensão de ter tudo mapeado. Em sua maioria, eles se apegavam às pessoas que conheciam de antes, e não se incomodavam muito com o fato de não fazer novos amigos, desde que não fizessem novos inimigos. Numa visão de longo prazo, para a minha mente americana parecia haver alguma esperança no fato de que um país que fora destruído por um desejo louco de que cada cidadão tivesse exatamente a mesma identidade de todos os outros — a identidade de um assassino em massa, no fundo — contivesse mais diversidade que nunca. Mas isso era olhar a coisa a muito longo prazo. As taxas de casamento interétnico estavam em queda permanente, o que significava uma vitória a mais para os *génocidaires* na nova Ruanda, oficialmente livre do ponto de vista étnico; e não passava um dia sem que corresse no *radio trottoir* uma nova notícia sobre uma iminente invasão do Poder Hutu a partir do Zaire.

"Dizem que a guerra foi vencida, mas para nós muita coisa foi perdida", disse-me Odette Nyiramilimo. Depois do genocídio, ela e Jean-Baptiste adotaram dez crianças e passaram a atender de graça crianças sobreviventes em sua clínica. "Sentimos que isso é uma obrigação moral", disse ela, "mas as crianças estão tão traumatizadas que mal sabemos como ajudá-las."

Depois de a família ter sido evacuada do Hôtel des Milles Collines, Jean-Baptiste havia ido trabalhar com uma unidade de saúde da FPR para ajudar sobreviventes, e Odette levara os três filhos do casal para Nairóbi, jurando nunca mais voltar para Ruanda. Então ela recebeu a notícia de que alguns de seus sobrinhos e sobrinhas haviam sobrevivido. "Assim que ouvi aquilo, eu soube que teria de voltar", disse ela. "Começamos a encontrá-los e acolhê-los, mas era muito difícil satisfazer todas as suas necessidades. Um deles — de quatro anos de idade — estava pesando apenas 6,5 quilos quando foi encontrado." Uma vez ela me contou: "Estávamos no carro, Jean-Baptiste e eu, com nossos três filhos, e um deles disse: 'Estou tão feliz por estarmos os cinco juntos de novo'. Nós perguntamos: 'Vocês não estão felizes por viver junto com seus primos também?'. Mas eles não responderam nada".

Odette voltou os olhos para seus filhos na piscina do Cercle Sportif. Quando me olhou de volta, disse: "Esta vida depois do genocídio é mesmo uma vida terrível". A fluência e a urgência com que havia me contado a história de suas provações anteriores dera lugar a um ritmo de livre associação e brincadeira de criança à medida que passava a descrever sua vida no pós-guerra. "Quando eu ainda estava em Nairóbi, dizendo que nunca mais voltaria, havia um grupo de jovens ruandeses de 59 que haviam visitado Ruanda pela primeira vez", disse. "Eles voltaram a Nairóbi e contaram como tudo era lindo e maravilhoso, e que o único problema em Ruanda eram os sobreviventes que queriam contar suas histórias o tempo todo. Aquilo me atingiu muito."

Ela disse: "O trauma volta com mais força à medida que o tempo passa — este ano mais que o ano passado. Então, o que é que eu posso esperar para o ano que vem? Nós nos refugiamos um pouco em nosso trabalho, mas muitas pessoas ficam muito deprimidas. Acho que a coisa vai piorando. Sonho cada vez mais com minhas irmãs e acordo chorando".

Odette tinha um sobrinho que havia sobrevivido ao genocídio em Kinunu, na montanha onde ela havia nascido, em Gisenyi. Ela o havia visitado só uma vez, para ajudar a enterrar os mortos, que eram numerosos, e não quis mais voltar. "Todos os hutus de lá observaram nossa chegada, e alguns quiseram me abraçar", contou. "Eu gritei: 'Não me toquem. Onde vocês puseram todo mundo?'. Um deles era casado com uma prima minha. Perguntei: 'Onde está Thérèse?'. Ele respondeu: 'Não pude fazer nada'. Eu disse: 'O que você quer dizer?'. Ele disse: 'Não fui eu'. Eu respondi: 'Não quero ver você. Não quero conhecer você'. Agora toda vez que os hutus veem um carro chegando na casa do meu sobrinho, eles se escondem. Tem gente que me chama de extremista porque não aceito nem tolero as pessoas que mataram minha família. Então, se têm medo uma vez na vida — eu tive medo desde os três anos de idade —, deixe que sintam como é que é."

Ela contou que era difícil fazer novos amigos entre os repatriados. "Eles vieram com todas as suas coisas. Podem rir, fazer festas. Entre nós há sempre histórias do genocídio, e eles não querem ouvir essas coisas. Quando ficam sabendo que sou casada com um hutu, e que tenho alguns velhos amigos hutus, não entendem. De fato, hoje em dia cada um cuida de si."

Ela disse: "Eu estava conversando com meu caçula, Patrick. Perguntei: 'Em que você está pensando?'. Ele respondeu: 'Naqueles dois caras que vieram com facões. Isso volta à minha cabeça o tempo todo'. As crianças não saem para a rua — a gente tem de empurrá-las —, só querem ficar em casa. Elas pensam nisso toda hora. Meu pequeno Patrick entra sozinho num quarto e vai logo olhar embaixo da cama para ver se não tem alguém da *interahamwe*. Minha filha Arriane estava num ótimo colégio interno em Nairóbi, e uma noite sentou na cama, relembrou tudo e caiu no choro. À meia-noite a monitora do dormitório veio acudi-la e passaram quase a noite toda juntas. Arriane contou-lhe o que havia acontecido, e a monitora ficou espantada. Ela não tinha a menor ideia daquilo. E era uma queniana. Ninguém sabe de verdade. Ninguém quer saber".

Odette acenou com a cabeça para o bloco de anotações onde eu escrevia enquanto ela falava. "As pessoas nos Estados Unidos vão querer mesmo ler isso? As pessoas me dizem para escrever essas coisas, mas elas estão escritas dentro de mim. Eu quase tenho esperança de que um dia conseguirei esquecê-las."

Um dia em Kigali encontrei casualmente Edmond Mrugamba, um homem que eu conhecera pela cidade, e ele me convidou para visitarmos juntos a fossa em que sua irmã e a família dela foram jogadas durante o genocídio. Ele havia mencionado a história anteriormente. Lembrei que tinha feito um ruído —

tcha, *tcha*, *tcha* — e sacudido a mão no ar para descrever o assassinato da irmã.

Edmond estava dirigindo um Mercedes, um dos poucos que ainda havia em Ruanda, e vestia uma camisa de denim desbotada, calça jeans e botas pretas de caubói. Ele havia trabalhado para um programa alemão de desenvolvimento em Kigali, e sua mulher era alemã; ela permaneceu em Berlim com os filhos do casal depois do genocídio. Enquanto rodávamos na direção do aeroporto, Edmond me contou que era um homem viajado e que, depois de percorrer inúmeras vezes a África Oriental e a Europa, sempre achara que os ruandeses eram o povo mais decente e simpático do mundo. Mas agora ele não conseguia resgatar aquele sentimento. Em 1990, depois do primeiro ataque da FPR, fora ameaçado por ser tutsi; vivera no exílio e acabara de voltar depois da posse do novo governo. Edmond estava com quase quarenta anos. Seu pai havia sido um vaqueiro em Kigali. Seu irmão mais velho fora assassinado nos massacres de 1963. "Sem falar de meus tios assassinados em 1959 e 1961", disse ele, "minha avó queimada junto com a casa, meu tio materno, uma babá esquartejada. Houve muitos outros que foram mortos, e outros felizmente foram para Uganda." O próprio Edmond vivera onze anos no Burundi antes de voltar sob Habyarimana e encontrar trabalho com os alemães. Ele me mostrou uma foto sua em uniforme de camuflagem completo e um desajeitado chapéu cáqui de campanha. Em 1993, trocou a Alemanha por Uganda e se equipou para entrar na FPR — "então meu apêndice supurou e eu tive de operar".

Edmond falava baixo, com grande intensidade, e seu rosto barbado era expressivo de um modo sutil e espantado. Segundo me contou, a despeito de suas provações, nunca havia imaginado a profundidade do horror, da maldade — da "doença", nas suas palavras — que haviam afligido Ruanda, e não podia entender como isso podia ter sido tão bem mascarado. "Um animal pode matar, mas nunca vai aniquilar completamente uma raça, uma coletividade inteira. O que isso faz de nós neste mundo?"

Edmond havia voltado do exílio porque achou intolerável

viver em terra estranha pensando que poderia ser útil em Ruanda. Agora vivia sozinho numa casa pequena e escura, com um garoto, um sobrinho que havia ficado órfão no genocídio. "E eu me pergunto de vez em quando: minha presença aqui tem de fato alguma importância? Construir uma nova Ruanda. Eu sonho o tempo todo. Sonho com teorias dessa história de violência. Sonho em encontrar um fim para ela."

Perto dos arrabaldes de Kigali, entramos numa estrada de terra vermelha que se estreitava e descia entre altas cercas de bambu que cercavam casas modestas. Um portão azul de metal que levava à casa de sua irmã morta estava aberto. O terreno era de mato rasteiro seco salpicado de pedregulhos. Uma família de posseiros — tutsis que haviam acabado de voltar do Burundi — estava sentada na sala jogando palavras cruzadas. Edmond ignorou-os. Ele me conduziu ao redor da casa até uma plantação de bananeiras secas. Havia dois buracos no chão, a uns trinta centímetros um do outro, cada um com quase um metro de diâmetro — dois poços lisos, profundos, cavados por máquinas. Edmond segurou num arbusto, inclinou-se sobre os buracos e disse: "Dá para ver as tíbias". Eu fiz como ele, e vi os ossos.

"Catorze metros de profundidade", disse Edmond. Ele me contou que seu cunhado fora um homem fanaticamente religioso. Em 12 de abril de 1994, ao ser detido por homens da *interahamwe* num bloqueio de rua e obrigado a levá-los à sua casa, ele persuadira os assassinos a deixá-lo rezar. O cunhado de Edmond rezou durante meia hora. Em seguida disse aos milicianos que não queria que sua família fosse desmembrada, então o convidaram a atirar seus filhos vivos na fossa, e ele atirou. Em seguida a irmã e o cunhado de Edmond foram jogados em cima deles.

Edmond sacou sua câmera de uma bolsa plástica e tirou algumas fotos dos buracos no chão. "As pessoas vêm a Ruanda e falam sobre reconciliação", disse. "É uma ofensa. Imagine falar de reconciliação aos judeus em 1946. Talvez a longo prazo, mas essa é uma questão pessoal." Os posseiros vieram para fora da casa. Estavam parados juntos a uma pequena distância, e quando entenderam a história de Edmond começaram a fungar.

No caminho de volta para a cidade, perguntei a Edmond se ele conhecia as pessoas que estavam morando na casa de sua irmã. "Não", respondeu. "Vendo pessoas morando num lugar que não é delas, quando está cheio de sobreviventes por aí que perderam suas casas, eu acho que esses posseiros são uma gente desgraçada. Não quero nada com eles. Só consigo pensar nas pessoas que perdi." Ele me lembrou que um de seus irmãos também fora assassinado, a exemplo de sua irmã e da família dela. Então me contou que sabia quem era o assassino de seu irmão, e que algumas vezes o via circulando por Kigali.

"Eu gostaria de falar com ele", disse Edmond. "Quero que me explique como foi a coisa, como foi capaz de fazer aquilo. Minha irmã sobrevivente disse: 'Vamos denunciá-lo'. Eu vi o que estava acontecendo — uma onda repentina de prisões — e disse: 'Para que serve a prisão, se ele não sentir o que eu sinto? Deixe que viva com medo'. Quando for o momento, quero fazê-lo entender que não quero sua prisão, mas sim que ele viva para sempre com aquilo que fez. Quero que pense sobre isso pelo resto da vida. É uma espécie de tortura psicológica."

Edmond costumava ver a si próprio como ruandês — havia se identificado com seu povo —, mas depois do genocídio perdeu essa âncora. Agora, para provar-se como guarda de seu irmão, ele queria assinalar o assassino do irmão com a marca de Caim. Não pude deixar de pensar em como Caim havia prosperado depois de matar seu irmão: ele fundou a primeira cidade — e, embora não gostemos de falar muito sobre isso, somos todos seus filhos.

16

Uma das poucas coisas que os vândalos do Poder Hutu deixaram em condições de uso ao fugir foi o sistema penitenciário central: treze fortificações de tijolo vermelho, construídas para alojar um total de 20 mil prisioneiros. Durante o genocídio, os portões foram abertos para que os condenados se engajassem no trabalho de matar e de recolher cadáveres, mas as celas não ficaram vazias por muito tempo. Em abril de 1995, um ano depois das matanças, pelo menos 33 mil homens, mulheres e crianças haviam sido presos por suposta participação no genocídio. No final daquele ano, o número tinha saltado para 60 mil. Algumas prisões foram ampliadas, novas foram construídas, e centenas de delegacias locais ficaram superlotadas, mas não havia espaço para satisfazer a demanda. No final de 1997, pelo menos 125 mil hutus acusados de crimes durante o genocídio estavam encarcerados em Ruanda.

Uns poucos soldados postavam-se do lado de fora das prisões de Ruanda, mas não havia guardas do lado de dentro. Tanto prisioneiros como soldados achavam que era mais seguro assim. Mas o medo do governo de mandar soldados ao interior das prisões não se estendia aos visitantes estrangeiros, e sempre tive permissão para entrar com uma câmera. Isso me desconcertou. As prisões de Ruanda não propiciavam propaganda positiva. Eram vistas amplamente como uma catástrofe do ponto de vista dos direitos humanos.

Embora os espremidos prisioneiros fossem todos acusados de violências terríveis, eram em geral calmos e ordeiros; brigas entre eles eram raras, ao que se dizia, e não havia notícia de assassinatos. Saudavam os visitantes com amabilidade, muitas vezes com sorrisos e mãos estendidas para cumprimentar. Na prisão feminina de Kigali, encontrei 340 mulheres deitadas pelo chão, escassamente vestidas sob o calor abafado de umas poucas celas lotadas e corredores; bebês engatinhavam entre elas, e duas freiras prisioneiras em reluzentes hábitos brancos rezavam missa num canto. Na prisão de Butare, velhos tomavam uma forte chuva, em pé, com pedaços de sacos plásticos na cabeça, enquanto garotos, apertados uns contra os outros numa cela minúscula, cantavam em coro uma estrofe de "Alouette". No pavilhão masculino da prisão de Kigali, passei por grupos acrobáticos e corais, uma unidade de escoteiros e três homens lendo *Tintim*. Eu era conduzido pelo chefe dos prisioneiros e seu ajudante, que usava um pequeno bastão para abrir caminho entre os prisioneiros aglomerados. O chefe ficava anunciando "Aqui está um jornalista dos Estados Unidos", e os homens amontoados, acocorados a nossos pés, aplaudiam mecanicamente e faziam pequenas reverências. Ocorreu-me que aquela era a famosa atitude da massa, de cega obediência à autoridade, frequentemente descrita nas tentativas de explicação do genocídio.

As hierarquias convencionais de Ruanda haviam se reconstituído atrás dos muros da prisão; "intelectuais", funcionários públicos, profissionais liberais, clérigos e comerciantes tinham as celas menos desconfortáveis, enquanto as massas de camponeses e trabalhadores se encolhiam contra as pontas ossudas dos braços e pernas de seus vizinhos em pátios destelhados, e remetiam todas as questões a seus líderes. Por que toleravam isso? Por que não se amotinavam? Por que eram tão raras as tentativas de fuga em Ruanda, se o sistema de vigilância carcerária era tão frágil? Uma massa enfurecida de 5 mil prisioneiros poderia facilmente transpor os muros da prisão central de Kigali e desestabilizar gravemente a capital, desencadeando uma enorme crise no governo que desprezavam, ou mesmo uma insurreição geral, se houvesse apoio. Ninguém era capaz de explicar inteiramente a passividade nas prisões; o melhor palpite era de que, tendo a certeza de que seriam chacinados pela FPR, e recebendo em vez disso visitas regulares de amistosos agentes de órgãos humanitários, repórteres e diplomatas, os prisioneiros estivessem simplesmente espantados de estar vivos e não quisessem pôr em risco sua sorte.

Entre minhas visitas às prisões, fui ver o general Kagame em seu gabinete no Ministério da Defesa. Eu queria saber por que o governo se expunha a uma propaganda negativa a respeito das prisões, e como ele interpretava o modo aparentemente calmo como os prisioneiros aceitavam suas horríveis condições. Kagame respondeu minha pergunta com outra pergunta: "Se 1 milhão de pessoas morreram aqui, quem as matou?".

"Um monte de gente", respondi.

"Sim", disse ele. "Você encontrou muitos que admitem ter participado?"

Eu não tinha encontrado. Nos primeiros dias depois do genocídio, fora fácil aos visitantes encontrar assassinos — nas prisões, nos campos de refugiados e também nas ruas de Ruanda — que admitiam ter tomado parte nas matanças, e até se gabavam disso. Entretanto, na época em que comecei a visitar Ruanda, os criminosos haviam percebido que a confissão era um erro tático. Nas prisões e nos campos de fronteira, eu não conseguia encontrar alguém que nem ao menos reconhecesse que um genocídio tivera lugar. Uma guerra civil ocorrera e, é verdade, alguns massacres, mas ninguém admitia ter visto coisa alguma. Cada um dos inúmeros prisioneiros com quem falei alegava ter sido preso de forma arbitrária e injusta, e claro que isso era inteiramente possível em um ou outro caso. Mas muitos prisioneiros também me comunicaram sua esperança de que seus "irmãos" dos campos de fronteira da ONU viessem em breve libertá-los.

Ouvi certa vez Kagame dizer que suspeitava que 1 milhão de pessoas participaram direta ou indiretamente do genocídio. Seu assessor, Claude Dusaidi, que gostava de fazer declarações extremas, elevava esse número para 3 milhões, o que tornaria culpado um em cada dois hutus. Tais estimativas — impossíveis de ser provadas ou desmentidas — eram vistas por muitos ruandeses e observadores estrangeiros como atos de intimidação, cuidadosamente calculados para deixar os hutus sob uma sombra de suspeita; e essa sensação foi reforçada quando uma iniciativa patrocinada pela ONU de honrar os hutus — como Paul Rusesabagina — que haviam protegido tutsis durante o genocídio foi a pique devido a brigas internas no gabinete ministerial de Ruanda. Mas Dusaidi insistia que as prisões escandalosamente superlotadas de Ruanda não refletiam o escândalo do crime que assolara o país. "Às vezes alguém podia matar seis pessoas, e às vezes três pessoas podiam matar uma só", dizia ele. "Pegue qualquer filme do genocídio, e observe como eles matam as pessoas. Você vai ver grupos matando uma pessoa. Portanto, existem muito mais assassinos soltos nas ruas do que os que estão na prisão. O número de presos é um grão de areia."

Claro que o fato de existir gente culpada que continuava

solta não significava que os que estavam presos eram todos culpados. Perguntei a Kagame se não o incomodava o fato de que milhares de inocentes podiam estar na cadeia e que essa experiência podia empurrá-los para a oposição. "Sim", disse ele. "Esse é um problema. Mas era o jeito de lidar com a situação. Se essas pessoas houvessem sido mortas por vingança, isso teria sido um problema ainda maior para nós. Prefiro enfrentar o problema de enfiá-las na prisão, porque é a melhor maneira de seguir as normas da justiça, e simplesmente porque não as quero soltas, pois outras pessoas as matariam."

Em julho de 1995, a Comissão Nacional de Triagem de Ruanda — um órgão encarregado esporadicamente de identificar prisioneiros contra os quais as acusações de genocídio eram inconsistentes — ordenou a soltura de Placide Koloni da prisão de Gitarama. Koloni havia ocupado o cargo de vice-governador antes, durante e — até sua prisão — depois do genocídio. Isso era normal; a maioria dos funcionários provinciais e municipais que não haviam fugido de Ruanda, ou sido presos como *génocidaires*, mantiveram seus postos. Koloni havia ficado prisioneiro por cinco meses, e assim que foi solto voltou a seu gabinete. Três dias depois, na noite de 27 de julho, um guarda do posto de observação militar da ONU, operado por capacetes-azuis malineses, viu alguns homens entrarem na casa de Koloni. Um grito foi ouvido e a casa explodiu em chamas. Os capacetes-azuis ficaram olhando a casa queimar noite adentro. Pouco depois da alvorada, entraram e descobriram que Koloni, sua mulher, suas duas filhas e uma empregada doméstica haviam sido mortos.

Uma semana mais tarde, um vice-governador hutu em Gikongoro, a oeste de Gitarama, e um padre católico da paróquia de Kamonyi, não muito longe de Kigali, foram mortos a tiros. Uma atmosfera irritadiça baixou sobre Ruanda, não porque a taxa de mortes fosse especialmente alta, mas porque as vítimas eram líderes civis destacados. Em meados de agosto, o governo foi abalado quando o primeiro-ministro, Faustin Twagiramungu, e o ministro do Interior, Seth Sendashonga, demitiram-se em protesto contra a persistente insegurança nas províncias, pela qual eles responsabilizavam o EPR de Ruanda. Ambos eram hutus — Twagiramungu, um líder da oposição ao Poder Hutu no regime Habyarimana; Sendashonga, um membro proeminente da FPR — e ambos foram para o exílio.

O general Kagame, que nunca se cansava de recitar o número de soldados do EPR — quatrocentos, setecentos, perdi a conta depois de mil — que haviam sido encarcerados em prisões militares por assassinato e indisciplina, gostava de assinalar que os soldados não eram os únicos ruandeses frustrados a ponto de cometer crimes como consequência do genocídio, e que Ruanda também tinha crimes apolíticos. "Mas, dada a situação que temos aqui", disse ele, "crimes comuns não serão vistos como crimes comuns." Sua diferenciação oferecia pouco conforto a hutus amedrontados. "Quando vemos como Koloni foi morto, achamos melhor estar aqui dentro do que lá fora", disse-me um detento na prisão de Gitarama, que era conhecida como a pior prisão de Ruanda no verão de 1995.

Em Gitarama, mais de 6 mil homens estavam amontoados num espaço construído para alojar 750. Isso fazia com que houvesse quatro prisioneiros por metro quadrado: dia e noite, os prisioneiros tinham de ficar de pé ou sentar-se entre as pernas dos que estavam levantados, e mesmo na estação seca uma espuma de condensação, urina e restos de comida cobria o chão. Retorcidos e atacados por cãibras, os pés e tornozelos dos presos, e às vezes suas pernas inteiras, inchavam até atingir duas ou três vezes seu volume normal. Eles sofriam de atrofia das extremidades intumescidas e de gangrena; a infecção era consequência frequente. Centenas tiveram de sofrer amputações.

Quando o tenente-coronel R. V. Blanchette, um observador militar canadense da ONU, soube das condições da prisão de Gitarama, foi fazer uma visita. "Entrei lá no escuro, com minha lanterna", ele me contou, "e vi o pé de um sujeito. Eu tinha ouvido dizer que sua situação estava bastante ruim, mas aquilo estava feio demais — muito inchado, e com o dedinho faltando.

Apontei minha lanterna para o rosto dele, ele se abaixou e arrancou mais um dedo."

Algumas semanas depois da visita de Blanchette, prisioneiros de Gitarama me contaram que as condições haviam melhorado bastante. A Cruz Vermelha, que fornecia a comida e o combustível de cozinha para todas as prisões centrais de Ruanda, havia instalado pranchas para cobrir o chão molhado e transferido os doentes mais graves. "Tivemos 86 mortes em junho, e em julho apenas dezoito", contou-me um médico na clínica da prisão. As causas principais de morte, acrescentou, eram a malária e a AIDS, o que era normal entre os homens em Ruanda, e embora as condições carcerárias tenham continuado péssimas — atrozes na maioria das cadeias de comunidades menores —, em meados de 1996 as taxas oficiais de mortalidade nas prisões centrais eram mais baixas do que entre a população ruandesa como um todo.

No dia da minha visita à prisão de Gitarama, 6424 prisioneiros formavam um aglomerado de aparência compacta, e eu tinha de planejar cada passo com cuidado. Era difícil imaginar como as pessoas se encaixavam — que membros correspondiam a determinada cabeça, ou por que uma cabeça parecia ter criado três pernas sem ter um tronco no meio. Muitos dos pés estavam tremendamente inchados. Os corpos cobriam-se de trapos.

Entretanto, os rostos não correspondiam ao desconforto a que eram confinados os corpos. Sua expressão tinha uma limpidez, uma serenidade e uma franqueza que tornavam as pessoas dentro da prisão quase indistinguíveis das que estavam fora. Aqui e ali, claro, eu deparava com o brilho cintilante de olhos ensandecidos, ou com um olhar escabroso de desalentadora brutalidade. Mas, forçando passagem entre a multidão, eu recebia os habituais sorrisos de boas-vindas, saudações e apertos de mão. Na cela das crianças, 63 meninos, entre sete e dezesseis anos de idade, sentavam-se em fileiras no chão, diante de um quadro-negro onde um prisioneiro mais velho — professor de verdade — estava escrevendo uma lição. Pareciam-se com estudantes de qualquer lugar. Perguntei a um deles por que estava na prisão.

"Dizem que eu matei", respondeu, "mas não matei." Outras crianças deram a mesma resposta, com olhos voltados para o chão, evasivos, tão pouco convincentes como estudantes de qualquer lugar.

Os procedimentos formais de detenção em Ruanda raramente eram cumpridos, e algumas vezes era suficiente que alguém apontasse o dedo e dissesse: "Genocida". Mas, de acordo com Luc Côté, um advogado de Montreal que dirigia o escritório de Direitos Humanos da ONU em Butare, "a maioria das prisões era fundada em algum tipo de evidência, e muitas vezes havia uma porção de evidências", o que queria dizer que, mesmo quando pudessem ser tecnicamente incorretas, elas não eram necessariamente arbitrárias. E ainda que os procedimentos fossem seguidos ao pé da letra, não estava claro que diferença isso faria, uma vez que os tribunais de Ruanda estavam fechados, e por mais de dois anos e meio ninguém foi levado a julgamento.

O governo atribuía a paralisia judiciária a sua falta de recursos financeiros e humanos. Inspetores de polícia, responsáveis por montar dossiês contra os acusados, estavam sendo constantemente recrutados e treinados, mas a maioria deles era de amadores que se viam diante de centenas de casos complexos, sem transporte, sem equipe de apoio, e recebendo frequentes ameaças tanto dos acusadores como dos acusados. Ruanda pedia bicicletas, motos, canetas e lápis aos doadores estrangeiros, mas esses bens básicos demoravam muito mais para chegar que as expressões de "preocupação" com o fato de que não estava sendo feito o suficiente para proteger os direitos dos acusados.

Ninguém nunca falou seriamente em conduzir dezenas de milhares de julgamentos por assassinato em Ruanda. Juristas do Ocidente gostavam de dizer que nem mesmo os Estados Unidos, abarrotados de advogados, seriam capazes de dar solução a todos os casos de Ruanda de modo justo e diligente. "É materialmente impossível julgar todos os que participaram dos massacres, e politicamente não é bom tampouco, ainda que seja justo", disse-

-me Tito Ruteremara. "Foi um genocídio de verdade, e a única reação correta seria justiça de verdade. Mas em Ruanda vigora a pena de morte e... bem, isso significaria mais matança."

Em outras palavras, um genocídio de verdade e uma justiça de verdade são incompatíveis. Os novos líderes de Ruanda estavam tentando contornar a questão descrevendo o genocídio como um crime cometido por cabeças mandantes e corpos escravos. Nenhum partido podia ser visto como inocente, mas se o crime era político, e a justiça devia servir ao bem da política, então a punição tinha de traçar uma linha entre as mentes criminosas e os corpos criminosos. "Com relação àqueles que comandaram intelectualmente o genocídio, a questão é clara", disse-me o general Kagame. "Eles devem enfrentar a justiça diretamente. Não estou tão preocupado com esses camponeses comuns que pegaram facões e esquartejaram as pessoas como animais." Ele explicou que "muito tempo atrás" a justiça ruandesa era decidida em audiências de aldeia, em que as multas eram a pena preferida. "O sujeito que havia cometido o crime podia dar um pouco de sal, ou algo assim, e isso podia reconciliar as pessoas", disse Kagame.

Sal para pagar assassinato em massa patrocinado pelo Estado? A justiça de aldeia, como Kagame a resumiu, soava desanimadoramente inadequada. Mas, como explicou o advogado François Xavier Nkurunziza: "Quando você fala de justiça com nossos camponeses, a grande ideia é compensação. Um vaqueiro ou lavrador que perdeu a sua família perdeu todo o seu sistema de sustentação econômica. Você pode matar o homem que cometeu genocídio, mas isso não é compensação — é só medo e raiva. É assim que os camponeses pensam". O problema, como sugeriu Kagame quando falou sobre o sal, era que depois do genocídio a compensação poderia, quando muito, ser simbólica.

O governo discutia a possibilidade de aliviar a lotação das cadeias estabelecendo gradações de criminalidade entre os *génocidaires* e condenando os autores de crimes menos graves a trabalhos comunitários ou programas de reeducação. Politicamente, a FPR estava mais preocupada com o que na Alemanha do pós-guerra era chamado de "desnazificação" do que em acertar contas com cada indivíduo que havia cometido um crime durante o genocídio. "Na verdade, estamos tentando ver como livrar da cadeia o maior número possível de pessoas comuns", explicou Gerald Gahima, um dirigente político da FPR que era vice-ministro da Justiça. "Mas isso não é justiça, é? Não é a justiça que a lei preconiza. Não é a justiça que a maioria das pessoas quer. É apenas a melhor justiça que podemos buscar nas atuais circunstâncias."

Mas se a culpa nunca poderia ser completamente punida e os sobreviventes nunca seriam devidamente compensados, a FPR considerava o perdão igualmente impossível — a menos que, no mínimo, os executores do genocídio reconhecessem o mal que haviam feito. Com o tempo, a busca de justiça tornou-se, em grande medida, a busca do arrependimento. Se ministros e parlamentares haviam antes pregado a virtude cívica de assassinar os vizinhos, membros do novo governo agora viajavam pelo país para espalhar o evangelho da reconciliação por meio do reconhecimento da responsabilidade.

Cerimônias de exumação em massa dos mortos do genocídio eram um dos palcos preferidos para a nova mensagem. Assisti a uma dessas cerimônias no verão de 1995, no alto de um morro, em meio às plantações de chá luxuriantes e cobertas de névoa de Gisenyi. Nesse cenário de espantosa tranquilidade, a relva recém-crescida foi arrancada para revelar uma vala comum. Os corpos fraturados que ela continha foram exumados e estendidos numa longa grade. Atendendo ao chamado dos líderes da aldeia, os camponeses locais tinham vindo para ver e sentir o cheiro da morte, e o presidente Bizimungu estava presente com meia dúzia de ministros e muitos outros altos funcionários. Soldados distribuíram luvas de plástico transparentes entre os aldeões, e fizeram-nos trabalhar, pondo pedaços dos corpos em caixões e embrulhando o resto em folhas de plástico verde. Houve discursos e bênçãos. Um soldado me explicou que o presidente havia usado seu discurso para perguntar aos camponeses onde eles estavam quando aquelas vítimas foram mortas em sua comunidade, e os havia exortado a expiar suas culpas. Então os mortos foram colocados em novas covas coletivas e cobertos de novo com terra.

Quando os ruandeses falavam em reconstrução e reconciliação, estavam falando da necessidade de se livrar das "velhas mentalidades" do colonialismo e da ditadura, e da lei do mais forte baseada em intimidação e obediência, que havia servido como motor do genocídio. Os sistemas pelos quais as velhas mentalidades haviam sido impostas tinham nomes — impunidade, compadrio, classificação étnica, feudalismo, hamitismo —, mas as mentalidades em si deitavam raízes mais fundas no interior de cada ruandês, transformadas nos reflexos condicionados de uma vida inteira de experiências e expectativas de brutalidade: nós ou eles; matar ou ser morto. Quando Kagame disse que as pessoas podem ser más, e podem aprender a ser boas, acrescentou: "Há mecanismos no seio da sociedade — educação, uma forma de participação. Alguma coisa pode ser conseguida". Essa visão era amplamente compartilhada, com graus variados de certeza e ceticismo, não apenas por gente da FPR mas também por muitos dos líderes hutus anti-Habyarimana, e — pelo menos num bom dia — por muitos dos ruandeses em geral.

Mas onde Ruanda poderia procurar um modelo? A justiça em Nuremberg foi afortunadamente trazida pelos conquistadores estrangeiros, e a desnazificação da Alemanha foi levada a cabo num contexto em que o grupo que fora submetido ao genocídio não viveria mais lado a lado com os assassinos. Na África do Sul, a luta armada havia terminado, e a Comissão da Verdade pós--apartheid podia presumir que os derrotados senhores brancos do país haviam aceito a legitimidade da nova ordem. Ruanda não oferecia nenhum arranjo assim claro. Ataques guerrilheiros das forças do Poder Hutu no Zaire aumentaram continuamente ao longo de 1995, assim como os atentados a testemunhas e sobreviventes do genocídio. "Agora mesmo, se você resolvesse

245

conceder uma anistia geral, estaria abrindo as portas para o caos", disse Charles Murigande, chefe da Comissão Presidencial de Ruanda para a Responsabilidade pelo Genocídio. "Mas se pudéssemos pôr as mãos nos líderes, mesmo uma anistia seria muito bem recebida."

Esse era um grande "se". Assim como a morte de Habyarimana havia feito dele um mártir do Poder Hutu, ela também assegurava que a matança que havia sido levada a cabo supostamente em "defesa" de seu nome não contava com a assinatura de um mandante: um Hitler, um Pol Pot, um Stalin. A lista dos "Procurados" de Ruanda era um saco de gatos que incluía membros da *akazu*, oficiais militares, jornalistas, políticos, homens de negócios, prefeitos, funcionários públicos, clérigos, professores, taxistas, lojistas e capangas desclassificados — uma lista desconcertante para quem quisesse destrinchá-la e impossível de ser organizada segundo uma hierarquia de comando. De alguns, dizia-se que haviam dado ordens, em altos brados ou em surdina; de outros, que as haviam transmitido ou obedecido; mas o plano e sua execução foram engenhosamente concebidos para dar a impressão de que não houve um plano.

Contudo, os investigadores de Ruanda conseguiram levantar uma lista de uns quatrocentos *génocidaires* chefes — grandes mentores e grandes executores. Mas todos estavam no exílio, fora do alcance de Ruanda. Quase imediatamente depois de tomar posse, em 1994, o novo governo havia pedido ajuda às Nações Unidas para capturar líderes do Poder Hutu foragidos, para submetê-los a julgamento diante da nação. Em vez disso, a ONU criou o Tribunal Criminal Internacional para Ruanda, que era basicamente uma subdivisão do tribunal que havia sido instalado para a terrível guerra nos Bálcãs do início dos anos 1990. "Pedimos ajuda para agarrar as pessoas que fugiram e julgá-las adequadamente em nossos próprios tribunais", contou-me um diplomata ruandês. "Mas o Conselho de Segurança simplesmente começou a escrever 'Ruanda' sob o nome 'Iugoslávia' por toda parte."

O governo ruandês recebia como um insulto a decisão da

ONU de manter para si seus recursos. A própria existência do tribunal da ONU sugeria que o judiciário ruandês era incapaz de chegar a veredictos justos, e parecia descartar antecipadamente como abaixo das exigências internacionais qualquer processo que Ruanda pudesse levar a cabo. "Se a comunidade internacional quer de fato combater a impunidade em Ruanda, deveria ajudar Ruanda a punir essas pessoas", disse-me Gerald Gahima no Ministério da Justiça. "Fica mais difícil perdoar as pessoas comuns se não temos os líderes aqui, para serem julgados diante do povo ruandês de acordo com a lei ruandesa." Mas o tribunal da ONU não tinha nem sede em Ruanda, onde estavam as testemunhas e o público interessado; em vez disso, tinha seu quartel-general em "território neutro", em Arusha, na Tanzânia. "O tribunal", disse Charles Murigande, "foi criado essencialmente para aplacar a consciência da comunidade internacional, que não havia estado à altura de suas convenções sobre o genocídio. Ela quer dar a impressão de estar fazendo alguma coisa, o que muitas vezes é pior do que simplesmente não fazer nada."

Na verdade, durante seus primeiros dois anos, o tribunal da ONU não pareceu fazer muita coisa. Tinha pouco pessoal, era sistematicamente mal dirigido, e sua estratégia persecutória parecia oportunista e sem direção. A maioria de seus indiciamentos ocorreu depois da prisão casual de fugitivos ruandeses pelas autoridades de imigração de vários países africanos, e, em alguns casos mais célebres, como o do coronel Bagasora, que foi capturado nos Camarões, a ONU neutralizou o pedido de extradição de Ruanda apresentando o seu. Desse modo, o tribunal afinal conseguiu ostentar um exemplar vistoso dos mentores do Poder Hutu sob a sua custódia. Mas logo ficou claro que os promotores não tinham nenhuma intenção de submeter a julgamento mais do que meia dúzia de casos. Isso só serviu para agravar o sentimento em Kigali de que o tribunal da ONU não tinha o objetivo de servir ao interesse nacional de Ruanda, uma vez que a mensagem para a grande maioria dos *génocidaires* fugitivos era a de que eles não tinham nada a temer: a comunidade internacional não ajudaria Ruanda a pegá-los, nem os perseguiria por conta própria. "É uma piada", disse-me Claude Dusaidi, assessor de Kagame. "Esse tribunal agora está agindo como um entrave."

A maior concentração dos "mais procurados" de Ruanda estava estabelecida no Zaire e no Quênia — Estados cujos presidentes notoriamente corruptos, Mobutu Sese Seko e Daniel Arap Moi, haviam sido íntimos de Habyarimana e costumavam receber sua viúva, madame Agathe, em seus palácios. Mobutu havia chamado Habyarimana de "irmãozinho", e os restos do ruandês assassinado, que haviam passado clandestinamente a fronteira em meio à fuga em massa para Goma, estavam sepultados num mausoléu nas terras da principal propriedade de Mobutu. Quando perguntei a Honoré Rakotomanana, um malgaxe que liderou a equipe de promotores da ONU em Ruanda, como ele esperava indiciar alguém do Zaire ou do Quênia, ele respondeu: "Existem tratados internacionais dos quais aqueles países são signatários". Mas em quase dois anos, antes de ser afastado em 1997, Rakotomanana nunca se deu o trabalho de mandar um único investigador ao Zaire. Nesse meio tempo, em outubro de 1995, o presidente Moi, do Quênia, acusou o tribunal de ser "um processo sem direção", e anunciou: "Não vou permitir que nenhum deles entre no Quênia para distribuir intimações e procurar pessoas. De jeito nenhum. Se alguns desses indivíduos vier aqui, eles é que serão presos. Temos de respeitar a nós mesmos. Não podemos ser molestados".

Ao observar como a confraria dos homens fortes da África defende a si própria, Kagame falou num "sentimento de ser traído, mesmo por nossos irmãos africanos", e acrescentou, de modo agourento: "Temos de lembrar a eles que o que aconteceu aqui pode acontecer em outros lugares — pode acontecer nesses outros países — e então tenho certeza de que eles correrão para nós. Pode acontecer amanhã. As coisas aconteceram, e podem acontecer de novo".

Mesmo quando líderes do genocídio eram finalmente levados ao tribunal, subsistia o problema de que a ONU havia proibido a corte de recomendar a pena de morte. Os nazistas em

Nuremberg e os criminosos de guerra japoneses em Tóquio foram confrontados com a pena de morte depois da Segunda Guerra Mundial. Em que os crimes cometidos contra a humanidade em Ruanda eram mais leves que aqueles que levaram à redação da Convenção do Genocídio? De acordo com Kagame, quando Ruanda protestou que o tribunal deveria adotar a pena de morte por respeito às leis de Ruanda, a ONU aconselhou Ruanda a abolir *sua* pena de morte. Kagame chamou esse conselho de "cínico".

"O povo ruandês sabe que esta é a mesma comunidade internacional que ficou olhando, de braços cruzados, enquanto ele era chacinado", disse Gerald Gahima. Seu colega da FPR Tito Ruteremara, observando que os ruandeses condenados pelo tribunal deveriam cumprir suas sentenças na Escandinávia, disse-me: "Não condiz com a nossa definição de justiça pensar nos autores do genocídio de Ruanda sentados numa confortável prisão sueca diante da televisão". Ao que parece, até os líderes do Poder Hutu que ficaram sob custódia em Arusha acharam demasiado sofisticados os croissants que lhes eram servidos regularmente. Depois de um tempo, os prisioneiros do tribunal promoveram um protesto para exigir um café da manhã ruandês normal, com sopa de aveia.

17

"No seu país", disse o coronel do EPR, "acho que vocês têm muitos comediantes." Estávamos sentados na sua varanda, na fria e úmida noite das montanhas do centro de Ruanda, bebendo cerveja e uísque e comendo batatas cozidas com espetos de carne de cabra grelhada. O coronel arrancou com os dentes um pedaço de carne de seu espeto. Mastigou-o por um momento e depois disse: "Pelo que sei, muitos desses comediantes americanos são negros. Por que você acha que acontece isso?".

Sugeri que podia ter a ver com a adversidade. As pessoas que têm de enfrentá-la desenvolvem às vezes um olhar zombeteiro diante do modo como o mundo funciona — sua crueza, seus absurdos — e às vezes elas são engraçadas, transformam tudo numa diversão.

"Aqueles caras negros *são* engraçados", disse o coronel.

Eu disse: "Os engraçados são".

Ele tossiu uma risada curta, e os outros sujeitos na varanda, seus colaboradores, o imitaram rindo um pouco. Depois de um tempo, o coronel disse: "Não há comediantes em Ruanda. Uma porção de negros, uma porção de adversidade — e nenhum comediante".

"Vocês devem ter piadas", eu disse.

Ele respondeu: "Elas não são realmente engraçadas".

Pedi-lhe que testasse uma comigo. "Numa outra ocasião", disse ele. Uma mulher estava presente, e o coronel apontou o queixo em sua direção. "As piadas ruandesas", disse, "não são decentes."

Fiquei desapontado. Não esperava encontrar novamente com aquele coronel, e o assunto me interessava muito: não apenas piadas — qualquer tipo de arte. Ali do lado, no Congo, na Tanzânia, em Uganda, havia grandes tradições artísticas: as artes visuais e a música predominavam, e uma cultura literária havia se desenvolvido na época pós-colonial. Até o Burundi tinha grupos de percussão mundialmente famosos. Ruanda tinha umas poucas danças típicas espetaculares, algumas canções tradicionais e uma literatura oral composta de poemas e contos que seguiam formas arcaicas de épocas pré-coloniais, mas não tinha uma arte que pudesse competir com a de seus vizinhos. O mais próximo que Ruanda chegou do florescimento de uma cultura moderna foi na *agitprop* fascista dos jornais e rádios do Poder Hutu, e na ostentação desordeiro-chique da *interahamwe*, com suas canções marciais. A nova música era quase toda importada, e embora alguns ruandeses houvessem escrito romances, quase ninguém os lera.

Eu teria gostado de perguntar ao coronel sobre a pobreza da arte ruandesa, mas não queria ofendê-lo. A conversa passou a outros assuntos. A certa altura, a mulher saiu, e o coronel disse:

"OK, vou lhe contar uma piada". A situação era simples: um garoto ruandês criou-se nas montanhas, foi bem na escola, ganhou uma bolsa em Paris e voltou com um conjunto de novas maneiras — roupas da moda, vocabulário rico, entonação afetada, um jeito diferente de andar, "como um cavalinho", segundo o coronel. Um dia, o pai do rapaz, um rude camponês, disse: "Menino, o que acontece com você? Você foi para a França. E daí? Olhe para mim. Eu trepo com sua mãe há 45 anos, e não saio andando por aí assim". As mãos do coronel lançaram-se para a frente, agarrando o ar, e ele deu uma bombada súbita com os quadris, no gesto universal.

Dei risada. Mas os ruandeses que estavam na varanda, amigos do coronel, só assentiram gravemente com a cabeça. "Viu", disse o coronel, "não é uma piada muito engraçada. É sobre lógica. As piadas ruandesas são assim, meio intelectuais. Por exemplo, um sujeito faz o que a gente chama de corte francês de cabelo — raspado dos lados, curto no alto da cabeça — e seus amigos dizem: 'Como é que você tem um corte francês? Você nem ao menos fala francês'."

Dessa vez, os ruandeses riram, e eu só assenti com a cabeça. "É sobre lógica", disse o coronel outra vez. "É um truque. Você ri do rapaz que cortou o cabelo *e também* dos amigos dele — ao mesmo tempo."

Parecia-me que ambas as piadas tinham uma lógica, como todas as piadas devem ter, mas que seu tema era o provincianismo e a influência estrangeira. Eram sobre a aspiração à imagem e às promessas de um extenso mundo moderno, e o puxão contrário do isolamento e do conformismo tradicionais de Ruanda; sobre estar entre um passado que você rejeita, ou do qual pelo menos quer fugir, e um futuro que você só imagina em termos de estilos importados, cuja imposição também rejeita, e da qual quer fugir. Eram piadas que pareciam bem adequadas a um país submetido ao mais catastrófico processo de descolonização da África. Eu disse mais ou menos isso ao coronel, de um modo cuidadoso, e ele respondeu: "Talvez seja por isso que não temos nenhum comediante". Ele parecia muito desanimado.

"Mas as piadas são engraçadas", eu disse.

"Não", disse ele, "não é engraçado. Vai levar muito tempo para que a gente consiga superar as velhas mentalidades."

Às vezes parecia que, no lugar das belas-artes, os ruandeses tinham a política: a arte do poder, em proporção maior ou menor, nos mais altos escalões do governo ou nas mais básicas negociações da vida cotidiana. O que era, no fim das contas, a luta entre os defensores de uma "nova ordem" e os adeptos das "velhas mentalidades" senão o conflito entre duas representações fundamentalmente opostas da realidade ruandesa? Depois de um século no qual os ruandeses haviam agido sob o engano da fábula hamítica, cuja perversidade suprema tomou a forma invertida do genocídio, a FPR e seus aliados Antipoder Hutu descreviam sua luta contra a aniquilação como uma revolta dos realistas. "Honestidade" era uma de suas palavras favoritas, e sua proposição básica era a de que uma verdade mais profunda deveria ser a base de um poder mais profundo. Dadas as circunstâncias, a última esperança do Poder Hutu era afirmar — em sua habitual ofensiva simultânea de palavra e ação — que a honestidade e a verdade eram meras formas artificiais, nunca a fonte do poder, mas sim seus produtos, e que a única medida do certo e do errado era o princípio, baseado numa deturpada "lei da maioria", da força física.

Com os campos assim definidos, a guerra a respeito do genocídio era uma autêntica guerra pós-moderna: uma batalha entre, de um lado, os que acreditavam que, já que as realidades que habitamos são construções da nossa imaginação, elas são igualmente verdadeiras e falsas, válidas e inválidas, justas e injustas, e, do outro lado, os que acreditavam que as construções da realidade podem — aliás, devem — ser julgadas como certas ou erradas, boas ou más. Enquanto os debates acadêmicos sobre a possibilidade da verdade objetiva são frequentemente abstratos a ponto de atingir o absurdo, Ruanda demonstrou que se trata de uma questão de vida ou morte.

No verão de 1995, um homem veio me procurar em Kigali, dizendo ter ouvido falar que eu estava interessado nos problemas de seu país. Ele havia militado durante muito tempo na política ruandesa — primeiro como adepto do Poder Hutu, depois como oposicionista — e agora estava ligado ao novo governo. Disse-me que queria ser completamente honesto comigo sobre os assuntos de seu país, mas anonimamente. "Se você divulgar meu nome", disse, "eu nego tudo."

Meu visitante era um hutu, que andava com um soldado armado de Kalashnikov a reboque. "Ouça", disse ele, "Ruanda teve uma ditadura, Ruanda teve um genocídio, e agora Ruanda tem uma ameaça séria nas fronteiras. Não é preciso ser da FPR para entender o que isso significa. Não é preciso cair no velho modo de pensar — o de que se você não está com estes caras, está com os outros." Em seguida explicou detalhadamente sua visão de que nunca se pode confiar nos ruandeses. "Os estrangeiros não são capazes de conhecer este lugar", disse. "Nós enganamos. Repetimos as mesmas bobagens a você vezes sem fim e não dizemos nada. Mesmo entre nós, nós mentimos. Temos um hábito de segredo e suspeita. Você pode ficar aqui um ano inteiro e mesmo assim não vai descobrir o que os ruandeses pensam nem o que estão fazendo."

Eu lhe disse que aquilo não chegava a me surpreender, porque eu sempre tivera a impressão de que os ruandeses frequentemente falavam duas línguas — não simplesmente quiniaruanda e francês ou inglês, mas uma língua entre eles e outra inteiramente diferente com os forasteiros. A título de exemplo, eu disse que conversara com um advogado ruandês que havia descrito a dificuldade de adaptar sua formação europeia à sua experiência prática em Ruanda. Ele amava o cartesiano sistema legal napoleônico, no qual o de Ruanda foi inspirado, mas, segundo disse, isso nem sempre correspondia à realidade ruandesa, que em sua visão era um sistema de pensamento igualmente completo. Pelo mesmo motivo, quando esse advogado falava comigo usava uma linguagem completamente diferente da linguagem que usava com seus compatriotas ruandeses.

"Você fala sobre isso", disse meu visitante, "e ao mesmo tempo diz: 'Um advogado me contou isso e aquilo'. Um ruandês nunca lhe contaria o que outra pessoa disse a ele, e normalmente, quando você contasse a um ruandês o que ouviu de outro, ele imediatamente mudaria o tom da conversa e se fecharia. Pensaria que o que dissesse a você poderia ser passado adiante depois. Ficaria em guarda." Ele levantou os olhos e me estudou por um momento. "Vocês ocidentais são tão honestos", disse. Parecia deprimido diante dessa ideia. "Vocês dizem o que pensam, e dizem o que veem. Você diz: 'Um advogado me contou'. Você acha que existem muitos advogados aqui?"

Contei que tinha conhecido vários e que aquele a quem eu havia me referido permitira que eu mencionasse seu nome. "Muito bem", disse meu visitante. "Mas estou lhe dizendo: os ruandeses são mesquinhos." Eu não estava inteiramente seguro se era mesmo "mesquinho" o sentido da palavra francesa que ele usara, *mesquin*. Quando lhe pedi que a explicasse, ele descreveu alguém que soava notavelmente como Iago — um vigarista, trapaceiro, traidor e mentiroso, que tenta dizer aos outros o que imagina ser o que eles querem ouvir, de modo a manter seu próprio jogo e obter o que pretende. O coronel dr. Joseph Karemera, um dos fundadores da FPR e ministro da Saúde de Ruanda, contou-me que existe uma palavra quiniaruanda para tal comportamento. Tendo descrito o legado de 34 anos de ditadura étnica hutu como "uma mentalidade muito ruim", Karemera disse: "Nós chamamos de *ikinamucho* a atitude de alguém que, quando quer alguma coisa, é falso em vez de correto. Por exemplo, você pode vir me matar" — ele agarrou a própria garganta — "e ser bem-sucedido em sua missão, mas sair chorando. Isso é *ikinamucho*".

Meu visitante gostava da palavra *mesquin*. Usava-a repetidas vezes. Comentei que ele não parecia ter uma ideia muito positiva de seu povo. "Estou tentando lhe falar sobre ele sem mentir", disse.

Pouco depois do nosso encontro, fiquei sabendo que ele havia deixado Ruanda para juntar-se aos líderes do Poder Hutu no exílio. Fiquei sabendo também que *ikinamucho* significa "teatro".

* * *

Durante os últimos anos de Odette Nyiramilimo na escola de medicina, no início dos anos 1980, seu professor de pediatria era um médico chamado Théodore Sindikubwabo. "Eu estava no final da gravidez quando fiz exame com ele, e ele viu que eu estava sofrendo", recordou Odette. "Levou-me para o seu gabinete para tomar uma Fanta e depois me deu uma carona até minha casa. Mostrou qualidades muito humanas, reações de um verdadeiro pai. Mas era um homem falso. Durante a Primeira República, sob o presidente Kayibanda, ele foi ministro da Saúde. Quando viu Habyarimana tomar o poder e começar a prender ministros, foi direto ao Hospital Central de Kigali, pegou um estetoscópio e começou a praticar pediatria. Tornou-se então deputado no Parlamento. Adorava ser importante. Ele vinha do sul, tinha uma mansão em Butare, que era Antipoder Hutu, e era um homem do Poder junto ao MRND — portanto, muito útil. Tinha uma mentalidade de camaleão. Mas nunca pensei que pudesse ser um assassino."

Três dias depois do assassinato de Habyarimana, Sindikubwabo foi instituído presidente interino de Ruanda pelo comitê de crise do coronel Bagasora. Na época, Butare era a única província com um governador tutsi, e enquanto os outros líderes políticos e civis conclamavam seus eleitores ao massacre, aquele governador, Jean-Baptiste Habyalimana, apelava para a contenção. Nos primeiros doze dias de matança, Butare era um abrigo virtualmente calmo, e os tutsis que fugiam do massacre em outros lugares dirigiam-se em massa para a região. Então, em 19 de abril de 1994, Théodore Sindikubwabo visitou Butare. Ele demitiu o governador (que em seguida foi assassinado) e realizou um comício, no qual lançou um chamado às armas transmitido para todo o país. No dia seguinte ao apelo de Sindikubwabo, soldados da Guarda Presidencial foram despejados em Butare, ônibus e caminhões chegaram trazendo milicianos e armas, e a matança começou. Os assassinatos em Butare incluíram alguns dos massacres mais extensivos do genocídio: em apenas duas ou três semanas, pelo menos 20 mil tutsis foram mortos na paróquia de Cyahinda e pelo menos 35 mil na paróquia de Karama.

A antiga *villa* de Sindikubwabo em Butare havia sido arrasada e transformada num monte de pedras na época em que a visitei, mas ele tinha uma nova e linda num enclave exclusivo em Bukavu, no Zaire, onde vivia como presidente do governo no exílio. A propriedade ficava logo atrás da mansão do governador em Bukavu e dela se descortinava uma estupenda vista das montanhas de Ruanda, através do extremo sul do lago Kivu. Dois Mercedes pretos do governo de Ruanda estavam estacionados na alameda quando cheguei ali no final de maio de 1995, e vários jovens ruandeses vagavam junto ao portão. Um homem afável de camisa esporte vermelha veio me receber, apresentando-se como chefe de protocolo de Sindikubwabo. Ele disse que a imprensa era sempre bem-vinda porque Ruanda era terrivelmente mal compreendida no mundo; sim, o país havia sofrido um genocídio, mas ele fora cometido pela FPR, e os hutus tinham sido as vítimas. "Olhe para nós, no exílio", disse, acrescentando: "No momento mesmo em que conversamos, Paul Kagame está matando todos os hutus de Ruanda, sistematicamente". Manifestou então a opinião de que Sindikubwabo era um homem inocente e perguntou se eu acreditava na ideia da inocência até que a culpa fosse provada. Eu disse que não sabia que Sindikubwabo houvesse sido acusado de algum crime em algum tribunal de justiça, e ele me contou que todos os refugiados ruandeses estavam esperando pelo julgamento do tribunal internacional. "Mas quem é esse tribunal?", ele perguntou. "Quem o influencia? A quem serve? Ele está interessado na verdade ou apenas em fugir da realidade?"

O chefe de protocolo me disse para esperar onde eu estava, e depois de um momento André Nkurunziza, assessor de imprensa de Sindikubwabo, tomou seu lugar. Nkurunziza tinha uma aparência levemente esfarrapada; tinha dentes quebrados e um paletó velho, e falava num tom machucado e lamentoso. "Este é um governo ferido por uma conspiração da mídia que o rotula de governo do genocídio", disse. "Mas estas pessoas não mataram ninguém. Sabemos que as chamam de mentores, mas são apenas boatos plantados por Kigali. Mesmo o senhor, quando for a Kigali, podem lhe dar dinheiro para escrever o que eles querem." Estendeu a mão para tocar levemente meu antebraço. "Não estou dizendo que eles lhe pagaram. É só um exemplo."

Nkurunziza me contou que em 1991 ele havia visitado Washington. "Eles não sabiam que havia uma guerra em Ruanda", disse. "Não sabiam nada sobre Ruanda. Eu disse: 'É um pequeno país vizinho ao Zaire'. E eles: 'Onde é o Zaire?'. Agora, como podem dizer que sabem o que aconteceu no meu país no ano passado?"

Estávamos no Zaire, olhando para Ruanda. Eu perguntei: "O que aconteceu no ano passado?".

"Esta é uma longa guerra", disse Nkurunziza. "E haverá outra guerra. Isso é o que pensamos aqui. Haverá outra guerra."

Por fim, fui levado a Sindikubwabo, que tinha uns sessenta e poucos anos — um velho para os padrões de Ruanda. Estava sentado numa poltrona baixa na sua sala de estar mobiliada modestamente. Diziam que estava doente, e parecia mesmo: esquelético, com olhos pálidos cobertos por cataratas e um rosto impressionantemente ossudo e assimétrico, dividido por uma cicatriz profunda — consequência de um acidente de moto na juventude — que puxava sua boca para cima, num sorriso diagonal de escárnio. Ele me contou que, seguindo os Acordos de Arusha, dispunha-se de bom grado a "um franco e sincero diálogo sobre a administração de Ruanda" com a FPR. Quando perguntei por que alguém negociaria com o homem que era considerado o instigador dos massacres em Butare, Sindikubwabo começou a rir — uma gargalhada seca e rascante que só parou quando ficou sem fôlego.

"Ainda não chegou o momento de dizer quem é culpado e quem é inocente", disse ele. "A FPR pode lançar acusações e mais acusações não importa contra quem, e pode formular essas acusações não importa como — rearranjando, costurando, fazendo uma montagem com os depoimentos das testemunhas. É fácil.

O senhor é um jornalista e não sabe como essas coisas são feitas?" Seu rosto começou a contrair-se em torno da cicatriz. "Isso se torna uma peça de teatro" — "*une comédie*", ele disse — "que estão encenando agora mesmo em Kigali, e que será apresentada diante do tribunal. Eu venho de Butare, e sei o que disse em Butare, e as pessoas de Butare também sabem o que eu disse."

Mas ele se recusou a me contar o que havia dito. Mesmo se eu encontrasse uma fita com o discurso, me instruiu, teria de levá-la a ele para uma interpretação — "cada palavra, o seu significado, cada frase, o seu significado, pois interpretar as ideias e pensamentos dos outros não é fácil e não é justo". Mais tarde, quando repeti suas palavras para Odette, ela disse: "Não havia nada a interpretar. Ele disse coisas como 'Eliminem aqueles que pensam que sabem tudo. Livrem-se deles'. Eu tremi quando ouvi isso".

O discurso de Sindikubwabo era um dos momentos do genocídio mais amplamente lembrados, porque assim que começou a matança em Butare ficou claro que nenhum tutsi de Ruanda deveria ser poupado. Mas ele insistia que fora mal compreendido. "Se os prefeitos de Butare afirmam que os massacres começaram ao meu comando — então *eles* são os responsáveis, porque era responsabilidade deles manter a ordem em suas comunidades. Se interpretaram minha mensagem como uma ordem, executaram uma ordem contra as minhas palavras." Fiquei curioso para saber por que não os havia corrigido, já que era médico e havia sido presidente, enquanto centenas de milhares de pessoas estavam sendo assassinadas em seu país. Ele disse que, se chegasse a hora, responderia essa pergunta diante do tribunal internacional.

Sentado com Sindikubwabo enquanto ele oferecia o que soava como um ensaio da defesa por ofuscação que preparava para o tribunal, eu tinha a impressão de que quase ansiava por ser indiciado, e mesmo preso, de modo a ter um derradeiro instante sob os holofotes. Mas talvez ele soubesse que no Zaire estava além do alcance do tribunal da ONU. Sustentava que uma investigação "realmente imparcial" não poderia senão reabilitá-

-lo. A título de exemplo, me mostrou o que considerava um relato definitivo da história ruandesa recente, um artigo recortado da *Executive Intelligence Review*, uma publicação mantida pelo criptofascista teórico da conspiração norte-americano Lyndon LaRouche. Dei uma rápida olhada; parecia demonstrar que a família real britânica, por meio de seus fantoches ugandenses, e em conluio com outras obscuras agências, incluindo o World Wildlife Fund for Nature, havia patrocinado o extermínio da maioria hutu de Ruanda.

Havia um retrato do presidente Habyarimana atrás da poltrona de Sindikubwabo. O líder morto, vestido em uniforme militar e ornado com galões, tinha um ar muito mais feliz que o do líder exilado, e me parecia que, morto, ele gozava de fato de uma situação mais feliz. Para seu povo, Habyarimana era o verdadeiro presidente — muitas pessoas nos campos da ONU me disseram isso —, enquanto Sindikubwabo era visto como um joão-ninguém que havia ocupado o cargo apenas por um breve e infeliz momento. "Ele não é presidente de nada", disseram vários refugiados. Para seus inimigos, também, Sindikubwabo não era ninguém; líderes da FPR e sobreviventes do genocídio viam-no como um cortesão guindado dos mais baixos escalões do Poder Hutu no momento de crise precisamente porque se satisfazia em servir de fantoche. O próprio genro de Sindikubwabo era ministro da Agricultura do novo governo, e durante uma cerimônia de exumação coletiva em Butare ele havia denunciado o sogro como assassino, e conclamado os ruandeses a evitar a atribuição de culpa ou a proteção de culpados com base nas relações familiares.

Entretanto, mesmo em seu estado desacreditado e lamentável, Sindikubwabo continuava sendo útil à máquina do Poder Hutu — como um bode expiatório. Com o tempo, os líderes da ex-FAR, que mantinham seu quartel-general na extremidade norte do lago Kivu, dezesseis quilômetros a oeste de Goma, haviam se distanciado do governo no exílio e criado um conjunto de novas organizações políticas de fachada, cujos testas de ferro não ficaram identificados com o genocídio e podiam ser apresentados ao mundo como "limpos". A principal delas era a Rassemblement Democratique pour la Retour (RDR), cuja propaganda, acusando a FPR pela crise dos refugiados e clamando por uma anistia geral como precondição para a repatriação, conquistou um grande número de seguidores entre agentes humanitários e jornalistas. Representantes do Alto Comissariado das Nações Unidas para Refugiados (UNHCR) frequentemente faziam questão de me apresentar a líderes da RDR quando eu visitei os campos. Eu não conseguia entender. Esses líderes soavam exatamente como Sindikubwabo, e entretanto os humanitários que os incensavam pareciam convencidos de que eram vozes legítimas e sensíveis dos excluídos. Os porta-vozes da RDR no Zaire, no Quênia e em Bruxelas eram frequentemente citados na BBC como "destacados representantes dos refugiados". Quase nunca se desconfiava de que a RDR pudesse ter ligação com os *génocidaires* — de que ela fosse, na verdade, uma máscara para o regime do Poder Hutu alugada pelo comando da ex-FAR em Goma, e de que os agentes da RDR manipulavam os campos, cobrando contribuições mensais, em dinheiro ou em mantimentos, de cada família de refugiados no Zaire, e intimidando refugiados que queriam voltar para casa.

Esse era um dos grandes mistérios da guerra em torno do genocídio: como, repetidas vezes, a simpatia internacional se punha prontamente a serviço das mentiras do Poder Hutu. Já era espantoso o bastante que se tivesse permitido que os campos de fronteira da ONU se transformassem num remanescente do Estado genocida, com um exército que abertamente recebia grandes remessas de armas e recrutava jovens aos milhares para a próxima campanha de extermínio. E era de cortar o coração ver que a grande maioria do milhão e meio de pessoas que viviam nesses campos não sofria nenhum risco de ser presa, muito menos morta, em Ruanda, mas que a propaganda e a força bruta do aparato do Poder Hutu a mantinha refém, como um verdadeiro escudo humano. Contudo, o que tornava quase insuportável uma visita aos campos era o espetáculo de centenas de agentes humanitários internacionais sendo abertamente explorados como fornecedores de gado humano por aquela que era provavelmente a maior sociedade de autores de crimes contra a humanidade foragidos jamais reunida num só local.

Agências de ajuda forneciam transporte, locais de reunião e material de escritório à RDR e aos grupos paramilitares que se disfarçavam de agências comunitárias de autoauxílio; elas engordavam os fundos de guerra das elites do Poder Hutu ao alugar delas caminhões e ônibus, e ao contratar como empregados os candidatos impostos por meio de um sistema interno de apadrinhamento manipulado pelos *génocidaires*. Alguns agentes humanitários chegaram a contratar o astro pop do Poder Hutu Simon Bikindi — autor da letra do hino da *interahamwe*, "Eu odeio esses hutus" — para se apresentar com sua banda numa festa. Nos campos de fronteira da Tanzânia, encontrei um grupo de médicos, recém-chegados da Europa, que me contaram como eram divertidos os refugiados. "Você pode dizer por seus olhos quais são os inocentes", disse uma médica de — olhe só de onde — Sarajevo. E um colega dela disse: "Eles quiseram nos mostrar um vídeo de Ruanda em 1994, mas achamos que seria muito desagradável".

Desde o momento em que o surto de cólera em Goma foi debelado, os campos deixaram de oferecer uma solução para a crise dos refugiados e tornaram-se um meio de sustentá-la; pois quanto mais tempo os campos durassem, mais a guerra seria inevitável, e isso significava que, em vez de proteger as pessoas, os campos estavam encaminhando-as para o desastre.

Ao longo de 1995 e 1996, as forças do Poder Hutu no exílio continuaram sua guerra de guerrilha contra Ruanda, com ativistas dos campos atravessando a fronteira para pôr minas numa estrada, explodir uma torre de energia ou atacar sobreviventes e testemunhas do genocídio. Além disso, homens da ex-FAR e da *interahamwe* dos campos de Goma espalharam-se pela província do Kivu Norte, que abrigava uma considerável população de zairenses de ascendência ruandesa, e começaram a recrutar, treinar e armar hutus zairenses para lutar ao lado deles, por solidariedade étnica, nos dois lados da fronteira Ruanda-Zaire. Logo circularam notícias de treinamentos práticos de ativistas do Poder Hutu — atacando fazendeiros tutsis e roubando seu gado — nos ricos pastos de montanha da região de Masisi, no Kivu Norte. Em meados de 1995, quando as milícias tribais zairenses montaram uma resistência, Masisi ficou conhecida como uma zona de combate. "Essa é uma consequência direta dos campos", disse-me um agente de segurança no quartel-general do UNHCR em Goma, "e não podemos fazer nada a não ser ficar olhando."

Tais expressões de impotência eram comuns entre os agentes humanitários que mantinham os campos. Jacques Franquin, do UNHCR, um ex-diretor de teatro da Bélgica que supervisionava campos com mais de 400 mil hutus ruandeses na Tanzânia, contou-me que conhecia numerosos *génocidaires* no meio deles. "Mas não me peça para tirá-los de lá", disse. "Não me peça para tirar os criminosos dos campos e deixar em perigo agentes humanitários." O que ele queria dizer — e o que eu ouvi muitas vezes — era que enquanto as grandes potências que tinham assento no Conselho de Segurança e financiavam a maior parte do socorro internacional não manifestassem disposição de agir contra o Poder Hutu, os agentes humanitários não podiam ser responsabilizados pelas consequências.

"Comida, abrigo, água, saúde, higiene — damos uma boa ajuda", disse-me um chefe de entidade humanitária em Goma. "É isso o que a comunidade internacional quer, e é isso que fazemos." Mas, se os erros da reação internacional não se originaram no interior da indústria do socorro, eles rapidamente se instalaram ali. Mesmo que não tomar partido fosse uma posição desejável, é impossível agir numa situação política sem causar um efeito político.

"A postura humanitária é de não pensar — só agir", disse um funcionário francês do UNHCR nos campos ruandeses do Burundi. "Somos como robôs, programados para salvar algumas vidas. Mas quando os contratos acabam, ou quando a coisa fica muito perigosa, deixamos o local e talvez as pessoas que salvamos terminem assassinadas do mesmo jeito." Humanitários não gostam de ser chamados de mercenários, mas "não pensar — só agir", como definiu o funcionário do UNHCR, é uma postura de mercenário. Como me disse um representante suíço no Comitê Internacional da Cruz Vermelha: "Quando a ajuda humanitária se torna uma cortina de fumaça para esconder os efeitos políticos que ela na verdade criou, e os Estados se escondem atrás dela, usando-a como instrumento de diplomacia, então podemos ser vistos como agentes do conflito".

De acordo com seu mandato, o UNHCR provê assistência unicamente aos refugiados — pessoas que fugiram atravessando uma fronteira internacional e podem demonstrar um temor justificado de perseguição em sua terra de origem —, excluindo explicitamente de proteção aqueles que fogem de processo criminal. O mandato também requer que aqueles que recebem assistência do UNHCR estejam aptos a provar que têm direito legítimo ao status de refugiados. Mas nunca foi feita nenhuma tentativa de triagem dos ruandeses nos campos; era considerado perigoso demais. Em outras palavras, nós — todos nós que pagamos impostos nos países que pagam o UNHCR — estávamos alimentando gente que presumivelmente faria mal a nós (ou a nossos agentes) se questionássemos seu direito à nossa caridade.

Ninguém sabe exatamente quantas pessoas estavam nos campos do Zaire porque nenhum censo completo jamais foi tentado, e levantamentos parciais eram sistematicamente, muitas vezes violentamente, sabotados pelos *génocidaires*, que tinham um interesse político em manter os números radicalmente inflados, e gostavam das rações excedentes. A taxa de natalidade nos campos estava perto do limite das possibilidades humanas; gerar mais hutus era a política do Poder Hutu, e a gravidez compulsória de qualquer mulher em idade reprodutiva era vista como uma espécie de serviço público étnico entre os membros da *interahamwe*. Ao mesmo tempo, cerca de meio milhão de pessoas havia conseguido voltar por vontade própria a Ruanda, a partir do Zaire, no primeiro ano após o genocídio. Depois disso, o UNHCR afirmou que a população dos campos se estabilizou em torno de 1,25 milhão de ruandeses, mas vários funcionários do UNHCR me disseram que as estimativas do órgão estavam infladas em pelo menos 20%.

A única estatística segura sobre os campos do Zaire era a de que eles custavam a seus mantenedores pelo menos 1 milhão de dólares por dia. Um dólar por pessoa por dia pode não parecer muito, especialmente se considerarmos que pelo menos 70% do dinheiro ia direto para os bolsos das equipes de socorro e seus fornecedores, na forma de despesas gerais, mantimentos, equipamentos, moradia, salários, comissões e outros gastos variados. Mas mesmo que apenas 25 centavos de dólar por dia estivessem sendo gastos com cada refugiado, isso equivalia a quase duas vezes a renda *per capita* da maioria dos ruandeses. O Banco Mundial considerava que Ruanda depois do genocídio havia se tornado o país mais pobre do mundo, com uma renda média de oitenta dólares por ano. Uma vez que milhares de pessoas estavam ganhando milhares de dólares por ano em Ruanda, pelo menos 95% da população vivia provavelmente com uma renda média de sessenta dólares por ano, ou dezesseis centavos por dia.

Nessas circunstâncias, viver num campo de refugiados não era uma perspectiva econômica ruim para um ruandês, especialmente para um que estivesse encaixado na rede de clientelismo do Poder Hutu. A comida não era apenas gratuita, mas também farta; as taxas de desnutrição nos campos eram muito mais baixas que em qualquer outro lugar da região. Aproximavam-se, na verdade, das da Europa Ocidental. A assistência médica geral era também a melhor que se encontrava na África Central; zairenses que viviam em Goma falavam com inveja da condição dos refugiados, e vários deles me disseram que haviam fingido ser refugiados para tentar ser admitidos nas clínicas dos campos. Além de ter todas as despesas de subsistência cobertas pela caridade, os moradores dos campos estavam livres para ocupar-se do comércio, e as agências de ajuda frequentemente forneciam-lhes incentivos — como produtos agrícolas — para isso. Os grandes campos do Zaire rapidamente se tornaram a sede dos maiores, mais bem supridos e mais baratos mercados da região. Os zairenses viajavam quilômetros de distância para comprar *chez les Rwandais*, onde pelo menos metade do comércio era de bens fornecidos pela ajuda humanitária: feijão, farinha, óleo, tirados de sacos e latas estampados com os logotipos dos doadores estrangeiros. E, à medida que a *interahamwe* e a ex-FAR intensificaram seus assaltos aos criadores de gado tutsis do Kivu Norte, os mercados do campo de Goma se tornaram famosos por sua carne incrivelmente barata.

Os campos eram apertados, enfumaçados e malcheirosos, mas assim eram também as casas que muitos ruandeses haviam deixado; e, diferentemente da maioria das aldeias de Ruanda, as principais avenidas dos grandes campos eram ladeadas por farmácias, bares de dois andares equipados com geradores, livrarias, igrejas, bordéis, fotógrafos — o que você quiser. Humanitários que guiavam minhas visitas muitas vezes soavam como orgulhosos proprietários, dizendo coisas como "Belo campo", mesmo quando diziam "Essa pobre gente", e perguntavam: "O que estamos fazendo?".

Os lucros do comércio dos refugiados iam para várias direções, mas grandes fatias iam diretamente, por meio de extorsão política, para a compra de armas e munições. Richard McCall, chefe de pessoal da Usaid, a Agência dos Estados Unidos para o Desenvolvimento Internacional, descreveu o Zaire como "um corredor desimpedido para o fornecimento de armas" aos *génocidaires*. O UNHCR, mais cautelosamente, deu declarações similares, mas isso nunca o impediu de continuar pedindo mais dinheiro para manter os campos funcionando.

Oficialmente, a política do UNHCR nos campos de fronteira era a de promover a "repatriação voluntária". No início, isso era feito mediante a inscrição dos refugiados, com um ou dois dias de antecedência, para embarcar nos ônibus que os levariam de volta a Ruanda. Depois que várias pessoas que fizeram isso foram espancadas ou mortas antes da data de partida, decidiu-se simplesmente estacionar ônibus vazios nos campos a cada manhã e deixar que os interessados corressem até eles. Previsivelmente, esse programa também logo se mostrou um fracasso. "O que significa voluntário?", perguntou-me uma vez o general Kagame. "Normalmente significa que alguém tem de pensar e tomar uma decisão. Não acho que ficar num campo de refugiados seja uma decisão voluntária para as pessoas inocentes. Acredito que haja alguma influência. Então, como podemos falar em uma partida voluntária delas?"

Na verdade, uma influência contrária à volta a Ruanda provinha muitas vezes do interior da própria comunidade humanitária que teoricamente estava promovendo a repatriação. "Voltar para casa não é seguro para eles", me diziam agentes de ajuda, um depois do outro. "Eles podem ser presos." Mas e se merecessem ser presos? "Não podemos julgar isso", me diziam, e então, para encerrar a discussão, geralmente se declarava: "De todo modo, o governo em Kigali não quer de fato que voltem". Claro que muito poucas das pessoas que trabalhavam nos campos estiveram, o mínimo que fosse, em Ruanda; suas organizações não as incentivavam a isso. Assim, com o tempo, desenvolveu-se entre eles uma epidemia daquilo que os diplomatas chamam de "clientite": a adoção excessivamente crédula do ponto de vista dos seus clientes. Assim que atravessei de volta a fronteira para Ruanda, senti como se tivesse atravessado um espelho. No UNHCR em Goma, me diziam que Ruanda estava determinada a impedir a repatriação e que os que haviam regressado sofriam frequentes embaraços apenas para garantir que o resto dos refugiados continuasse longe. Mas no UNHCR em Kigali, me regalavam com estatísticas e argumentos que demonstravam não apenas que Ruanda queria os refugiados de volta como também que aqueles que haviam voltado tinham sido recebidos de modo totalmente adequado.

Em junho de 1995, o primeiro-ministro do Zaire, Kengo Wa Dondo, visitou Goma, e fez um discurso dizendo que se a comunidade internacional não fechasse os campos, o Zaire seria obrigado a mandar os ruandeses de volta para casa. Naquele agosto, soldados zairenses entraram em ação nos campos e, à maneira bruta habitual — com muita intimidação e barracos incendiados —, forçaram cerca de 15 mil ruandeses a atravessar a fronteira em menos de uma semana. Isso era mais do que o UNHCR conseguira nos seis meses anteriores. Mas o UNHCR opunha-se à repatriação forçada — a menos que, como me lembrou Gerald Gahima no Ministério da Justiça de Ruanda, você fosse alguém num barco vietnamita em Hong Kong. A comissária da ONU para os refugiados, Sadako Ogata, persuadiu pessoalmente o presidente Mobutu a interromper a ação de seus homens — circulou amplamente o rumor de que ele recebeu dinheiro para isso — e voltou-se imediatamente ao "beco sem saída" da repatriação, que ela frequentemente criticava junto ao Conselho de Segurança.

A cobertura da ação zairense pela imprensa enfatizou as numerosas violações da legislação humanitária internacional sofridas pelos refugiados — em sua maioria velhos, mulheres e crianças, impossibilitados de correr. Quase não se acompanhou a continuação das histórias no lado ruandês da fronteira, e os acontecimentos ali foram de fato insípidos: os refugiados foram calmamente reinstalados em suas comunidades, o índice de prisões ficou abaixo da média e o escritório do UNHCR em Kigali, impressionado pelo modo como o governo lidou com a situação, proclamou o episódio como uma demonstração auspiciosa da sinceridade de Ruanda ao chamar seu povo de volta.

"Não há como impedir a comunidade internacional de vir, dada uma situação como um genocídio", disse-me uma vez o general Kagame. "Mas eles podem ministrar os remédios errados para os nossos problemas. Por um lado, admitem que houve um genocídio em Ruanda, mas não parecem entender que alguém foi responsável por ele, que alguém o planejou e executou. É por isso que ficamos confusos quando há insinuações de que devemos negociar. Quando a gente pergunta 'Com quem?', eles não são capazes de dizer. Não conseguem dizer que devemos negociar com as pessoas que cometeram o genocídio. Claro que, a longo prazo, criam um problema maior, porque o genocídio pode se tornar cada vez menos visível como um crime muito grande pelo qual as pessoas precisam ser procuradas e julgadas." Além disso, disse Kagame, "existem muitas pessoas diretamente inocentes naqueles campos, e esta tem sido uma situação muito ruim para elas. Pelo menos aqui em Ruanda, embora alguns incidentes possam ocorrer, há algum grau de sanidade. Pode não ser agradável, pode não ser o melhor, mas é o melhor possível nas circunstâncias".

Eu lhe disse que continuava encontrando ruandeses que diziam que os ruandeses nunca dizem a verdade, que Ruanda tem uma cultura de desonestidade, que para entender Ruanda é preciso entrar no reino da mistificação. Quis saber o que ele pensava disso.

"Talvez até os que estão dizendo isso não estejam falando a verdade", disse, e deixou escapar uma risada extraordinariamente sincera. Então acrescentou: "Não acho que seja algo da nossa cultura, especialmente quando não vejo muita honestidade na política de muitos outros países. Mas em alguns outros países, quando você tenta contar mentiras, se expõe a instituições fortes que funcionam justamente para saber o que aconteceu de fato". Ficou em silêncio por um momento. E disse: "Pessoalmente, não tenho problema em falar a verdade, e sou um ruandês, então por que as pessoas não me tomam também como exemplo de um ruandês? Houve quem me dissesse que em política às vezes há certas coisas que não se dizem, e que eu as andei dizendo publicamente. Quanto mais elas me dizem isso, mais me convenço de que estou certo".

Na visão de Kagame, a mentira não era um traço ruandês, mas uma tática política, segundo ele uma tática débil. Isso não significava que não se devessem guardar segredos; mas segredos, mesmo quando envolvem engano, não são necessariamente mentiras — apenas verdades que você não conta. Num mundo em que se supõe que os políticos sejam mentirosos, Kagame havia descoberto que uma pessoa pode muitas vezes obter uma vantagem-surpresa não sendo falsa. "Às vezes", disse ele, "você fala a verdade porque essa é a melhor saída."

Se existe uma coisa garantida neste mundo, com certeza é esta: de que não acontecerá conosco uma segunda vez.
  Primo Levi, *Se questo è un uomo*, 1947

Aconteceu, portanto pode acontecer de novo: este é o cerne do que temos a dizer. Pode acontecer, e pode acontecer em qualquer lugar.
  Primo Levi, *I sommersi e i salvati*, 1986

18

Nos contrafortes dos vulcões Virunga, na região de Masisi, no Kivu Norte, em território zairense, numa elevação debruçada sobre uma aldeia camponesa à beira do lago chamada Mokoto, ficavam as ruínas de um mosteiro que podia ser confundido com um monumento da Europa medieval. Até o início de maio de 1996, Mokoto funcionava de modo muito parecido com uma cidade antiga em torno de uma catedral. Enquanto os aldeões moravam na parte baixa, em cabanas feitas geralmente de tijolos de barro e sapé, monges trapistas, na montanha, viviam num imponente conjunto de alvenaria e madeira, com uma grande igreja, uma biblioteca, uma hospedaria para visitantes, uma leiteria com quase mil vacas, uma oficina mecânica e um gerador elétrico movido a moinho d'água. O mosteiro era o principal provedor de serviço social para Mokoto e as aldeias vizinhas; os monges mantinham seis escolas e um posto de saúde, e haviam projetado um sistema de abastecimento de água para os aldeões, que até então haviam gastado boa parte do seu tempo carregando baldes. Em janeiro e fevereiro de 1996, quando centenas de pessoas começaram a aparecer no mosteiro, procurando refúgio depois que bandos de agressores os expulsaram de suas casas, padre Dhelo, o superior zairense em Mokoto, não hesitou em acolhê-los.

Padre Dhelo sabia que as pessoas desalojadas eram tutsis fugindo dos ataques de hutus liderados por membros da ex-FAR e da *interahamwe* dos campos da ONU em Goma, que ficavam uns cinquenta quilômetros a sudeste de Mokoto. Desde o início de 1996, quando alguns governos ocidentais começaram a cansar de financiá-los, haviam proliferado rumores sobre o fim da ajuda internacional ou do fechamento forçado dos campos, e os *génocidaires* residentes e seus aliados hutus zairenses haviam intensificado e expandido sua guerra no Kivu Norte. O esforço agora parecia ser no sentido de uma "limpeza étnica" da área estratégica das montanhas agrícolas do Kivu Norte, com o objetivo de criar uma base mais permanente do Poder Hutu, e em função disso a região já estava sendo chamada informalmente de Hutulândia.

O padre Dhelo sabia de tudo isso, e sabia que em 1994 os *génocidaires* não hesitaram em violar a imunidade das igrejas em Ruanda. Mas quando os líderes hutus locais o ameaçaram de morte por dar abrigo aos tutsis desalojados em Mokoto, ele se recusou a ser intimidado. "Disse-lhes que se pensavam que minha morte, e só a minha, poderia resolver o problema, eu morreria contente", contou-me. "Depois disso não me procuraram mais." Então, no início de maio, padre Dhelo viajou a trabalho.

Cerca de mil tutsis estavam acampados em torno do mosteiro na época. De acordo com o padre Victor Bourdeau, um monge francês que vivia em Mokoto havia dezessete anos, uma multidão hutu cercou o acampamento na noite de quarta-feira, 8 de maio. Foram disparados tiros para o ar, e centenas de tutsis se refugiaram no interior da igreja. Na sexta-feira, o mosteiro recebeu o aviso de que um grande ataque estava sendo planejado. Não havia nenhum meio seguro de tirar os tutsis de lá, mas a maioria dos monges foi evacuada; padre Victor foi um dos seis que ficaram até domingo, 12 de maio. Naquela manhã, combatentes hutus entraram à força na igreja, arrastaram para fora alguns tutsis e os executaram com facões. "Não havia nada a fazer", disse padre Victor. Ele e seus colegas monges fugiram num trator.

Quando encontrei os monges de Mokoto, nove dias depois, eles próprios eram pessoas desabrigadas, vivendo em alojamentos temporários em Goma. Padre Victor, um homem alto e esguio, com o olhar angustiado de um asceta, vestia um hábito cáqui, e estava sentado numa cama de armar num quartinho abafado. "Todos na aldeia foram cúmplices, por silenciar ou por participar do saque, e é impossível definir responsabilidades", disse ele. "É como em Ruanda — não se pode dizer que todos são culpados, mas é impossível distinguir quem é." O padre Victor estivera em Kigali em 7 de abril de 1994, um dia depois do assassinato de Habyarimana, e me disse: "Era exatamente o mesmo cenário".

O isolamento de Mokoto era tal que demorou três dias para a notícia do massacre no mosteiro chegar a Kigali, onde eu estava na época. A história encaixava no padrão dos acontecimentos recentes. Um mês e meio antes, pelo menos 10 mil tutsis haviam sido expulsos do Kivu Norte e forçados a se refugiar em Ruanda. O governo ruandês havia acusado o Zaire de cumplicidade na sua expulsão, uma vez que seus soldados muitas vezes haviam levado tutsis de caminhão para a fronteira, e confiscado ou rasgado seus papéis de cidadania zairense. Representantes do Zaire responderam invocando uma muito discutida e nunca implementada lei de nacionalidade — aprovada em 1981 em contradição com a própria constituição zairense e com uma série de convenções internacionais — que destituía de cidadania todos os zairenses de ascendência ruandesa, tornando-os apátridas. "Esses refugiados do Kivu Norte são zairenses", disse-me o assessor do general Kagame, Claude Dusaidi. "Pedimos que os nossos cidadãos voltassem dos campos, e eles nos mandaram os deles. Eles devem levá-los de volta e mandar os nossos."

À medida que relatos do massacre de Mokoto começaram a circular em Kigali, colhi expressões semelhantes de indignação em cada órgão do governo que visitei. Se o Zaire tinha raiva dos descendentes de ruandeses, por que só os tutsis estavam sendo escolhidos, enquanto os hutus zairenses e ruandeses os matavam impunemente? "É um verdadeiro genocídio em curso de novo", disse Dusaidi, "mas sustentado pelo Zaire contra seus próprios cidadãos." Fui repetidamente lembrado de que o presidente do Zaire, Mobutu Sese Seko, havia apoiado Habyarimana em sua luta contra a FPR, facilitado o embarque de armas para Ruanda durante o genocídio, fornecido as bases para as forças francesas da *Opération Turquoise* e encorajado as forças renascidas do Poder Hutu nos campos de fronteira. Uma equipe de investigação da ONU acabara de publicar um relatório mostrando que o infame coronel Bagasora, da ex-FAR, viajara com documentos militares zairenses para as ilhas Seychelles a fim de comprar armamentos e munições. Na primeira metade de 1996, à medida que a guerra no Kivu Norte se tornava mais acirrada, ataques contra Ruanda pelas forças do Poder Hutu no Zaire também se intensificavam e invasores matavam centenas de sobreviventes do genocídio, num esforço que a organização Direitos Africanos descreveu como "queima de arquivo". Assim, irritava particularmente os dirigentes de Ruanda o fato de que a comunidade internacional continuava despejando dinheiro no Zaire por meio dos campos de refugiados, mas não fazia nada para que Mobutu respondesse pelas ações de seus hóspedes genocidas.

Mobutu era o déspota havia mais tempo no poder na África. Sua subida ao governo, entre 1960 e 1965, havia sido consumada com a cuidadosa ajuda da CIA e de vários bandos de mercenários brancos por meio da supressão violenta do movimento nacional congolês, eleito pelo voto popular, e sua permanência no poder devia-se, em grande medida, a sua habilidade em tirar partido da desgraça de seus vizinhos. Durante a Guerra Fria, os Estados Unidos e seus aliados fortaleceram-no como baluarte contra as forças comunistas na África Central. Então caiu o Muro de Berlim, e Mobutu perdeu a utilidade. Promover a democracia era a nova ordem do dia, e quando Mobutu não conseguiu mostrar nada além de uma violenta paródia de reforma pluripartidária, seus antigos patronos ocidentais deixaram-no na mão. Seu imenso país — do tamanho da Europa Ocidental, ou dos Estados Unidos a leste do Mississippi — estava repleto de cobalto, diamantes, ouro e urânio, e dizia-se que era um dos homens mais ricos do mundo. Mas no final de 1993, quando seu exército sem salário se amotinou, assassinando, saqueando e estuprando pelo país afora, o Zaire sofria uma inflação de 10000%, e Mobutu, à beira do ostracismo e impedido de obter um visto para os Estados Unidos ou a Europa, parecia condenado à ruína.

Foi quando o genocídio de Ruanda deixou-o de novo sob os holofotes — dessa vez como o homem com quem se devia lidar se se quisesse lidar com os refugiados.

Mais uma vez, os líderes do Ocidente recorriam a Mobutu como um intermediário do poder em questões regionais; emissários dos Estados Unidos, da União Europeia e do Secretariado da ONU entravam e saíam do Gbadolite, o vasto palácio da selva de onde Mobutu reinava e onde Habyarimana foi sepultado. A França, ansiosa por libertar o Poder Hutu, rompeu com o resto do que no discurso da Guerra Fria costumava ser chamado de "mundo livre", e restaurou unilateralmente a ajuda ao Zaire — o que queria dizer, obviamente, a Mobutu, que despejava o dinheiro diretamente em suas contas bancárias na Suíça. "Aquele genocídio", disse-me um diplomata europeu, "foi um presente de Deus para Mobutu." Os dirigentes ruandeses com quem falei acreditavam que Mobutu, ao tolerar e mesmo encorajar a criação de uma Hutulândia altamente militarizada no Zaire, procurava assegurar que esse presente continuasse rendendo frutos.

"Se alguém pensa que Mobutu pode continuar a enganar as pessoas, acho que não vai demorar muito para que se veja que não somos idiotas", alertou o coronel Karemera, ministro da Saúde de Ruanda. Os últimos batalhões da Unamir haviam finalmente se retirado de Ruanda em abril de 1996, e um mês depois parecia que a guerra que todo mundo estivera esperando estava prestes a chegar. "O Zaire está provocando sem parar", disse-me Claude Dusaidi no Ministério da Defesa. "Se o Zaire quer expulsar seus cidadãos e dá-los a nós, então que nos dê junto suas terras." Ouvi essa frase tantas vezes de funcionários do governo em Kigali que perguntei a Dusaidi, um homem notoriamente rude, se Ruanda estava se preparando para invadir o Zaire. "Temos problemas suficientes", disse ele. "Não precisamos sair das nossas fronteiras para nos aborrecer. Mas se quiséssemos o Kivu Norte, iríamos lá pegar."

Em seguida ao massacre no mosteiro de Mokoto, centenas de sobreviventes tutsis conseguiram fugir e se refugiar numa aldeia zairense da região. Eu queria saber o que ia acontecer com eles lá. No meu caminho em direção à fronteira, parei num campo no noroeste de Ruanda onde estavam instalados milhares de tutsis zairenses recém-expulsos do Kivu Norte. Falei com uma dúzia de homens, que disseram que quando os ataques do Poder Hutu começaram, no início de 1996, o Zaire mandou tropas. Os tutsis haviam pensado que os soldados iriam defendê-los, que o Zaire protegeria seu próprio povo. Em vez disso, a maioria dos soldados aderiu aos saques, e depois forçou-os a atravessar a fronteira. "Eles nos fizeram pagar para ser transportados até a fronteira", disse um homem, cuja indumentária — um par de resistentes botas de esqui e um suéter que parecia islandês — testemunhava que era recente a sua situação de dependente de esmolas.

Os refugiados tutsis vindos do Zaire estavam convencidos de que Mobutu estava por trás do seu infortúnio. "Ele é um homem muito forte", disse um refugiado que fora um funcionário público zairense durante décadas. "Está lá há trinta anos, e cada vez que enfrenta uma oposição doméstica, enseja um conflito civil, então o controla e diz: '*Voilà*, paz'." Os refugiados acreditavam também que Mobutu podia restaurar a ordem se quisesse. Afinal, seu nome completo, autoconferido, Mobutu Sese Seko Kuku Ngbendu Wa Za Banga, tem sido traduzido como "o todo-poderoso guerreiro que, por sua resistência e vontade de vencer, avança de conquista em conquista, deixando um rastro de fogo por onde passa", e também como "o galo que não deixa nenhuma galinha sozinha". Ninguém parecia duvidar de que tudo o que acontecia em seu reino era obra sua, por força de suas ações ou omissões, e de que o resultado final seria exatamente o que ele pretendia.

Mas Mobutu não queria que forasteiros vissem a progressão de sua obra. Quando cheguei à fronteira, fiquei sabendo que o Zaire não estava deixando entrar jornalistas. "Eles querem camuflar a desordem total", disse um mecânico ruandês, voltando de uma viagem de um dia a Goma. "Aquele país está acabado. As empresas estão caindo fora." Mas os guardas de fronteira não me conheciam e os fiscais de alfândega que pegaram minha mala nem olharam dentro dela: o que eles queriam era suborno, um pouco de dinheiro para as bebidas, e três dólares foram suficientes.

O Zaire, enquanto Estado, havia sido considerado por muito tempo um construto ilusório. Seu próprio nome, que Mobutu havia imposto como parte de um programa de "autenticidade", era meio fictício: "Zaire" era uma arcaica corruptela portuguesa de uma palavra local para rio. E Mobutu, que gostava de aparecer na televisão em clipes que o mostravam andando entre as nuvens com os óculos escuros e o chapéu de pele de leopardo que eram sua marca registrada, havia ido mais longe, arrogando-se o poder adâmico de rebatizar todos os seus súditos — ou, pelo menos, ordenando-lhes que abandonassem seus nomes cristãos e adotassem nomes africanos. Em busca do "autêntico", ele também nacionalizou todas as empresas estrangeiras, impôs uma constituição que lhe garantia poderes absolutos, implantou um código nacional de vestimentas (ternos e gravatas foram decretados fora da lei, em favor de uma versão improvisada da túnica de Mao conhecida como *abacos* — abreviatura de *à bas les costumes*, "abaixo os ternos"); substituiu crucifixos pelo seu retrato, riscou o Natal do calendário de feriados e expurgou todo vestígio de oposição política. "Estamos nos valendo dessa autenticidade", disse ele uma vez, "para redescobrir a nossa alma, que a colonização havia quase apagado da nossa memória e que estamos buscando na tradição dos nossos ancestrais."

O princípio de Mobutu, portanto, era uma dupla negativa: apagar a memória corrupta que havia apagado a genuína memória nacional, e restaurar assim aquela antiga corrente da memória. A ideia era romântica, nostálgica e fundamentalmente incoerente. O lugar que Mobutu chamou de Zaire nunca havia sido uma nação antes que o voraz rei Leopoldo II, da Bélgica, o desenhasse no mapa, e a própria palavra "autenticidade" — importada do existencialismo francês que havia estado na moda durante a juventude de Mobutu — estava em contradição gritante com seu professado africanismo. Faz lembrar de Pol Pot, que voltou ao Camboja depois de estudar em Paris, mudou o nome do seu país para Kampuchea, jogou fora o calendário, proclamou o "Ano Zero" e chacinou 1 milhão ou mais de seus compatriotas para erradicar as influências ocidentais.

Mobutu, para amplificar sua própria grandeza, reduziu sistematicamente o Zaire à ruína, e — apesar do desafiante e determinado espírito das grandes massas de zairenses, que continuaram procriando, estudando, rezando, fazendo comércio e debatendo com alguma eloquência suas perspectivas de emancipação política — um alarmante número de analistas ocidentais instalou-se no conforto cínico da convicção de que esse estado de coisas era o mais autêntico possível no que diz respeito à África. Deixe os nativos se virarem à sua maneira, prosseguia esse raciocínio, e — *Voilà!* — o resultado é o Zaire. Era quase como se *quiséssemos* que o Zaire fosse o Coração das Trevas; talvez essa ideia fosse conveniente ao nosso entendimento da ordem natural das nações.

Claro que Mobutu nunca foi mais do que um caprichoso fantoche de seus patronos ocidentais, e no fim a própria ideia de autenticidade foi largada às traças, à medida que ele abria mão de qualquer pretexto ideológico em favor do gangsterismo puro. Os zairenses — que costumavam ser obrigados a se reunir para cantar slogans mobutistas como "É melhor morrer de fome que ser rico e escravo do colonialismo!" — viam Mobutu se tornar cada vez mais rico enquanto eles se tornavam cada vez mais famintos. Com o tempo, alguns ousaram modificar o mantra preferido de Mobutu sobre os "Três Zs" — Zaire, o país; Zaire, o rio; e zaire, a moeda — acrescentando secretamente um quarto Z: Zaire, o zero.

Tudo o que restava do Estado era seu chefe, seus camaradas e seus soldados — uma elite de vampiros, reinando sobre quase 2,4 milhões de quilômetros quadrados de ruína. O assim chamado 11º mandamento do mobutismo era *"Débrouillez-vous"* — "Virem-se por conta própria" — e por pelo menos uma geração essa foi a única lei absoluta no país. Visitantes estrangeiros ao Zaire sempre se espantavam com o fato de o lugar ter conseguido sobreviver. Como o centro podia se manter? Uma pergunta melhor seria: existe um centro? Tendo deixado que seu país se desmantelasse, Mobutu gostava de fazer de conta que só ele o mantinha unido, e quando a guerra no Kivu Norte começou a esquentar, o que preocupava muitos zairenses e diplomatas estrangeiros, mais ainda do que o Zaire sob Mobutu, era o Zaire depois de Mobutu.

"Guerra tribal e desastre", disse o cocheiro, enquanto manobrava nossa caleche pela contramão de um bulevar, porque era o lado com crateras mais rasas. "No final todos nós é que vamos pagar por isso." Um tour pelas agências humanitárias não trouxe notícias melhores. Um comboio de três caminhões pertencentes à CARE (Cooperative for American Relief Everywhere) havia sido alvejado uma semana antes por metralhadoras e granadas na estrada perto de um dos campos da ONU. Treze zairenses haviam sido mortos, e encontrei vários agentes de socorro do Ocidente com casas à beira do lago checando as condições de seus barcos infláveis, para o caso — ou na esperança — de uma evacuação.

Todo mundo tinha histórias de combates nas montanhas, mas muito pouca informação concreta. Na sede do UNHCR, encontrei o encarregado da repatriação sentado diante de uma escrivaninha espantosamente limpa. "Esqueça a repatriação", ele me disse; estava requerendo uma mudança de posto.

Uma semana depois dos assassinatos em Mokoto, fui de carro para a zona de combate no Kivu Norte. A estrada ia para o oeste de Goma através do campo de lava, margeando o gigantesco campo de refugiados Mugunga, onde cerca de 150 mil ruandeses viviam num mar de tendas cobertas com a lona plástica azul distribuída pela ONU. A poucos quilômetros dali ficava Lac Vert, o quartel-general da ex-FAR. A estrada pavimentada terminava na cidade de Sake, uma desamparada colônia em que se apertavam cerca de 30 mil pessoas da tribo hunde, que haviam sido expulsas das montanhas por combatentes hutus. Os hundes, assim como os hutus, eram em sua maioria agricultores de subsistência, e a rivalidade entre os dois grupos era inteiramente econômica e política. "Morfologicamente, somos iguais", observou um hutu zairense, empregando o vocabulário da "ciência da raça" europeia para afirmar que não havia nenhuma motivação étnica no conflito hutu-hunde.

Depois de Sake, uma estrada de terra subia de modo íngreme em meio à densa vegetação do maciço vulcânico encharcado pela chuva. Logo chegamos a uma clareira, e meu motorista deu-me o nome de uma aldeia. Mas não havia aldeia alguma, apenas lotes de terra onde houve uma vez uma aldeia, algumas vigas de madeira carbonizadas, pedaços de vasos de barro estilhaçados, e às vezes umas poucas flores dispostas numa ordem que sugeria a mão humana. Rodamos por uma hora sem ver ninguém — passando pelas casas saqueadas dos hundes e pelas casas abandonadas dos hutus, muitos dos quais, ao que se dizia, teriam se refugiado com os ruandeses nos campos. Masisi era conhecido como o celeiro do Zaire, uma zona tão fértil, de clima tão temperado e úmido, que algumas culturas rendiam quatro colheitas por ano. Agora a devastação parecia completa, exceto por campos de hortaliças cuidadosamente lavrados, com seu verde iridescente sob nuvens escuras e baixas que esporadicamente descarregavam alguns minutos de chuva brilhante.

Ao longo de estradinhas íngremes, sinuosas e sulcadas pela erosão, as montanhas irregulares inclinavam-se em ângulos inusitados, abrindo-se às vezes para ravinas com abruptas cataratas, e fechando-se em seguida numa floresta de eucaliptos. Era uma paisagem pela qual valia a pena lutar, mas eu não conseguia entender o desfile interminável de aldeias desoladas. Quando alguém expulsa gente e conquista território, não é para ocupá-lo? As montanhas não deveriam estar repletas de hutus? Ou a terra estava simplesmente sendo preparada para o dia que acabasse o dinheiro nos campos de refugiados? Quando finalmente chegamos a uma aldeia com algumas pessoas — hutus e soldados zairenses —, meu motorista não achou aconselhável pararmos para perguntar a eles qual era sua estratégia de longo prazo.

No topo das escarpas a floresta refluía e abriam-se os vastos pastos montanhosos dos pecuaristas tutsis, cobrindo as cúpulas dos morros e descendo em direção aos vales. Mas não havia tutsi algum, nem tampouco nenhum gado. Depois de quatro horas na estrada deserta, havíamos rodado cerca de oitenta quilômetros e chegado a Kitchanga, uma aldeia onde os tutsis fugidos do mosteiro de Mokoto haviam encontrado refúgio temporário. Uma grande multidão postava-se diante de um barracão para comprar pedaços de uma vaca recém-abatida. A vaca também viera de Mokoto, "resgatada", como disseram os aldeões, da leiteria do mosteiro; havia de repente tanta carne na cidade que dez dólares podiam comprar quase quinze quilos.

Mas dez dólares não eram suficientes para um tutsi comprar sua vida: a tarifa vigente de transporte até a fronteira estava entre doze e quinze dólares. Oitocentos dos tutsis que haviam sido atacados em Mokoto estavam agora amontoados num prédio de escola encharcado em Kitchanga, pobres demais para pagar por sua própria "limpeza étnica".

Poucos dias antes da minha chegada a Kitchanga, uma equipe de socorro dos Médicos sem Fronteiras havia subido até o mosteiro de Mokoto e encontrado a estrada bloqueada por dois cadáveres nus e carbonizados. As mãos, pés e órgãos genitais haviam sido amputados, os tórax, abertos e os corações, arrancados. Os agentes humanitários contaram dez cadáveres, e sentiram o cheiro de muitos outros; estimaram o número de mortos em mais de cem. Enquanto estavam no mosteiro, alguns tutsis feridos saíram do mato onde tinham estado escondidos. Um deles era um rapaz nu que se esforçava para cobrir apenas a parte de trás do pescoço. Quando ele tirou a coberta, eles viram que sua cabeça havia quase sido cortada fora, expondo sua espinha e um pedaço do crânio. Um médico costurou o corte do rapaz e eu o vi cambaleando por um hospital campal de emergência em Kitchanga.

Na escola da aldeia, um homem descalço vestindo uma esfarrapada capa de chuva e shorts, que se identificou como "o capitão dos refugiados de Mokoto", disse que muitos dos agressores vieram dos campos da ONU. Era fácil identificá-los, disse ele, porque "falavam um excelente quiniaruanda e estavam bem-vestidos", enquanto "nós, zairenses, somos gente das montanhas e nos sentimos mais à vontade falando suaíle". Ele explicou que alguns de seus companheiros conseguiram fugir quando "os agressores, vendo outros saquearem, esqueceram de matar e passaram a roubar, e só voltaram mais tarde". Os sobreviventes de Mokoto haviam vagado até Kitchanga de mãos vazias, e alguns velhos estavam enrolados em cobertores porque seus agressores os haviam desnudado, com a intenção de matá-los. Ninguém podia contar com a mesma sorte de novo. O capitão me contou que as milícias do Poder Hutu em Mokoto haviam cantado "Matar, matar, matar", e "É assim que fugimos do nosso país". Diferentemente dos refugiados tutsis zairenses que encontrei em Ruanda, que disseram que sua única esperança era regressar ao Zaire, o capitão dos tutsis de Mokoto havia desistido. Quando me disse "Queremos voltar para casa", ele quis dizer Ruanda. "Não temos nenhuma nacionalidade aqui", completou.

O *mwami* de Kitchanga, o chefe hereditário hunde, um homem corpulento de camisa de veludo marrom, óculos de aro de metal e boné branco de beisebol, concordava. "Na verdade", disse ele, "os hutus querem exterminar todos os tutsis." Seu próprio povo também estava sofrendo o diabo para se defender: os combatentes incluíam meninos de seis ou sete anos e seu arsenal consistia em grande parte de lanças, arcos e flechas e fuzis de fabricação doméstica que atiravam pregos. "Não é um automático", disse o *mwami* sobre o tal fuzil, "mas mata." Kitchanga, que anteriormente havia sido habitada por uma população mista de umas 2 mil pessoas, agora era um baluarte exclusivamente hunde cuja população havia sido engolida por um influxo de 36 mil pessoas desalojadas. A Cruz Vermelha e a ONU estimavam que cerca de metade da população de Masisi, umas 300 mil pessoas, estava fora de casa. Mesmo o *mwami* morava numa residência temporária; sua propriedade, a oito quilômetros da cidade, fora destruída. Encontrei-o tomando cerveja de banana em seu "gabinete" — um terraço feito com lona plástica da ONU —, e ele me contou que Kitchanga era um lugar muito hospitaleiro, mas que, ao dar abrigo aos tutsis, estava se tornando um ímã para um ataque hutu. Ele queria os tutsis fora dali.

Os tutsis tinham de ser evacuados ou seriam mortos. O problema era que o caminho até a fronteira ruandesa passava pela Hutulândia e pelos campos de refugiados. O que se dizia em Kitchanga era que a Organização Internacional para a Migração, uma agência intergovernamental, havia prometido vir com um comboio de caminhões, escoltado por soldados zairenses contratados como seguranças, para levar os tutsis embora. Mas ninguém confiava de verdade que isso fosse acontecer.

Durante a noite em Kitchanga ouvi o pipocar distante dos tiros, e pela manhã houve relatos de combates acirrados entre hutus e hundes ao norte da aldeia. Disseram-me para voltar para Goma. Quando eu parti, três grossas colunas de fumaça subiam através do vale onde combatentes hundes saqueavam uma aldeia hutu. Ao longo da estrada, hundes desalojados caminhavam em direção a Kitchanga — mulheres com poltronas amarradas às costas, homens carregando tinas para fazer cerveja de banana, e um esguio rapaz com uma lança numa mão e uma cama de casal na cabeça.

Na minha volta a Goma, fiquei sabendo que era verdade que a Organização Internacional para a Migração havia planejado um comboio a fim de evacuar os tutsis de Kitchanga, mas o plano havia sido descartado. O mandato da organização não a autorizava a ajudar as PIDs —"pessoas internamente desalojadas" — a atravessar fronteiras internacionais. O UNHCR e dúzias de outras organizações humanitárias que detinham os lucrativos contratos de abastecimento dos campos em Goma tinham todos limitações parecidas em seus mandatos, o que os impedia de salvar os sobreviventes de Mokoto. A maioria das organizações de ajuda proibiam a si próprias de transportar qualquer pessoa para onde quer que fosse, e podiam fornecer socorro apenas localizadamente; muitas delas recusavam-se a conduzir operações que envolvessem segurança armada, para não comprometer sua "neutralidade"; outras, por fim, sustentavam que seria uma violação de seus princípios humanitários contribuir para a meta da "limpeza étnica" removendo os tutsis só porque os hutus os ameaçavam. Agentes humanitários com quem falei concordavam, pessoalmente, que era mais humano "limpar etnicamente" as pessoas do que deixar que fossem assassinadas. Mas ficou claro que o compromisso prioritário de suas organizações não era o de proteger pessoas, mas o de proteger seus mandatos. "Tudo é mentira aqui", disse-me o padre Victor, o monge de Mokoto, em Goma. "Todas essas organizações — elas vão dar cobertores, comida. Tudo bem. Mas salvar vidas? Não, elas não podem."

Doze dias depois do massacre de Mokoto, o embaixador de Ruanda na ONU apelou ao Conselho de Segurança para que empreendesse "uma ação imediata a fim de evitar o genocídio no leste do Zaire". O pedido de Ruanda se referia especificamente a Mokoto e aos tutsis que permaneciam em Kitchanga. A missão zairense junto à ONU retrucou que o conflito no Kivu Norte era "uma situação estritamente interna" e portanto não era da conta do Conselho de Segurança. O governo do Zaire negou a existência de qualquer problema relativo aos "cidadãos zairenses de língua quiniaruanda", sustentando, absurdamente, que "das línguas faladas no Zaire, quiniaruanda não é uma delas". O Zaire também informou ao Conselho que "a palavra 'genocídio' não faz parte do cenário político do Zaire". O Conselho de Segurança não fez nada; nem sequer registrou uma de suas protocolares "expressões de preocupação".

Quando voltei a Kigali, soube que alguns homens de negócios tutsis do Kivu Norte estavam organizando uma evacuação para resgatar os sobreviventes de Mokoto em Kitchanga, e no final de maio mais de mil deles foram trazidos para a fronteira com Ruanda. Ao longo de junho e julho, refugiados tutsis continuaram a chegar a Ruanda, e à medida que os combates se espalharam pelo leste do Zaire, tutsis de uma região muito mais ao norte começaram a fugir para Uganda. No final de agosto, acreditava-se que a erradicação dos tutsis do Kivu Norte estava quase completa.

19

No meu regresso a Kigali depois de visitar os sobreviventes do massacre de Mokoto, em maio de 1996, eu havia perguntado a Kagame o que ele achava que iria acontecer com os refugiados tutsis que estavam sendo expulsos do Zaire para Ruanda. "Talvez, se os jovens tiverem de lutar, nós os treinemos", disse. Um ano depois, ele me contou que o treinamento já havia começado. Kagame chegara à conclusão de que não poderia neutralizar a ameaça dos campos do Poder Hutu no Zaire, a menos que "o tipo de apoio dado a eles pelo governo zairense e pela comunidade internacional" também chegasse ao fim.

As potências mundiais deixaram claro em 1994 que não estavam interessadas em combater o genocídio na África Central, mas ainda precisavam explicar convincentemente por que razão se dedicavam a alimentá-lo. A falsa promessa de proteção representada pelos campos de refugiados punha civis hutus, assim como tutsis e todos os demais na região, em perigo mortal, e não servia de consolo saber que esse estado de coisas não era consequência de uma mal-intencionada política internacional para a África Central, e sim da falta de qualquer política coerente. Em Washington, onde 1996 era ano de eleições presidenciais, um representante do governo Clinton teria dito numa reunião do Conselho de Segurança Nacional que a principal preocupação diplomática, no que dizia respeito a Ruanda e ao Zaire, era que "não queremos passar por idiotas". Em Kigali, onde a principal preocupação era a ameaça de uma invasão do Poder Hutu, o coronel Joseph Karemera, ministro da Saúde de Ruanda, me perguntou: "Quando as pessoas que recebem assistência humanitária naqueles campos vierem nos matar, o que a comunidade internacional vai fazer — mandar mais assistência humanitária?". Às vezes, disse Karemera, ele não podia deixar de sentir que "essa comunidade internacional olha para nós como se fôssemos de uma etapa diferente da evolução humana".

Em julho de 1996, o general Kagame visitou Washington e explicou mais uma vez que, se a comunidade internacional não fosse capaz de lidar com o monstro que ela estava incubando nos campos, ele seria. Interpretou-se que Kagame estava blefando: a ideia de Ruanda invadir o Zaire era mais ou menos como a de Liechtenstein conquistar a Alemanha ou a França. Mobutu patrocinava invasões a seus vizinhos, não o contrário, e Mobutu ainda era a esperança de Washington para a região. "Às vezes", explicou-me um diplomata norte-americano, "você tem de dançar com o demônio para ajudar na obra do Senhor." E nisso, pelo menos, Paris estava de acordo. A França continuava sendo o mais forte advogado do Poder Hutu. No quai d'Orsay, a atitude com relação ao alerta de Kagame parecia ser: ele que experimente. (Em 1995, o novo presidente francês, Jacques Chirac, havia se recusado a convidar o novo presidente de Ruanda, Pasteur Bizimungu, para uma conferência anual de líderes africanos francófonos em Biarritz, que foi aberta com Chirac propondo um minuto de silêncio em memória do presidente Habyarimana — e não dos mortos do genocídio que havia sido cometido em nome de Habyarimana.)

Pouco depois da visita de Kagame a Washington, o exército do Burundi se mobilizou para fechar todos os campos de ruandeses em seu território. O UNHCR protestou, mas quando o Burundi se recusou a recuar o órgão começou a ajudar na operação. Logo os refugiados estavam se apinhando nos caminhões que atravessavam a fronteira para um lado e para outro. No curso de poucas semanas, 200 mil pessoas foram mandadas para casa, e a ONU ainda passou a descrever a repatriação como voluntária. O governo ruandês transmitiu pelo rádio a mensagem de que os repatriados deviam ser bem recebidos em suas comunidades e que deviam ter suas casas de volta — e, como regra geral, foi o que aconteceu. Observadores da ONU me disseram que o índice de prisões foi menor do que o previsto; em alguns casos, *génocidaires* notórios foram denunciados pelos próprios companheiros repatriados.

Passei vários dias observando os comboios que vinham do Burundi. Quando perguntava aos que regressavam se a repatriação era forçada, todos diziam que não. Mas quando eu perguntava por que haviam todos de repente decidido voltar para casa, respondiam que não tiveram escolha. A resposta era quase sempre a mesma: "Todo mundo estava vindo. Nós partimos juntos daqui, então também voltamos juntos". Um homem, um pedreiro, que estava de pé, descalço, entre seus seis filhos, disse: "Existe gente importante", e levantou os olhos para o céu, "que se preocupa com política e assuntos humanitários, e existe gente simples como nós", e seus olhos baixaram até fitar seus pés descalços, "que não sabe de nada de política e simplesmente trabalha com as mãos para comer e viver". O regresso em massa do Burundi deixou mais claro do que nunca que o único obstáculo para uma repatriação semelhante a partir do Zaire era a capacidade do Poder Hutu de intimidar não apenas as populações dos campos mas também toda a comunidade internacional.

"Acho que aprendemos bastante sobre a hipocrisia e sobre os dois pesos e duas medidas da parte de gente que vive anunciando seu desejo de fazer deste mundo um lugar melhor", disse-me o general Kagame. "Eles transformam a coisa num problema político, e dizem que não podemos ter os refugiados de volta a menos que perdoemos esses sujeitos que cometeram o genocídio." Kagame estava indignado. "Digo a eles: 'Nós lhes falamos para separar aqueles grupos. Vocês fracassaram. Se vocês — o mundo inteiro reunido — são incapazes disso, como podem esperar que sejamos muito melhores? Vocês esperam de nós um padrão que não existe neste mundo. Querem que levantemos um belo dia com tudo direitinho: as pessoas andando de mãos dadas, esquecendo tudo sobre o genocídio, e as coisas caminhando sem problemas. É bonito falar assim'."

No início, contou-me Kagame, ele tinha suposto que lidar com "pessoas que haviam cometido crimes graves contra a humanidade" fosse "responsabilidade de toda a comunidade internacional". Ainda achava que deveria ser. "Mas isso não tem acontecido", disse. "Então o que resta é recarregar as baterias e lutar uma nova guerra."

Pouco depois que a FPR tomou Kigali em 1994, o velho colega de Kagame, o presidente Museveni, de Uganda, o havia apresentado a um zairense chamado Laurent Désiré Kabila, um rebelde antimobutu nos anos 1960 e 1970, e que tinha esperança de retomar aquela luta. Kagame, Museveni e Kabila começaram a estabelecer contatos com zairenses e outros africanos que viam Mobutu como uma ameaça à estabilidade e ao progresso do continente. "Costumávamos dizer aos zairenses: 'Sabemos que vocês estão semeando problemas para nós, mas nós vamos semear problemas para vocês'", contou-me Kagame. "Dizíamos: 'Vocês precisam de paz, nós precisamos de paz, então vamos trabalhar juntos, mas se vocês não quiserem trabalhar conosco, bem…'."

Claro que não houve paz e nem mesmo perspectiva dela, e em meados de 1996 Kagame começou a arrebanhar uma força embrionária para empreender uma rebelião no Zaire. Tutsis zairenses, diante do perigo imediato de extermínio, estavam prontos para ser recrutados, e tinham a vantagem adicional de falar e apresentar-se como ruandeses, de modo que se soldados do EPR se infiltrassem entre eles seria difícil distinguir uns dos outros. Mas soldados e quadros políticos foram procurados em todo o Zaire, e Kigali logo se tornou o centro dirigente clandestino de todo tipo de antimobutistas ansiosos por participar da luta armada no Zaire.

Depois da destruição das comunidades tutsis do Kivu Norte, Kagame concluiu que o Kivu Sul seria o alvo seguinte da aliança entre os mobutistas e o Poder Hutu, e ele não se enganou. Cerca de 400 mil tutsis zairenses viviam nessa região;

eram conhecidos como os banyamulenges — o povo de Mulenge —, porque Mulenge era o lugar onde seus ancestrais se estabeleceram primeiro depois de migrarem de Ruanda nos séculos XVII e XVIII. Desde o estabelecimento dos campos da ONU para os hutus de Ruanda em 1994, os banyamulenges se tornaram vítimas de grandes roubos de gado e de uma crescente campanha de molestamento e propaganda hostil. Não demorou muito para que os dirigentes zairenses começassem a falar abertamente dos banyamulenges como "serpentes" e a tomar medidas para expropriar suas terras; emissoras de rádio e jornais locais soavam cada vez mais como a mídia do Poder Hutu em Ruanda.

A violência programática contra os banyamulenges começou no início de setembro de 1996. O Poder Hutu e forças mobutistas, trabalhando em conjunto com milícias recrutadas localmente, saquearam casas dos tutsis, lojas e igrejas, e atacaram seus ocupantes — aprisionando e executando alguns e expulsando outros para Ruanda. Quando os banyamulenges eram linchados nas ruas, representantes do governo manifestavam aprovação. Embora a ONU e as agências humanitárias tivessem equipes na região, não houve nenhum protesto internacional. Mas, diferentemente dos tutsis do Kivu Norte, que marcharam para a morte e para o exílio sem opor resistência, muitos banyamulenges estavam armados e reagiram quando atacados, infligindo estragos consideráveis em seus agressores. Ao mesmo tempo, centenas de combatentes da resistência, recém-treinados e bem equipados, começaram a infiltrar-se no Zaire, a partir de Ruanda. À medida que a luta se intensificava e se espalhava, agentes humanitários fugiam de boa parte do Kivu Sul, abandonando à própria sorte aqueles que supostamente deveriam proteger.

Então, em 8 de outubro, Lwasi Ngabo Lwabanji, governador do Kivu Sul, proclamou que todos os banyamulenges residentes na província tinham uma semana para sair. Ele não disse para onde deviam ir, mas apenas que os que ficassem seriam considerados rebeldes em estado de guerra contra o Zaire.

Não há dúvida de que Lwasi estava saindo dos seus limites; mesmo no Zaire, vice-governadores não costumavam declarar guerra. Mas o espírito desse ultimato estava firmemente em consonância com as atitudes e práticas zairenses oficiais. Embora o próprio Mobutu, com câncer na próstata, estivesse em tratamento na Suíça, ele havia por tanto tempo governado o Zaire como um proprietário ausente que sua corte continuava a funcionar como sempre. Dois dias depois do decreto de Lwasi, um porta-voz do governo em Kinshasa, a capital do Zaire, anunciou: "É verdade que queremos que todos os banyamulenges deixem o país".

Kagame se preparara para esse momento. "Estávamos prontos para atingi-los", ele me contou depois, "atingi-los em cheio — e levar a cabo três coisas: primeiro, salvar os banyamulenges e não os deixar morrer, armá-los para o combate, e mesmo combater por eles; depois, desmantelar os campos, trazer os refugiados de volta a Ruanda e destruir a ex-FAR e as milícias; terceiro, mudar a situação no Zaire." Ele estava só esperando por uma pesada provocação do Zaire, que via como inevitável. "E evidentemente", disse, "o estúpido vice-governador zairense nos deu a oportunidade."

Então a pequena Ruanda atacou o enorme Zaire; os banyamulenges se insurgiram; comandos do EPR de Ruanda e a força embrionária rebelde de Laurent Kabila — a Aliança das Forças Democráticas para a Libertação do Congo/Zaire (AFDL) — invadiram o Kivu Sul e começaram a avançar para o norte; o tradicionalmente covarde exército de Mobutu fugiu desordenadamente; agentes humanitários foram evacuados, e os campos de refugiados, desmantelados. Em 2 de novembro de 1996, três semanas e meia depois que o vice-governador Lwasi declarou guerra civil, a AFDL e o EPR marcharam sobre Goma, e Kabila proclamou "território livre" uma área de pelo menos 2,5 mil quilômetros quadrados. (Embora o governo de Ruanda se entusiasmasse abertamente com esses acontecimentos, ele negou categoricamente que qualquer soldado do EPR houvesse entrado no Zaire até o início de junho de 1997, várias semanas depois que as forças da AFDL tomaram Kinshasa e depuseram Mobutu do poder, momento em que Kagame me disse: "Em todo lugar estavam nossas forças, nossos soldados — eles marcharam e combateram pelos últimos oito meses".)

Milhares de ruandeses dos campos de refugiados voltaram a Ruanda durante as primeiras semanas dos combates no Zaire, mas no início de novembro a grande massa deles — pelo menos 750 mil pessoas, do Kivu Norte e do Kivu Sul — se aglomerava na vasta superfície de lava no campo de Mugunga e seus arredores, cerca de dezesseis quilômetros a oeste de Goma. Eles haviam sido arrebanhados lá pela ex-FAR e pela *interahamwe*, diante da pressão do avanço da Aliança, e até, inacreditavelmente, por alguns funcionários do UNHCR, que os haviam afastado do caminho de Ruanda e encaminhado para Mugunga antes de fugir, eles próprios, do país. Depois de tomar Goma, Kabila declarou um cessar-fogo, e apelou à comunidade internacional para que viesse tirar os refugiados de seu caminho, de modo que pudesse continuar seu avanço rumo ao oeste. Evidentemente, Mugunga estava completamente inacessível, atrás de uma fortemente armada barreira composta por dezenas de milhares de combatentes mobutistas e do Poder Hutu. E era exatamente essa a questão levantada por Kabila e seus apoiadores ruandeses: para deixar os refugiados a salvo, precisava-se estar preparado para lutar. O que era necessário não era uma missão humanitária, mas uma missão de resgate, porque os não combatentes em Mugunga eram mais reféns do que refugiados, e estavam sendo usados como escudo humano.

Foi outra época estranha. Durante os primeiros nove meses e meio de 1996, o fato de que a aliança entre mobutistas e o Poder Hutu estivesse chacinando milhares de pessoas e expulsando de suas casas centenas de milhares de outras não pareceu excitar a imprensa internacional. Durante aquele período, nada além de uma reportagem sobre o assunto, enviada de Ruanda, apareceu no meu jornal local, o *New York Times*, e a cobertura de seu concorrente, o *Washington Post*, limitou-se a dois artigos de "opinião" assinados por colaboradores. Talvez, numa época de redução drástica da cobertura internacional, fosse considerada demasiado técnica ou desconcertante a ideia de que pessoas chamadas de refugiados não apenas sofrem e precisam de ajuda, mas também são capazes de crimes sistemáticos contra a humanidade, e muitos deles precisam ser enfrentados diretamente pela força militar. Mas, no início de novembro, a perspectiva de morte em massa de 750 mil refugiados, sob cerco ou em batalha nos campos de lava, mais uma vez atraiu centenas de repórteres para a fronteira Ruanda-Zaire. Goma tornou-se de novo a principal notícia internacional — e não estava acontecendo nada.

Ninguém conseguia chegar em Mugunga, e ninguém sabia em que condições estavam as pessoas aglomeradas lá. Assessores de imprensa das agências humanitárias garantiam aos repórteres que os refugiados deviam estar passando fome e sofrendo de cólera. Possíveis índices de mortalidade eram inventados e anunciados — dezenas de milhares de mortos, talvez 100 mil. Era terrivelmente frustrante ficar sentado num hotel à beira do lago na cidade ruandense de fronteira de Gisenyi, rodeado de repórteres, pensando que apenas vinte quilômetros a oeste dali, fora da vista e fora do alcance, havia gente morrendo dos mais evitáveis tipos de morte, numa velocidade recorde. E fazia a gente se sentir ainda pior pensar que talvez a situação lá não fosse tão ruim. Se você perguntasse aos assessores de imprensa das agências humanitárias quando, na história, pessoas previamente bem alimentadas haviam morrido de fome em poucas semanas, ou você não obteria resposta ou ouviria que a maioria das pessoas em Mugunga eram *mulheres e crianças*.

De Nova York, o secretário-geral das Nações Unidas, Boutros Boutros-Ghali, anunciou que um "genocídio pela escassez de alimentos" estava em curso em Mugunga. Boutros-Ghali não tinha evidência alguma de que alguém estivesse nem sequer com fome, e ele certamente não era capaz de dizer quem estava cometendo esse suposto genocídio, uma vez que os refugiados só podiam estar famintos porque estavam sendo impedidos de partir, e as únicas pessoas que bloqueavam sua saída eram outros assim chamados refugiados. Contudo, com relatos sobre a fome e a morte em massa entre os invisíveis refugiados inundando os noticiários da tevê, o Conselho de Segurança começou a arquitetar planos para enviar uma força de intervenção militar humanitária para Goma, expressamente para libertar as massas de refugiados de Mugunga. Isso soava promissor, até que ficou claro que a força proposta seria impedida, por seu mandato, de fazer a única coisa que era necessário fazer, ou seja, usar a força para enfrentar, desarmar e, se necessário, subjugar o exército do Poder Hutu e as milícias.

Às nove horas da manhã de 15 de novembro de 1996, eu estava sentado numa casa sobre um morro em Gisenyi que dava vista para Goma, tomando notas a partir do noticiário da rádio BBC:

O comandante canadense da força da ONU enfatiza que a força *não* desarmará nem separará militantes em Mugunga. Uma resolução da ONU divulgada no final da noite deixa vago de que maneira funcionará a operação de alimentar os refugiados e ao mesmo tempo encorajá-los a voltar para Ruanda. Fala-se na mobilização de soldados partindo de bases em Goma para encontrar e alimentar refugiados. Mas a ONU diz que não vai restabelecer os campos. O comandante canadense diz: "Para separar as milícias, o nível de violência seria alto demais, e não apenas soldados, mas também inocentes, seriam mortos".

Eu também escrevi minhas impressões sobre essas notícias:

Outra força mutilada da ONU. Inocentes estão sendo mortos, têm sido mortos, e serão mortos qualquer que seja o resultado disso. E como você pode alimentar centenas de milhares, cavar buracos para eles cagarem, dar-lhes lonas plásticas para se abrigarem, e dizer que não estabeleceu um campo? De todo modo, por que usar um exército num lugar em que você não se importa a ponto de matar ou morrer por alguma coisa? Paralisia total.

Então mudei de estação, para a rádio Star, a rebelde "voz do Congo libertado" de Goma, e tomei mais notas:

> A estrada para Mugunga e o oeste está aberta. A *interahamwe* fugiu. Locutores dizem: "Todo o problema foi resolvido". Os refugiados estão marchando de volta a Ruanda. A rebelião continua rumo a Kinshasa.

Dessa vez, minhas impressões foram mais breves: "Ahn? Será mesmo?".

Corri porta afora, rodei até a fronteira, atravessei para Goma, tomei a estrada de Mugunga, dirigindo-me para o oeste, rumo ao campo, e me vi avançando lentamente contra um rio de centenas de milhares de ruandeses que caminhavam firmemente em direção ao leste, para casa. Nos dias anteriores, como se verificou, a AFDL e o EPR haviam tomado novamente a ofensiva, cercando o campo de Mugunga e atacando-o pelos fundos, de modo a atrair os elementos armados para longe da fronteira e ao mesmo tempo empurrar as massas de refugiados para casa. A principal evidência da batalha ficava uns trinta quilômetros depois do campo propriamente dito — uma fileira de caminhões, ônibus e carros dinamitados quando se dirigiam ao interior do Zaire. Folhas de papel esvoaçavam em torno deles, na estrada, incluindo entre elas grande parte do arquivo do alto comando da ex-FAR: recibos de remessas de armas de comerciantes de toda a Europa, licenças para a criação de organizações políticas de fachada entre os refugiados, tabelas de recolhimento de impostos nos campos, registros de transações financeiras com agências humanitárias, correspondência com Mobutu e seus generais — e até listas meticulosamente manuscritas de tutsis do Kivu Norte.

À medida que o regresso se processava, foi amplamente noticiado que a ex-FAR e a *interahamwe* haviam recuado mais profundamente para o interior do Zaire com o que sobrara do exército de Mobutu, permitindo que os assim chamados refugiados comuns voltassem para casa. A realidade não era tão perfeita: entre aqueles que fugiram para o oeste penetrando nas selvas do Zaire — talvez 150 mil pessoas, talvez o dobro disso, ninguém sabe — havia muitos não combatentes; e dentro de Ruanda, ficou claro que um grande número de indivíduos que deveriam responder por crimes haviam se misturado à massa dos que regressaram. Mas a ameaça imediata a Ruanda de uma guerra total renovada fora afastada, e — felizmente — parecia que os refugiados não passaram fome no processo.

Ao longo de toda a estrada para Mugunga e nas ruínas infestadas de ratos do campo propriamente dito, encontrei agentes humanitários sacudindo a cabeça, admirados com o fato de que a maioria dos refugiados ainda dispunha pelo menos das rações de alguns dias e da força para caminhar 25 ou trinta quilômetros por dia num passo enérgico, transportando cargas impressionantes sob um sol feroz. Em apenas quatro dias, uns 600 mil ruandeses atravessaram de volta, a pé, a fronteira a partir de Goma. No final de novembro, dizia-se que o número total de repatriados estava em torno dos 700 mil, e milhares de outros ainda voltavam esparsamente. Embora o governo de Ruanda continuasse emitindo desmentidos categóricos de envolvimento militar no Zaire, o próprio general Kagame se policiava menos. "Uma vez que não estamos necessariamente infelizes com o que aconteceu — e, mais que isso, uma vez que o que aconteceu era o que queríamos que acontecesse —, é natural que as pessoas suspeitem que estejamos envolvidos", disse-me ele. Mais que isso, acrescentou: "Temos a satisfação de ter sempre tentado, de nossa parte, fazer o que julgávamos correto. Não pode haver maior satisfação do que essa para mim. Acho que é uma boa lição para alguns de nós. Podemos conquistar muitas coisas por nosso próprio esforço, e devemos continuar nos empenhando em fazer isso. Se as pessoas puderem ajudar, ótimo. Se não puderem, não vai ser por isso que vamos desaparecer da face da Terra".

* * *

Durante os dias que passei na estrada em meio aos 600 mil que regressavam, fui repetidamente visitado por uma imagem — lembrada ou imaginada a partir de vários quadros e filmes — dos exércitos napoleônicos voltando desordenadamente da Rússia para casa: hussardos cambaleando, cavalos congelados, sangue na neve, o negror do céu, olhos ensandecidos olhando fixamente para a frente. O clima era menos hostil na África, e as pessoas na estrada estavam predominantemente saudáveis, mas a imagem recorrente de outro tempo e lugar me levou a me perguntar por que nós, no Ocidente, temos hoje tão pouco respeito pelas guerras dos outros povos. Essa grande esteira humana dos ruandeses de volta para casa marcava o revés, pelo menos por ora, de um imenso exército dedicado ao genocídio, e entretanto o mundo havia ajudado aquele exército durante anos em nome do humanitarismo.

"Para você nós somos apenas pontinhos na massa humana", observou um repatriado depois que eu havia passado os primeiros dias da migração rodando de carro através da multidão fervilhante na estrada de Mugunga. Eles haviam sempre jurado, nos campos, que voltariam para casa do mesmo modo que haviam partido, ou seja, em massa, como um único corpo. Ser pontos na massa era precisamente a questão: era impossível saber quem era quem. Vinham a uma razão de 12 mil por hora (duzentos por minuto), um aríete humano apontado para a fronteira. Mas essa não era propriamente a invasão triunfante prometida durante muito tempo pelos líderes extremistas hutus; em vez disso, era um regresso do exílio conduzido quase em silêncio. A certa altura, em meio aos homens, mulheres e crianças que cobriam oitenta quilômetros de asfalto, empurrando bicicletas, carrinhos de mão, motonetas e até automóveis, arrastando engradados de madeira como se fossem trenós, equilibrando enormes trouxas na cabeça, transportando bebês a tiracolo ou embalando-os nos braços, carregando chaminés de caldeiras e garrafas vazias de cerveja, e às vezes carregando apenas o peso de seu passado, surgiram quatro homens levando nos ombros uma maca com um vulto envolvido em cobertores. À medida que eles abriam caminho entre a massa de milhares, alguém ficou dizendo: "Um cadáver, um cadáver". O que tornava singular esse homem era sua necessidade de se expressar. Exceto pelo chocalhar das panelas, pelo arrastar dos pés descalços e das sandálias de borracha, pelo berro de alguma cabra desgarrada ou de alguma criança perdida, a multidão que voltava para casa era, como regra geral, sombriamente silenciosa.

Em Ruanda, milhares de pessoas ficavam em pé durante horas ao longo das estradas observando o fluxo de repatriados com a mesma intensidade muda. Nunca antes, na memória moderna, um povo que chacinara outro povo, ou em cujo nome a chacina fora consumada, havia convivido com os sobreviventes do povo chacinado, ambos completamente misturados, nas mesmas pequenas comunidades, como uma coerente sociedade nacional.

20

"Um certo Girumuhatse está de volta", disse-me uma mulher idosa nas montanhas do centro de Ruanda poucas semanas depois do regresso em massa de Goma. Ela falava em quiniaruanda, e enquanto falava sua mão direita descrevia um gracioso movimento de golpe de lâmina contra o lado do pescoço. Seu depoimento completo foi traduzido assim: "Um certo Girumuhatse está de volta, um homem que me bateu durante a guerra com um porrete, e do qual eu recebi também um golpe de facão. Esse homem me jogou numa vala depois de matar toda a minha família. Eu estava ferida. Agora ele está em sua casa de novo. Eu o vi ontem na repartição municipal depois que ele se registrou. Eu lhe disse: 'Cuidado, eu ressurgi dos mortos', e ele respondeu: 'Aquilo foi um inferno humano', e pediu meu perdão. E falou: 'Foi culpa das autoridades, que nos levaram a cometer esses atos, em proveito deles próprios'. Disse que se arrependia, e pediu meu perdão".

A mulher disse que seu nome era Laurencie Nyirabeza. Nascera em 1930, na comunidade de Taba, a dez minutos de caminhada de onde nos encontrávamos, à sombra de um mercado vazio na montanha, acima de um pequeno centro comercial — duas curtas fileiras de fachadas de concreto e tijolo cru de lojas desoladas, de ambos os lados de uma empoeirada rua de terra vermelha. Duas vezes por semana, em dias de mercado, o centro fervilhava; nos outros dias, tinha o aspecto de uma cidade fantasma. A lataria enferrujada de um ônibus incendiado jazia no acostamento da estrada, e espessos tufos de mato brotavam das imponentes ruínas de uma casa grande que havia pertencido a tutsis assassinados em 1994.

A maioria dos tutsis de Taba foram mortos na ocasião. Os que haviam sobrado, como Nyirabeza, estavam completamente sozinhos, e quase todos perderam suas casas. Sem meios para reconstruí-las, e com medo de ficar entre vizinhos cuja conduta durante o genocídio eles recordavam muito bem, muitos sobreviventes haviam se mudado para esse centro a fim de ocupar as lojas deixadas vazias por tutsis mortos ou por hutus que haviam fugido para o Zaire. Agora temiam ser despejados. Nas duas semanas anteriores, mais de 2 mil pessoas haviam voltado para Taba após deixar os campos de refugiados no Zaire, e entre eles estava aquele homem, Girumuhatse, que Laurencie Nyirabeza dizia ter massacrado sua família e abandonado a ela própria à beira da morte.

Nyirabeza era uma pequena mulher com olhos bem fundos num rosto que se lançava para a frente. Usava o cabelo penteado para cima a partir da curva da testa, numa coroa de quase quinze centímetros de altura. O efeito era ao mesmo tempo imponente e espirituoso, o que combinava com sua maneira de ser. Mais de uma dúzia de sobreviventes atenderam ao meu convite para se encontrar comigo no mercado, mas a maioria não disse nada. As vozes daqueles que chegaram a falar raramente elevavam-se acima de um murmúrio furtivo, e cada vez que um estranho se aproximava eles ficavam em silêncio. Nyirabeza era diferente. Ela não sussurrava, nem se encolhia. Parecia sentir que tinha pouca coisa a perder. Mesmo quando me contou sobre

Girumuhatse, seus lábios ocasionalmente se esticavam num sorriso, e mais de uma vez os outros sobreviventes reagiram ao seu discurso com uma risada nervosa. Nyirabeza descrevia a si própria como "uma simples camponesa"; sua instrução havia parado no terceiro ano primário. Mas tinha jeito com as palavras — um jeito vivaz e oblíquo, e eriçado com a indignação da ofensa que sofrera. Contudo, contou que ficou sem fala, de tão chocada, quando Girumuhatse, seu antigo vizinho, com quem ela costumava repartir comida e bebida, alegou que não tinha culpa por seus próprios atos. Girumuhatse matara dez membros da família dela, em sua maioria seus filhos e netos.

"Esse homem que é responsável por seus atos", disse Nyirabeza, "vive agora com toda a sua família e consegue sua propriedade de volta, enquanto eu continuo sozinha, sem um filho, sem um marido." Então ela disse — e esse foi um momento que gerou uma onda de risadas — "Talvez ele dê continuidade a esses atos de extermínio". Ela escarneceu do pedido de perdão de Girumuhatse. "Se ele puder me trazer de volta os filhos que matou, e reconstruir minha casa", disse ela, "talvez." Houve mais risadas por parte dos sobreviventes.

Então um homem disse, com desânimo: "Vamos viver juntos como de costume", e Nyirabeza saiu andando. Um instante depois uma mulher começou a chorar, escondendo o rosto no vestido. Outra mulher, muito velha e curvada sobre uma bengala longa e fina, estendeu as mãos e as agitou acima de sua cabeça: "Somos como pássaros", disse ela, com um sorriso distante. "Voando por aí, levados pelo vento."

Quando eu caminhava de volta, descendo o morro, encontrei Nyirabeza agachada numa pedra, olhando por sobre o vale. Ela não levantou a cabeça quando eu disse adeus. Um jovem funcionário público, ele próprio um sobrevivente, que havia me ajudado como tradutor, me disse que as pessoas em geral não gostam de visitar o centro. "É triste", disse, "e os sobreviventes ficam pedindo coisas."

Era verdade que os sobreviventes faziam pedidos incômodos. A certa altura Nyirabeza havia dito: "Eu só quero justiça".

* * *

Fiquei surpreso quando Laurencie Nyirabeza disse que Girumuhatse não havia negado que a tinha atacado. Em minha estada em Ruanda, nunca havia encontrado alguém que admitisse ter participado do genocídio. Eu queria ouvir da própria boca de Girumuhatse o que ele tinha a dizer, e dois dias depois voltei a Taba com um ruandês de fala francesa chamado Bosco, um florista desempregado que havia concordado em vir junto como tradutor. Paramos primeiro para ver Nyirabeza, porque ela havia sugerido que Girumuhatse podia ainda querer matá-la. Mas ela se recusava a ser intimidada; mandou uma jovem conosco para indicar onde vivia Girumuhatse — um conjunto de construções de tijolo cru que se elevavam no alto de um morro íngreme onde cresciam bananeiras, a cerca de cem passos da loja abandonada onde Nyirabeza estava morando.

Um homem estava sentado na soleira da porta. Tinha acabado de voltar do Zaire com sua família, e disse que vivera naquela casa em 1994, quando, nas suas palavras, "houve muitos assassinatos". Em seu regresso, encontrou uma família de sobreviventes tutsis morando lá. Ele sabia que a política do governo permitia que os repatriados despejassem os posseiros em quinze dias, mas os sobreviventes não tinham para onde ir, então as duas famílias estavam morando juntas. O jovem disse que seu nome era Emanuel Habyarimana. Perguntei se havia algum outro homem por ali que houvesse voltado do Zaire. Ele disse: "Ninguém que more nestas casas".

Quando Bosco e eu caminhávamos de volta à estrada, fomos cercados por um bando de crianças, e perguntamos a elas se conheciam Girumuhatse. Elas riram, dizendo que ele morava na casa que acabáramos de visitar, e que provavelmente estava lá dentro. "Não", disse uma menina. "Olhe ele lá embaixo." Ela apontou para uma figura que vinha subindo por uma trilha em nossa direção. Bosco rapidamente distribuiu algumas notas entre as crianças e despachou-as, sugerindo que tomassem refrigerantes.

Por um momento, o homem pareceu tentar escapar. Entrou num descampado, mas Bosco o chamou e acenou, e ele voltou para a trilha, movendo-se com um andar lento e gingado. Vestia uma espécie de avental de lona encardido, aberto sobre uma fina camisa azul e surradas calças marrons, e calçava sandálias feitas de pneus velhos. Seus olhos eram estreitos e pesadamente avermelhados, e sua boca estava apertada formando um bico. Ele parou voluntariamente diante de nós, mas tinha o aspecto de alguém encurralado. Seu peito arfava e, embora o dia estivesse frio, o suor não parava de brotar de sua cabeça e escorrer pela testa.

Bosco iniciou uma conversa. O homem disse que Emanuel, que acabáramos de encontrar, era seu filho, e que era bom estar de volta. Conversamos sobre a vida nos campos de refugiados, e eu disse que quando visitara o Zaire, todos os ruandeses com quem eu falara haviam negado o genocídio, insistindo, em vez disso, que desde o fim da guerra todos os hutus em Ruanda estavam sendo sistematicamente assassinados. Por exemplo, de acordo com um rumor que circulava nos campos do Zaire, mulheres que voltavam a Ruanda tinham os seios decepados, e os homens eram colocados em masmorras com chão de gesso fresco que então endurecia em torno dos seus pés. O homem disse: "Acontece às vezes que algumas pessoas dizem mentiras e outras dizem a verdade. Houve uma porção de mortes aqui".

Ele se apresentou como Jean Girumuhatse. Eu lhe disse que seu nome me era familiar porque se dizia na comunidade que ele havia assassinado uma família inteira. "É verdade", disse Girumuhatse. "Eles dizem que eu matei porque era o líder de um bloqueio de rua bem ali." Apontou para a estrada, no trecho que ela passava mais perto da sua casa. "Agora está tudo bem", disse. "Mas naquela época éramos convocados pelo Estado para matar. Diziam a você que seu dever era fazer isso, ou então seria preso ou morto. Éramos apenas peões nesse jogo. Éramos apenas instrumentos."

Girumuhatse, que dizia ter 46 anos de idade, não conseguiu recordar nenhum caso específico de hutu que houvesse sido executado simplesmente por recusar-se a matar; aparentemente, a ameaça — matar ou ser morto — havia sido suficiente para assegurar sua participação na matança. Mas Girumuhatse havia dirigido um bloqueio de estrada, e ser um chefe de bloqueio não era ser um peão, mas sim uma figura intermediária na cadeia local de comando — um manipulador de peões. Girumuhatse disse que não tivera escolha e, ao mesmo tempo, me contou: "Na maioria dos casos de assassinato, a responsabilidade é minha, porque eu era o líder, e agora que voltei eu vou contar tudo às autoridades".

Quando começou a repatriação em massa a partir do Zaire em 15 de novembro de 1996, o governo de Ruanda ordenou uma trégua nas prisões de suspeitos de participação no genocídio. Num mês de acontecimentos extraordinários, esse foi certamente o mais inesperado. Mas assim como em 1994 a rádio havia conclamado as massas a matar, dessa vez o rádio explicou como estavam as coisas. Todo mundo ouviu, por exemplo, que o presidente Pasteur Bizimungu fora à fronteira para acolher os repatriados como irmãos e irmãs. Uma versão da mensagem do presidente foi repetidamente transmitida pela rádio Ruanda, e pelo país afora suas palavras eram tomadas como orientação.

Depois de qualificar o regresso em massa de "uma tremenda alegria para todos os ruandeses", o presidente disse: "O povo ruandês foi capaz de viver junto pacificamente por seiscentos anos, e não há razão para que não possa viver junto em paz novamente". E dirigiu-se diretamente aos assassinos: "Deixem-me apelar àqueles que escolheram o caminho da confrontação e do assassinato, lembrando-lhes que eles também são ruandeses. Estou conclamando-os a deixar seus caminhos genocidas e destrutivos, a dar as mãos a outros ruandeses, a dar a sua energia um uso melhor". Então, concluiu: "Mais uma vez, bem-vindos de volta ao lar".

Mas por que se deveria pedir aos sobreviventes que morassem lado a lado com assassinos — ou mesmo, como acontecia na casa de Girumuhatse, sob o mesmo teto? Por que protelar o enfrentamento do problema? Para manter as coisas calmas, disse-me o general Kagame. "Você não vai necessariamente atrás de todo mundo que talvez você achasse melhor ir atrás", disse. "Talvez você deva criar primeiro uma atmosfera em que as coisas estejam estabilizadas, e só então ir atrás de quem precisa ser pego. Outros você pode ignorar em favor da construção gradual de uma espécie de coexistência pacífica." Kagame reconhecia que isso significava exigir muito de seu povo; e, em seguida ao regresso, houve várias notícias de soldados salvando supostos assassinos de ser linchados pela multidão furiosa e pondo-os sob "custódia de proteção". Não seria fácil equilibrar as demandas por justiça e o desejo de ordem, disse-me Kagame. "Entre essas duas intenções existem problemas, existem os sentimentos das pessoas."

Assim que Girumuhatse me contou que era um assassino, ele parou de suar. Sua respiração foi voltando ao normal. Seus olhos ficaram menos nublados, e ele parecia ansioso para continuar falando. Um temporal desabou de repente, por isso fomos para o interior do meu jipe, estacionado bem no lugar onde havia ficado o bloqueio de estrada de Girumuhatse durante o genocídio. Quando nos instalamos, ele revelou que uma das razões pelas quais tinha estado sob pressão durante o genocídio era que haviam lhe dito para matar sua mulher, uma tutsi.

"Consegui salvar minha mulher porque eu era o líder", disse ele, acrescentando que também temera pela própria vida. "Eu tinha de fazer aquilo, senão seria morto", disse. "Portanto, eu me sinto um pouco inocente. Matar não foi algo que partiu de mim. Se matar tivesse sido meu desejo, eu não poderia voltar agora." A voz de Girumuhatse soava irritantemente aconchegante sob o tamborilar da chuva. Perguntei se não se sentia pelo menos um pouco culpado. Permaneceu impassível ao me responder: "Eu conhecia muitas das pessoas que mandei matar". Perguntei quantas mortes havia ordenado. Ele demorou a responder. "Sei de seis pessoas que foram assassinadas diante dos meus olhos por ordem minha."

"Você nunca matou com suas próprias mãos?"

"É possível que tenha matado", disse Girumuhatse. "Porque se não fizesse isso eles matariam minha mulher."

"É possível?", perguntei. "Ou verdade?"

Bosco, o tradutor, disse: "Você sabe o que ele quer dizer". E não traduziu a pergunta.

Girumuhatse reiterou seu desejo de explicar tudo às autoridades. Até onde ele entendia, haviam lhe deixado recuperar primeiro sua propriedade e sua saúde — "e então eles vão me chamar". Não estava com medo. Se contasse tudo, acreditava, receberia "uma punição limitada". Afirmou: "As autoridades entendem que muitos apenas cumpriram ordens".

Girumuhatse captou bastante bem a política do governo. Três meses antes, depois de um ano de debates, o Parlamento de Ruanda havia aprovado uma lei especial sobre o genocídio, que classificava a responsabilidade pelos crimes de acordo com a posição ocupada pelo acusado na hierarquia criminal, e concedia reduções de sentença para autores de crimes mais leves que confessassem. Embora todos os assassinos estivessem sujeitos à pena de morte sob o código penal regular de Ruanda, a lei do genocídio reservava a execução apenas para as elites definidas na Categoria Um: "Planejadores, organizadores, instigadores, supervisores e líderes [...] no plano nacional, municipal, comunal, setorial ou de célula", assim como "notórios assassinos que se destacaram por conta do zelo ou maldade com que cometeram atrocidades" e autores de "atos de tortura sexual". Para a grande massa dos restantes, os assassinos anônimos e seus cúmplices, a pena máxima, de prisão perpétua, podia ser reduzida, mediante uma confissão válida e um reconhecimento de culpa, a meros sete anos. Penas por ataques não fatais e crimes contra a propriedade eram analogamente mitigáveis.

Girumuhatse havia absorvido o espírito da nova lei. "Se a coisa puder terminar assim, e se depois de ser punido eu puder voltar para minha casa e retomar minha vida, eu aceito", disse-

-me ele. "Se essa vingança puder acabar neste país e os que fizeram o mal puderem ser punidos, vai ser melhor assim." O que ele não parecia captar era que sua posição de liderança durante o genocídio situava-o firmemente na Categoria Um, onde a pena de morte não podia ser afastada com uma mera confissão.

Mesmo quando Girumuhatse se dispunha a contar tudo, ele jogava a culpa por seus crimes no ex-prefeito de Taba, Jean Paul Akayesu, que era lembrado como um caçador de tutsis celebremente ávido, e que havia nomeado Girumuhatse como líder de bloqueio. Em 1995, Akayesu foi preso na Zâmbia, e em 1997 foi levado a julgamento por genocídio diante do Tribunal Internacional para Ruanda, onde, depois de incontáveis adiamentos dos procedimentos, um veredicto foi expedido no verão de 1998. No tribunal, o próprio Akayesu responsabilizou seus superiores por qualquer assassinato de tutsis inocentes em Ruanda em 1994.

O genocídio "era como um sonho", disse-me Girumuhatse. "Vinha do regime como um pesadelo." Agora, ao que parecia, ele não tinha propriamente acordado, mas sim entrado num novo sonho, no qual sua confissão e seu entusiasmo pela reforma de Ruanda — "O novo regime é muito bom. Não há mortes. Ficamos surpresos com a boa acolhida. Há uma nova ordem" — não requeriam nenhuma mudança fundamental de política ou de sentimento. Ele continuava um homem médio, aspirando a ser um cidadão modelo e a colher as recompensas. Quando as autoridades disseram "mate", ele matou, e quando as autoridades disseram "confesse", ele confessou.

Entre as visitas a Taba, conversei em Kigali com um agente humanitário que acabara de voltar do oeste da Tanzânia, onde cerca de 500 mil hutus ruandeses continuavam em campos de refugiados. (Um mês depois, em meados de dezembro de 1996, a Tanzânia fechou os campos e repatriou os ruandeses, elevando o número total de repatriados para cerca de 1,5 milhão em seis meses.) Durante sua visita aos campos, o agente humanitário ficara sabendo que as crianças lá tinham uma brincadeira de fazer bonecos de barro e deixá-los na estrada para que fossem atropelados pelos carros que passavam. Os bonecos de barro representavam tutsis, e cada vez que um deles era esmagado as crianças festejavam, porque elas acreditavam que haviam acabado de fazer um tutsi de verdade morrer em Ruanda. O agente humanitário me contou essa história como uma espécie de parábola. Ela o levava a se perguntar se não era o destino inevitável de Ruanda sofrer um outro morticínio.

Essa possibilidade era muito evidente. O governo de Ruanda posterior ao genocídio tinha apostado sua credibilidade na tese de que a matança sistemática entre hutus e tutsis era evitável. O regresso em massa dos campos, que o governo apresentava como um triunfo, fora a prova de fogo dessa tese. Entretanto, Kagame, como sempre, considerava a vitória incompleta. "Sim, as pessoas voltaram", disse ele. "Esse problema foi resolvido, e criou outro problema, que também precisamos resolver." Ele começou então a enumerar uma série de problemas — moradia, justiça, economia, educação, desmobilização de milhares de soldados da ex-FAR que voltavam do exílio e, acima de tudo, "a questão da etnicidade".

Poucos meses antes, perto de começar os combates no Kivu Sul, Kagame me contara duas histórias envolvendo homens de seu exército. Um soldado, disse ele, tinha recentemente escrito uma carta, "me contando que era o único que restava da sua família, e que sabia que algumas pessoas mataram sua família durante o genocídio, e que havia decidido não responsabilizar ninguém mais por aquilo. Em vez disso, ele decidiu acabar com a própria vida, porque não via mais sentido em viver". A carta foi encontrada depois do suicídio do soldado. Kagame interpretava que "ele tinha alguém em mente para matar, mas em vez de fazer isso decidiu matar a si próprio". A segunda história era de um oficial que havia matado três pessoas e ferido duas num bar. Alguns soldados estavam prestes a matá-lo pelos crimes, mas ele disse: "Deixem-me contar a vocês qual é o problema e depois vocês podem me matar". Então os soldados prenderam o oficial e ele explicou: "Tenho visto assassinos aos quais se permitiu viver e circular à vontade, sem que ninguém faça nada contra eles. Bem, decidi que não podia mais tolerar isso, então os matei. Agora, vão em frente e façam o que quiserem comigo".

Kagame disse: "Imagine o que vai dentro da cabeça dessa pessoa. Eu não sei. Ele podia ter ido a um mercado e atirado em cem pessoas. Ele podia ter matado qualquer um — uma pessoa assim não tem nem sequer medo de ser morta. Isso significa que foi criado algum grau de insanidade". Acrescentou: "Tem gente que acha que esse é um assunto que deveríamos superar e esquecer, mas… não, não, não, não, estamos lidando com seres humanos aqui".

Ouvi muitas histórias desse tipo, de tentações de vingança, de explosões de vingança, de frustrações de vingança. Obviamente, muitos sobreviventes não compartilhavam a visão de Kagame de que era possível reabilitar um ser humano que havia caído na lógica do genocídio. Assim, depois da volta do Zaire, perguntei a ele se ainda acreditava que assassinos podiam ser reintegrados com sucesso à sociedade. "Acho que não se pode desistir de uma pessoa assim", disse. "Elas podem aprender. Estou convencido de que todo indivíduo, em algum lugar de seus planos, quer alguma paz, quer progredir de algum modo, mesmo que seja só um camponês comum. Então, se nós pudermos mostrar-lhes o passado e dizer 'Este é o passado que causou todos esses problemas a você, e este é o modo de evitar essas coisas', acho que isso mudará suas mentes um bocado. E penso que algumas pessoas podem até ter o benefício de ser perdoadas, de receber uma nova chance."

Quando rodávamos de volta a Taba alguns dias depois de nosso encontro com Girumuhatse, Bosco me perguntou se eu tinha ouvido algo sobre a garota que fora queimada viva em Kigali recentemente. Eu não tinha, então ele me contou. Havia uma garota — uma mulher, na verdade — mais ou menos da idade de Bosco, e sua conhecida. Ela estava numa discoteca, um sujeito a abordou. Ela o dispensou. Ele disse que ela se arrependeria. Ela riu. Ele insistiu. Ela lhe disse que fosse embora, que deixasse de importuná-la; chamou-o de louco. Ele se afastou, depois voltou com uma garrafa de petróleo e um fósforo. Quatro pessoas morreram. O próprio pretendente rejeitado foi parar no hospital com queimaduras. Quando lhe perguntaram por que matara quatro pessoas, respondeu que isso não era nada perto do que fizera em 1994. Podia matar quantos quisesse.

Bosco estava admirado de que eu, um jornalista, não tivesse ouvido essa história antes. Acho que respondi estupidamente, menos como jornalista do que como consumidor do jornalismo norte-americano, em que a curiosidade sensacionalista por assassinos psicóticos que têm surtos homicidas em lugares públicos desperta apenas o vago senso de ameaça fortuita ao público em geral — como raios, motoristas bêbados ou objetos caídos de altos edifícios. Uma bisavó minha morreu aos 96 anos, vitimada por um vaso de gerânios despencado de uma janela, e embora isso pudesse acontecer comigo também, eu não o considerava um perigo mais próximo pelo fato de ter acontecido com ela. Mas a história de Bosco era diferente. O que ele estava me dizendo era que, em Ruanda, uma pessoa que diz "O genocídio me fez fazer isso" deixa em todo mundo, na sociedade inteira, uma sensação de perigo total.

A neta de Laurencie Nyirabeza, Chantalle Mukagasana, contou-me mais ou menos a mesma coisa. Eu desejara ouvir a reação de Nyirabeza ao relato que Girumuhatse fizera sobre si próprio, mas ela estava numa disposição taciturna quando voltei a Taba, e Chantalle, uma esbelta mulher de 33 anos que durante o genocídio havia ficado viúva e perdido quatro de seus cinco filhos — Marie, Marthe, Marianne e Jonathan —, preencheu o silêncio. "Mesmo que confesse, é um impostor", disse ela, sobre Girumuhatse. "Ele mente quando diz que só cumpriu ordens." De acordo com Chantalle, o homem era um desenfreado assassino de tutsis. Ela contou que ele havia supervisionado o assassinato dos pais de sua mulher, "só para ter o prazer de vê-los morrendo", e quando encontrara sua esposa tutsi dando comida ao irmão dela, Girumuhatse havia tentado matar o cunhado, também.

Nyirabeza tinha acusado Girumuhatse de assassinar dez membros de sua família imediata. Chantalle o considerava responsável pelo massacre de 27 membros de sua família ampliada. Ele havia sido o líder, disse ela, e também participara diretamente do massacre, usando uma pequena enxada. Chantalle só conseguiu escapar — com sua filhinha de um mês, Alphonsine, às costas — porque na manhã da matança vira Girumuhatse matar com um facão um primo dela chamado Oswald. Depois daquilo, Chantalle procurou refúgio ali perto, na casa de sua madrinha, uma hutu. Enquanto estava lá, ouviu Girumuhatse chegar e pedir chá — para lhe dar forças, ele disse, para matar o pai de Chantalle. Chantalle disse também que o filho de sua madrinha, que era um dos cúmplices de Girumuhatse, "foi para trás da casa para afiar seu facão, mas sua mãe o proibiu de me matar". Mais tarde, a madrinha contou a Chantalle que seu filho havia matado a mãe de Chantalle. E agora a madrinha e o filho tinham voltado do Zaire.

Toda a matança descrita por Chantalle ocorrera em poucos dias num pequeno conjunto de casas, na montanha que estava sob o comando de Girumuhatse. Ela riu quando lhe contei que Girumuhatse dissera ter visto apenas seis pessoas serem mortas ao seu comando. "Oh, se eu pudesse enfrentá-lo", disse ela a certa altura, mas em outro momento perguntou: "Mesmo que eu o denunciasse, o que ganharia com isso?"

Depois do genocídio, Chantalle disse, "tive de conseguir minhas próprias roupas sozinha, e tive de conseguir minha comida sozinha, e agora essas pessoas voltam e ganham comida e ajuda humanitária". Era verdade: enquanto a comunidade internacional havia gastado mais de 1 bilhão de dólares nos campos, a devastada Ruanda havia mendigado por umas poucas centenas de milhões, e as dezenas de milhares de sobreviventes, alojando-se em ruínas, haviam sido sistematicamente ignorados. Uma vez, disse-me Chantalle, alguém deu enxadas para os sobreviventes de Taba. "Foi só", disse ela. "Ponto final."

* * *

Era impossível dar aos sobreviventes o que eles queriam de verdade — seu mundo perdido, tal como era no tempo que chamavam de "Antes". Mas era mesmo necessário que os mais atingidos pelo genocídio continuassem a ser os mais negligenciados depois dele? Bonaventure Nyibizi estava preocupado com a possibilidade de jovens sobreviventes tornarem-se extremistas. "Digamos que haja 100 mil jovens que perderam suas famílias e não têm nenhuma esperança, nenhum futuro. Num país como este, se você lhes disser 'Vá lá e mate seu vizinho, porque ele matou seu pai e seus sete irmãos e irmãs', eles vão pegar um facão e matar. Por quê? Porque não estão olhando para o futuro com otimismo. Se você diz que o país deve caminhar para a conciliação, mas ao mesmo tempo ele esquece dessa gente, o que acontece? Quando os vemos andando pelas ruas, não nos damos conta de seus problemas, mas talvez eles tenham visto suas mães, ou suas irmãs, serem estupradas. Vai ser preciso muita coisa para garantir que essas pessoas possam voltar para a sociedade, olhar para o futuro e dizer: 'OK, vamos tentar'."

Esse esforço não estava sendo feito. O governo não tinha nenhum programa para os sobreviventes. "Ninguém quer ajudá-los", contou-me o assessor de Kagame, Claude Dusaidi. Ele se referia a doadores estrangeiros, as agências de ajuda. "Nós dizemos: 'Deem-nos dinheiro e conseguiremos'. Ninguém está interessado." Bonaventure, que depois foi nomeado ministro do Comércio, explicou a falta de ajuda estrangeira como uma consequência da falta de oportunidades de investimento. "Você não pode contar com a comunidade internacional a não ser que seja rico, e nós não somos", disse ele. "Não temos petróleo, portanto não importa que tenhamos sangue, ou que sejamos seres humanos." De sua parte, Dusaidi havia concluído que a comunidade internacional não queria reconhecer que o genocídio realmente ocorrera. "Eles gostariam que esquecêssemos dele. Mas o único meio que teremos de esquecê-lo é ajudar os sobreviventes a retomar a vida normal. Então talvez possamos estabelecer o processo do esquecimento."

Uma frase surpreendente — "o processo do esquecimento". Desde o Holocausto, discussões sobre genocídio tornaram-se quase inextricavelmente associadas a um discurso sobre as obrigações da memória. Mas em Ruanda — onde Pacifique Kabarisa, que trabalhava para a organização Direitos Africanos, me contou que muitos sobreviventes do genocídio "lamentam não ter sido mortos" — esquecer era desejado como um sintoma de convalescença mínima, a capacidade de continuar vivendo. "Antes deste regresso", contou-me Chantalle, "estávamos começando a esquecer, mas agora é como quando você tem uma ferida que está cicatrizando e vem alguém e a reabre."

Não poderia haver cicatrização completa possível para a geração que havia sofrido o genocídio. Em lugar disso, enquanto os sobreviventes se queixavam de que o governo devia — e podia — fazer mais por eles, e enquanto estrangeiros impacientes pela reconciliação acusavam o governo de usar o genocídio como desculpa para suas fraquezas, os novos líderes de Ruanda estavam pedindo a seus compatriotas para serem estoicos. "Não podemos parar tudo só porque queremos enfatizar a justiça e garantir que todo mundo que se envolveu em algum grau seja responsabilizado", disse-me Kagame. Era essencial, segundo ele, manter-se em movimento de avanço, em vez de "recuar e dizer 'Bem, esses hutus mataram, então têm de morrer, e esses tutsis foram vítimas, então eles têm de tirar o melhor proveito dessa situação'". Depois de um momento, acrescentou: "Acho que terá de haver uma séria reflexão sobre a questão do que é ser racional".

Algumas semanas depois do regresso em massa do Zaire, a trégua nas prisões foi suspensa para permitir a detenção de suspeitos de fazer parte da Categoria Um da lei do genocídio. Logo a trégua seria totalmente abandonada. Ainda assim, Gerald Gahima, vice-ministro da Justiça, disse-me que a maioria dos assassinos provavelmente continuava solta. Só em Taba, onde a volta dos campos fora relativamente tranquila, o inspetor de polícia judicial disse que pelo menos sessenta suspeitos de Categoria Um haviam voltado. O inspetor tinha Girumuhatse na sua lista, mas não sabia muito sobre ele. "Dizem que matou gente", contou-me ele, e leu alguns nomes de supostas vítimas de Girumuhatse, incluindo o mesmo Oswald cujo assassinato Chantalle disse ter testemunhado, e um dos tios dela que ela havia citado.

Jonathan Nyandwi, um dos 640 prisioneiros da cadeia local de Taba envolvidos com o genocídio, estava mais bem informado. Ele tinha um bar perto do bloqueio de Girumuhatse e, embora tenha afirmado inicialmente não saber se Girumuhatse era um assassino, quando mencionei Oswald, disse: "Ele era meu afilhado. Foi morto por Jean Girumuhatse". Nyandwi confirmou que o pai de Chantalle tivera o mesmo destino, mas contestou a afirmação dela de que Girumuhatse teria matado os pais de sua própria esposa. Segundo ele, Girumuhatse tentara matar apenas o irmão de sua mulher, Evariste.

Encontrei Evariste alguns dias depois. Disse que seus pais haviam sido assassinados por "cúmplices de Girumuhatse" e que ele próprio havia fugido durante o ataque. Depois, tinha buscado refúgio junto à irmã, esposa de Girumuhatse. "No momento em que eu cheguei, Girumuhatse gritou chamando outros", recordou Evariste. "Eles me pegaram, tiraram minha roupa e começaram a me bater com porretes, e minha irmã começou a berrar como uma louca, dizendo: 'Vocês não podem matar meu irmão desse jeito!'." Girumuhatse, segundo ele, "tentou me levar para o bloqueio do meu bairro, para que eu fosse morto no meu lugar. Eu estava completamente nu, e eles me levavam para uma cova coletiva para me jogar lá dentro". De algum modo, Evariste escapou deles, e conseguiu fugir para dentro da noite.

Evariste acreditava que Girumuhatse matara mais de setenta pessoas. Não vira o homem desde que ele havia voltado, mas tinha visto a mulher de Girumuhatse e o filho deles, Emanuel — sua irmã e seu sobrinho —, e me contou que ambos tinham medo de Girumuhatse e queriam vê-lo preso. Mesmo assim, Evariste, um tutsi e conselheiro municipal, tinha medo de denunciar o homem que havia tentado matá-lo. "Tenho certeza de que minha irmã e seus filhos poderiam morrer", explicou, e me disse que desde a volta de Girumuhatse suas próprias noites estavam de novo povoadas pelo medo. "As pessoas não podem dizer em voz alta que querem vingança", disse Evariste. "Mas na verdade muita gente tem esse desejo."

Na manhã seguinte a meu encontro com Evariste vi as ruas de Kigali repletas de gente carregando enxadas e facões. Era um dia de mutirão social; por toda parte terrenos baldios transformavam-se em manufaturas de tijolos, um primeiro passo para a construção de casas para as pessoas que ficaram desabrigadas após o regresso. Num desses lugares, vi o general Kagame em meio a uma multidão de trabalhadores maltrapilhos, enchendo de barro mole uma fôrma de madeira. "Isto também é trabalho de soldado", disse-me ele. A poucos passos dali, um homem estava ajoelhado, manuseando um grande facão, picando palha para misturar com o barro. Ele havia acabado de voltar do Zaire e disse que estava muito espantado, depois de ter ouvido "*Monsieur le Vice-Président*" ser demonizado nos campos, ao vê-lo ali. "Mas é normal", acrescentou, "porque toda autoridade que quer trabalhar pelo país deve dar o exemplo às pessoas."

A rapidez com que as doutrinas de genocídio haviam sido substituídas pela ordem de viver junto era estimulante, mas também servia como um sinistro lembrete de que o velho equilíbrio ruandês entre autoridade e submissão permanecia perfeitamente intacto. O sistema era útil às dramáticas demandas do momento; você introduz uma nova mensagem e — pronto! — mudança revolucionária. Mas não seria apenas uma mudança de aparência? Pouco antes de cruzar com Kagame fazendo tijolos, eu havia contado a história de Girumuhatse a Gerald Gahima, no Ministério da Justiça. De início, ele havia se inclinado em favor do homem por haver confessado, mas à medida que os detalhes se acumulavam foi se tornando cada vez mais carrancudo.

"Para que os valores mudem", disse Gahima, "é preciso que haja reconhecimento da culpa, desejo genuíno de expiação, vontade de indenizar os danos, humildade para aceitar os próprios erros e buscar o perdão. Mas todo mundo diz que não foi ele, que foram nossos irmãos, nossas irmãs. No fim do dia, ninguém fez nada errado. Numa situação em que houve uma injustiça tão brutal e ninguém parece disposto a buscar o perdão, como os valores podem mudar?"

Era uma boa pergunta, e eu queria dar a Girumuhatse mais uma chance para me ajudar a respondê-la. Ele recebeu Bosco e eu numa pequena sala de sua casa, e dessa vez seu filho Emanuel juntou-se a nós. Na minha primeira visita, Emanuel tentara me enganar dizendo que não havia na casa nenhum outro homem repatriado do Zaire, e depois seu tio, Evariste, tinha me dito que ele queria que seu pai fosse preso. Eu me perguntava se Emanuel sabia o que seu tio havia me dito, e fiquei contente quando ele se sentou numa posição que o deixava fora do campo de visão de seu pai, mas onde eu podia observá-lo diretamente, num degrau, um pouco atrás e acima de Girumuhatse.

Quando perguntei a Girumuhatse sobre o jovem chamado Oswald, que, segundo muita gente, ele havia matado, Emanuel começou a sorrir tão abertamente que teve de morder os lábios para se conter. Tudo o que Girumuhatse disse sobre Oswald foi: "Ele foi morto durante a guerra". Emanuel revirou os olhos, e quando perguntei sobre o pai de Chantalle ele continuou sorrindo. O pai de Chantalle também fora morto, disse Girumuhatse, e não falou mais nada sobre o assunto.

Girumuhatse estava com uma tosse horrorosa, e sentava-se dobrado para a frente sobre os joelhos, num banquinho, fitando tristemente o chão. Quando me contou que havia comandado pessoas de umas cinquenta famílias durante a matança, Emanuel deixou escapar uma pequena golfada de ar. "Você dirigiu tudo aquilo?", perguntou num tom de zombaria. "Só você?"

Finalmente, perguntei a Girumuhatse se era verdade que tentara matar o irmão de sua própria esposa. Só então me dei conta de que Emanuel entendia francês, porque sua expressão se alterou, ficou fora de controle. Mas Bosco se recusou a traduzir a pergunta; Girumuhatse, disse ele, estava se fechando, de tão embaraçado. Alguns minutos depois, Emanuel saiu da sala, e a essa altura Girumuhatse me contou que havia tentado salvar o irmão de sua mulher, explicando: "Tentei levá-lo ao seu bairro para protegê-lo, de modo que não fosse assassinado aqui diante dos meus olhos".

Quando me levantei para sair, Girumuhatse caminhou comigo para fora. "Estou feliz de ter falado", disse. "Para dizer a verdade, é normal e é bom."

21

Fisicamente enfermo — seu câncer na próstata havia se espalhado — em seus últimos dias como presidente do Zaire, Mobutu Sese Seko sofria de incontinência. Caçadores de troféus que vasculharam o acampamento militar onde ele encenou seu fim de jogo em Kinshasa encontraram pouca coisa mais interessante que as fraldas do Grande Homem. Dizia-se que a capacidade mental de Mobutu também estava debilitada. Várias pessoas que se jactavam de ter acesso irrestrito aos fuxicos da velha corte me garantiram que no final ele tinha virado um louco varrido — fora do alcance dos remédios e da psicologia, às vezes falando sozinho e às vezes explodindo em fúria — e imperturbável apenas em sua ilusão de que estava prestes a derrotar a Aliança rebelde de Laurent Kabila, que na verdade havia conquistado seu imenso território até quase chegar às suas portas em apenas sete meses.

Contudo, o último ato completo de Mobutu como presidente sugeria que, pelo menos *grosso modo*, ele entendia o que estava acontecendo. Em 11 de maio de 1997, ordenou que os restos mortais do presidente assassinado do Poder Hutu de Ruanda, Juvénal Habyarimana, fossem exumados do seu mausoléu em seus domínios em Gbadolite e trazidos a Kinshasa a bordo de um avião de carga. Dizia-se que Mobutu temia que os seguidores de Kabila pudessem arrancar Habyarimana de seu repouso e profaná-lo, e ele queria se livrar dos ruandeses. Por dois dias e duas noites, o presidente morto de Ruanda permaneceu no avião, na pista de pouso de Kinshasa, enquanto o moribundo presidente do Zaire fazia seus sátrapas quebrarem a cabeça, uma última vez, para decidir o que fazer com a macabra carga. O veredicto foi cremação, em vez de um rito congolês normal. Improvisando um pouco sobre o corpo de um homem que fora um católico praticante, os homens de Mobutu recrutaram um sacerdote hindu para a cerimônia, e Habyarimana virou fumaça. Na manhã seguinte, Mobutu também voou embora — para o Togo, e depois Marrocos, onde logo morreria —, e menos de 24 horas depois de sua partida os primeiros soldados do EPR entraram na capital do Zaire à frente da Aliança de Kabila.

Ao burilar os últimos ritos de Habyarimana, Mobutu havia na verdade encenado um funeral para toda uma geração de líderes africanos da qual ele — o Dinossauro, como foi conhecido por muito tempo — era o paradigma: o ditador vassalo do neocolonialismo da Guerra Fria, monomaníaco, perfeitamente corrupto e absolutamente nefasto para sua nação. Seis meses antes, quando a Aliança rebelde sustentada por Ruanda tomou Goma pela primeira vez, eu havia rodado diretamente para o palácio à beira-lago de Mobutu, na periferia da cidade. Os portões estavam abertos e desguarnecidos. A bandeira do Zaire jazia numa lombada na alameda para carros. Munições abandonadas pela Divisão Especial Presidencial de Mobutu estavam espalhadas pelo chão — pilhas de fuzis e caixas com a inscrição "TNT" repletas de morteiros de sessenta milímetros. Cinco Mercedes novinhos, um Land Rover reluzente e duas ambulâncias estavam estacionados na garagem. Em seu interior, a casa era uma extravagante mistura de tetos espelhados, móveis marchetados com malaquita e pérola, candelabros, televisores gigantes e complexos aparelhos de som. No andar superior, os dois luxuosos banheiros conjugados eram equipados com banheiras Jacuzzis.

Goma era em grande parte uma favela. Sua pobreza era extrema. Um dia passei na casa de um conhecido que havia ido embora, deixando seus cães. Seus focinhos apareciam por baixo do portão trancado. Eu os estava alimentando com os biscoitos ricos em proteínas da ONU quando três homens viraram a esquina e pediram alguns para eles também. Estendi a caixa para o primeiro homem, que estava vestido em farrapos, e disse: "Pegue alguns". Suas mãos saltaram e eu senti a caixa voar das minhas mãos como se fosse movida por uma mola. Os companheiros do homem imediatamente lançaram-se sobre ele, brigando, entupindo a boca com biscoitos, arrancando biscoitos da boca dos outros, e na rua que até então parecera deserta surgiram pessoas correndo para participar da refrega.

As Jacuzzis de Mobutu eram ladeadas por óleos e perfumes acondicionados em garrafas de um tamanho digno de Alice no País das Maravilhas; deviam conter um galão cada. A maioria estava completamente cheia. Mas uma parecia ter sido usada regularmente: um grande vidro de Egoïste, da Chanel.

Ele se banhava naquilo.

Esse era o Zaire e, no espírito do "*L'État c'est moi*" de Luís XIV, Mobutu gostava de se vangloriar: "Não havia Zaire nenhum antes de mim, e não haverá Zaire nenhum depois de mim". No caso, Kabila — que costumava chamar o Zaire de "*le Nowhere*" — deu sentido literal às palavras de Mobutu; em 17 de maio de 1997, ele se declarou presidente e rebatizou o país com o nome que Mobutu havia riscado: a República Democrática do Congo. A rapidez com que havia chegado à vitória devia muito ao fato de que, como regra geral, o exército zairense tinha preferido fugir a lutar, estuprando e saqueando cidade após cidade em sua rota de fuga diante do avanço rebelde. As únicas forças que se mantinham em defesa de Mobutu eram dezenas de milhares de combatentes em fuga do Poder Hutu de Ruanda e umas duas dúzias de mercenários sérvios recrutados pelos franceses.

Kabila também recorrera à ajuda estrangeira para realizar sua marcha com tanta eficiência, e não apenas de Ruanda. Por trás de sua Aliança havia sido formada uma coalizão pan-africana que reunia o apoio político ou militar de pelo menos dez governos do continente. Depois das vitórias rebeldes iniciais no Kivu Norte e no Kivu Sul, à medida que recrutas congoleses afluíam para a causa de Kabila, começou também a chegar a ajuda de países vizinhos — Angola, Burundi, Tanzânia, Uganda, Zâmbia — e de outros mais distantes, como Eritreia, Etiópia, África do Zul e Zimbábue.

Se a guerra do Congo tivesse acontecido na Europa, seria provavelmente chamada de guerra mundial, e para os africanos o mundo estava de fato em questão. Pois essa era a guerra em torno do genocídio de Ruanda. Como me disse o presidente Museveni, de Uganda, logo após a posse de Kabila: "O grande erro de Mobutu foi envolver-se em Ruanda. Assim, foi Mobutu que iniciou o processo de sua própria derrubada. Se ele não tivesse se envolvido em Ruanda, acho que teria permanecido, simplesmente, como vinha permanecendo pelos últimos 32 anos — sem fazer nada para desenvolver o Zaire, mas mantendo o que costumam chamar de poder, controlando a estação de rádio e assim por diante".

Mobutu certamente fora alertado, e não apenas pelos que o destronaram. No escritório de seu palácio abandonado em Goma, encontrei um longo memorando sobre o conflito ruandês endereçado a Mobutu por um de seus conselheiros. Por seu conteúdo, parecia ter sido escrito em 1991, não muito tempo depois que a FPR invadiu Ruanda pela primeira vez, numa época em que Mobutu presidia a negociação de uma série de efêmeros cessar-fogos. O memorando descrevia a corte de Habyarimana como "composta em sua maior parte de extremistas intransigentes e fanáticos", e previa que os rebeldes da FPR iriam "de uma maneira ou de outra conseguir seu objetivo final, ou seja, tomar o poder em Ruanda". O documento instava Mobutu a servir como um "guarda-chuva moral" e "o Pai Espiritual do processo de negociação" sem deixar de fora a FPR e o presidente Museveni, de Uganda, e acima de tudo a proteger os "interesses primordiais do Zaire", sem se importar com quem acabaria prevalecendo em Ruanda.

Em pé ali — como um saqueador, na verdade — no escritório "liberado" de Mobutu, lendo esse documento banal que só havia se tornado notável devido à enormidade dos eventos que vieram em seguida, eu me admirava de novo de quão completamente o mundo havia sido mudado pelo genocídio em Ruanda. Não era necessariamente um mundo mais agradável ou melhor, o de poucos anos e 1 milhão de mortos atrás, antes do genocídio. Mas na África Central era um mundo no qual o pior ainda era desconhecido.

Em 1994, no auge da campanha de extermínio em Ruanda, enquanto Paris mandava armas aos intermediários de Mobutu no leste do Zaire, para transferência imediata, através da fronteira, aos *génocidaires*, o presidente da França, François Mitterrand, disse (conforme relato posterior do jornal *Le Figaro*): "Em tais países, o genocídio não é tão importante". Por suas ações ou omissões, na época e nos anos que se seguiram, o restante das grandes potências indicou que estava de acordo. Evidentemente, não lhes ocorreu que um país como Ruanda pudesse recusar a ideia de que sua aniquilação era insignificante; ninguém tampouco imaginou que outros africanos pudessem levar o problema de Ruanda tão a sério a ponto de agir.

A lembrança do genocídio, combinada com sua renovação em larga escala promovida por Mobutu, tinha "repercussões globais, que transcendiam Ruanda", disse-me Museveni, "e aqui na África estávamos determinados a resistir a ela". Assim como Mobutu era o que Museveni chamava de "agente" de seus titereiros do Ocidente, os *génocidaires* ruandeses, que novamente ameaçavam banhar em sangue toda a região, deviam sua sustentação à inconsequente distribuição da caridade ocidental. O Ocidente poderia depois torcer as mãos de remorso pela irresponsabilidade de suas políticas, mas em última análise ninguém responde pela entidade nebulosa conhecida como comunidade internacional. Repetidas vezes na África Central, falsas promessas de proteção internacional foram seguidas pelo pronto abandono de centenas de milhares de civis à mercê da mais extrema violência. Contra essa negligente impunidade, a rebelião congolesa oferecia à África a oportunidade de se unir contra seu maior mal político doméstico e tomar do Ocidente o papel de árbitro de seu destino político.

* * *

Frequentemente eu achava proveitoso pensar na África Central de meados dos anos 1990 como comparável à Europa do final da Idade Média — infestada por frequentes guerras tribais e religiosas, déspotas corruptos, elites predatórias e um campesinato supersticioso, apodrecida pela doença, estagnada na pobreza e ao mesmo tempo carregada de promessas. Evidentemente, um processo crucial que havia ajudado os povos europeus a avançar rumo a uma prosperidade maior e a governos mais saudáveis fora o colonialismo, que havia propiciado a exportação de suas hostilidades e a importação de riqueza. As ex-colônias não usufruem as mesmas oportunidades enquanto entram atabalhoadamente na família dos modernos Estados-nações; quaisquer que sejam as formas de governo que elas assumam, em seu esforço para construir tradições políticas consistentes, provavelmente serão formas transitórias.

Muito antes de Ruanda se tornar um estudo de caso sobre a negligência internacional, Museveni disse certa vez: "Um pouco de negligência não seria tão ruim. Quanto mais órfãos ficarmos, melhor para a África. Teremos que depender de nós mesmos". E a extensão da surpresa causada ao mundo externo pela revolução congolesa desnudou um teimoso engano que dominou as atitudes do Ocidente em relação à África pós-Guerra Fria: o de que os africanos geram catástrofes humanitárias, mas não fazem uma política que tenha sentido.

Conciliação fora a política errada diante da Alemanha nazista, e foi também em Goma. Contudo, o próprio vácuo de um engajamento internacional responsável em Goma havia criado uma necessidade e uma oportunidade sem precedentes para que os africanos consertassem seus próprios problemas. Embora os apoiadores estrangeiros de Kabila estivessem abertamente céticos quanto às possibilidades de ele servir como algo mais que um líder temporário do Congo — e mesmo nesse papel ele logo os desapontaria —, a rápida escalada da Aliança à vitória inspirou o presidente Museveni, de Uganda, a proclamar, na posse de

Kabila, que a guerra havia "libertado não apenas o Congo, mas também toda a África".

Como padrinho político da nova liderança da África Central, Museveni era ouvido com atenção. Ele fez um apelo por solidariedade nacional e internacional, por ordem econômica e segurança física como bases para o desenvolvimento político. Ouvindo-o, podia-se quase esquecer que as perspectivas da África Central continuavam terrivelmente desanimadoras. O que sobrava de grande parte da região parecia bastante com isto:

> A infraestrutura do país, especialmente as estradas, havia ruído quase completamente. A maior parte do país estava inacessível. [...] Havia uma grave falta de caminhões. [...] Serviços públicos, como abastecimento de água e de energia, haviam se deteriorado drasticamente. [...] Fábricas estavam fechadas ou operavam de forma muito precária. [...] Havia carestia total de bens básicos de consumo, como açúcar, sabão e querosene. As mercadorias eram contrabandeadas para dentro e para fora do país, e vendidas no mercado paralelo ("negro"). A economia havia se tornado completamente informal e especulativa.

Essa passagem da autobiografia de Museveni descreve Uganda em 1986, quando ele se empossou como presidente depois de mais de uma década de luta armada. Quando lhe contei que tinha a impressão de estar lendo sobre o Congo — ou, a propósito, sobre muito da Ruanda pós-1994 — ele disse: "É a mesma situação, exatamente".

O crescimento econômico anual de Uganda no início dos anos 1990 era em média de 5%, e em 1996 passou dos 8%. Estradas decentes cortavam o país. Havia boas escolas públicas, assistência médica melhorada, um judiciário independente, um Parlamento bastante rabugento, uma imprensa turbulenta e geralmente de oposição, e uma pequena mas crescente classe média. A insegurança permanecia, especialmente no norte e no oeste do país, assolado por rebeliões. Mas Uganda, uma década depois das devastações promovidas por Idi Amin e Obote, estabeleceu um padrão de promessas que deveria fazer qualquer pessoa pensar duas vezes antes de chamar o Congo ou Ruanda de "impossíveis" ou "sem esperança".

Museveni era um dirigente de mão forte, tecnocrático, pragmático, acostumado a ver as coisas feitas à sua maneira. Um homem de enorme energia, como político e também como criador de gado, e possuía a inventividade do desbravador. Na manhã em que o visitei, o jornal estatal *New Vision* anunciava: "Yoweri Museveni revelou que uma espécie local de capim que ele recentemente apresentou a pesquisadores egípcios foi utilizada na fabricação de uma pasta de dentes eficaz, batizada de Pasta de Dentes do Nilo".

A história da pasta de dentes valia como uma clássica parábola museveniana sobre a autoconfiança africana. Quando criança, no mato, Museveni aprendera a mascar um capim chamado *muteete*, e descobrira que ele deixava seus dentes perfeitamente limpos e lisos. Então, na escola secundária colonial britânica, ele foi apresentado à Colgate, para se curar de seus hábitos da roça. "Mas", disse ele, "quando você usa Colgate e passa a língua pelos dentes, sente umas 'lombadas'." A pasta de dentes do homem branco era inferior. Como presidente, lembrou-se do *muteete*, e a ciência moderna corroborou sua lembrança. O capim, segundo ele, possuía "os melhores agentes de limpeza dos dentes jamais encontrados". A Pasta de Dentes do Nilo logo chegaria ao mercado, e Uganda receberia direitos. Museveni incentivou seus compatriotas a realizar pesquisas similarmente voltadas para o mercado. Ele acreditava que o suco de banana podia ser o maior sucesso na indústria de refrigerantes. Observou que as exportações de flores de Uganda para a Europa estavam crescendo, e exportadores de outros países estavam ficando assustados. A mensagem era clara: busquem valor na desvalorizada África; estamos em alta.

A capital de Uganda, Kampala, ficava a apenas uma hora de

avião ao norte de Kigali, perto das margens do lago Vitória, entretanto parecia todo um outro mundo: uma cidade em expansão e com uma atmosfera de promessa. Evidentemente, era fácil encontrar pessoas que se queixavam do governo, mas o problema que mais as motivava — se o regime caminhava para a democracia liberal demasiado lentamente, ou demasiado rápido, ou não estava nem caminhando — era o tipo de problema que os ruandeses, cuja preocupação principal era com sua segurança física, podiam apenas sonhar em discutir sem medo.

Museveni me recebeu num caramanchão no imaculado complexo do Palácio do Governo, no final da avenida Vitória de Kampala. Ele estava sentado atrás de uma escrivaninha, numa cadeira de jardim, vestindo uma camisa xadrez marrom de mangas curtas, calça de veludo e sandálias. Serviu-se chá. Numa prateleira sob sua escrivaninha havia um livro sobre a guerra israelense no Sinai, o livro do jornalista norte-americano Bob Woodward *The Choice*, sobre a campanha eleitoral de Bill Clinton, e um volume intitulado *Textos selecionados sobre os usos do óleo de palmeira*. Museveni parecia cansado; não tentava disfarçar sua necessidade de bocejar. Mesmo nos retratos oficiais que pendiam das paredes da maioria das lojas e escritórios da capital, seu rosto redondo e sua cabeça quase raspada davam-lhe um aspecto de homem comum e sem carisma que fazia parte de seu encanto. Seu discurso, assim como sua escrita, era lúcido, áspero e pouco bombástico.

Próximo ao fim da guerra no Congo, quando a vitória de Kabila parecia inevitável, o *New York Times* publicou um editorial com o título "Tirania ou democracia no Zaire?" — como se essas fossem as duas únicas possibilidades políticas, e o que não fosse uma coisa tivesse de ser a outra. Museveni, como muitos de seus contemporâneos entre os líderes do que poderia ser chamada de África pós-colonial, buscava um caminho intermediário sobre o qual pudesse fundar as bases para uma ordem democrática sustentável. Pelo fato de ele se recusar a permitir a política pluripartidária em Uganda, muitos sabichões do Ocidente estavam inclinados a se juntar a seus críticos ugandenses e negar-se a admirar seus sucessos. Mas ele argumentava que até que a corrupção fosse mantida sob controle, até que se desenvolvesse uma classe média com interesses políticos e econômicos fortes, e até que houvesse um debate público nacional coerente, os partidos políticos provavelmente degenerariam em facções tribais ou em quadrilhas financeiras, e continuariam sendo uma questão de querelas das elites pelo poder, se não a causa de uma verdadeira guerra civil.

Museveni chamou seu regime de uma "democracia sem partidos", baseada na "política do movimento", e explicou que os partidos eram "uni-ideológicos", enquanto um movimento como seu Movimento de Resistência Nacional ou a Frente Patriótica Ruandesa era "multi-ideológico", aberto a uma polifonia de sensibilidades e interesses. "Socialistas estão no nosso movimento, capitalistas estão no nosso movimento, feudalistas — como os reis aqui em Uganda — são membros do nosso movimento", disse ele. O movimento estava oficialmente aberto a todo mundo, e "qualquer pessoa que quisesse" poderia concorrer a eleições. Embora Museveni, como a maioria dos líderes africanos de sua geração, fosse frequentemente descrito como um ex-guerrilheiro marxista, ele era um firme defensor da livre empresa, e havia chegado a estimular a formação de agrupamentos políticos no interior das classes sociais, de modo a produzir "polarização horizontal", em oposição à "polarização vertical" do tribalismo ou do regionalismo. "É por isso que dizemos, em termos imediatos: deixe que a competição política se baseie em indivíduos, não em grupos", disse-me ele, acrescentando: "A probabilidade é que não tenhamos grupos saudáveis, mas grupos viciosos. Então, por que correr esse risco?".

A queixa de Museveni era contra o que poderia ser chamado de democracia de perfumaria, na qual as eleições só serviam para que os "governos doadores" sustentassem forças pusilânimes ou corruptas em sociedades politicamente debilitadas. "Se eu tivesse um problema de coração e quisesse aparentar saúde, simplesmente morreria", disse-me Museveni. Estávamos falando sobre a maneira como o Ocidente, tendo vencido a Guerra

Fria e perdido seu gabarito de aferição para distinguir os mocinhos dos bandidos pelo mundo afora, havia encontrado uma nova religião política na promoção de eleições pluripartidárias (pelo menos em países economicamente dependentes onde o chinês não é a língua mais falada). Museveni descreveu essa política como "não apenas uma intromissão, mas uma intromissão baseada na ignorância e, claro, em um tanto de arrogância também". Afirmou: "Essa gente parece dizer que as partes desenvolvidas e as partes não desenvolvidas do mundo podem ser todas administradas do mesmo jeito. Politicamente essa é a linha deles, e acho que é uma autêntica asneira — para dizer o mínimo. Não é possível administrar sociedades radicalmente diferentes de uma maneira perfeitamente uniforme. Sim, há certas coisas essenciais que devem ser comuns, como o sufrágio universal, um voto por pessoa mediante escolha secreta, imprensa livre, separação de poderes. Esses devem ser fatores comuns, mas não a forma exata. A forma deve estar de acordo com cada situação".

Tanto Museveni como Kagame se irritavam com o fato de que o governo liderado pela FPR em Ruanda fosse visto por muita gente como títere de Uganda, e de que Kabila por sua vez fosse rotulado por seus críticos de testa de ferro do imperialismo "ruando-ugandense". "Eles eram fantoches dos franceses", disse Museveni a respeito de seus críticos ruandeses e congoleses, "por isso pensam que todo mundo está procurando por fantoches ou por manipuladores." Ele considerava óbvio que outros países da região se mirassem no exemplo de Uganda. "Quando Martinho Lutero publicou sua crítica aos papistas, ela se espalhou porque encontrou ressonância em diferentes lugares", disse. "E quando a Revolução Francesa ocorreu, já havia elementos republicanos locais em diversos países europeus. Do mesmo modo, quando houve mudanças em Uganda contra a ditadura de Idi Amin — sim, houve um interesse por essas ideias."

O fato de Museveni se apresentar sob a luz do início da história moderna da Europa dava uma medida de seu obstinado otimismo. Ele era um estudioso da maneira como as grandes democracias emergiram da turbulência política, e reconhecia que isso não aconteceu rapidamente, nem de forma elegante, nem sem hesitações, reveses e contradições ao longo do caminho. Sempre ouvi, mesmo dos admiradores de Museveni, a afirmação de que ele não era — que pena! — nenhum democrata jeffersoniano. Mas não será muito fácil encontrar na África de hoje as tradições e circunstâncias particulares que produziram Jefferson, e é duvidoso que aqueles que suspiram pelo ressurgimento de um homem assim estivessem preparados para tolerar o fato de que o tempo livre de que Jefferson dispunha para pensar e escrever era financiado em grande medida por sua condição assumida de proprietário de escravos.

Contudo, além das histórias de Lutero e da Revolução Francesa, Museveni sem dúvida havia lido também sobre a Revolução Americana, que demandou oito anos de luta, mais quatro anos para ter a Constituição ratificada, e mais dois anos antes que as eleições fossem realizadas — um total de treze anos desde que a Declaração de Independência havia proclamado, com "um decente respeito às opiniões da humanidade", não apenas as causas da luta anticolonial, mas também a legitimidade divina, e universal, do recurso à força das armas para empreender tal luta. A história falava de perto a Museveni. O general ianque que liderara o exército revolucionário saindo do meio do mato venceu as duas primeiras eleições presidenciais americanas.

Museveni elegeu-se pela primeira vez em 1996, uma década depois de tomar o poder, e poderia concorrer a um novo mandato de cinco anos em 2001. Mas enquanto Uganda não experimentasse uma transferência pacífica de poder para um sucessor eleito, a "democracia sem partidos" não enfrentaria o teste supremo de suas instituições. Enquanto isso, quase tudo dependia da boa vontade e da capacidade do líder — mas não, segundo Museveni, dos desejos da comunidade internacional. Os arquitetos euro-americanos da velha ordem pós-colonial eram bem-vindos para trabalhar com a África, disse ele, mas nos termos da África, como parceiros investidores tanto de capital como de tecnologia. "Eu não acredito que os europeus tenham de fato capacidade de impor sua vontade de novo. Não acredito que os Estados Unidos ou quem quer que seja vá dominar a África outra vez", disse-me. "Eles podem causar instabilidade, mas não podem reverter a situação se as forças nativas estiverem organizadas. Pela simples força da África seremos independentes de toda manipulação estrangeira."

Poucas semanas depois da queda de Mobutu, Bill Richardson, o embaixador dos Estados Unidos na ONU, voou até o Congo para ver o presidente Kabila. Sua presença, disse-me, refletia um "renovado interesse americano na África", iluminado pela percepção de que os países que haviam formado a coalizão por trás da Aliança de Kabila constituíam um "bloco de poder econômico e político estratégico na região, graças à experiência compartilhada", e de que esse bloco precisava "ser tratado com seriedade". Ele falou da atração das economias de mercado, e de "um grande progresso" nas condições políticas e sociais, expressando admiração tanto por Kagame como por Museveni.

Mas Richardson fora ao Congo não apenas para oferecer a ajuda norte-americana, como também para ameaçar retirá-la. Desde quando a guerra estava em curso, agentes humanitários internacionais, ativistas de direitos humanos e jornalistas em ação no leste e no norte do Congo relataram que os hutus ruandeses foragidos no interior da selva depois do colapso dos campos de fronteira da ONU estavam sendo assassinados, esparsamente ou em massacres, pelas forças de Kabila. A ONU queria mandar uma equipe de investigação de direitos humanos, e Kabila estava oferecendo resistência. A mensagem de Richardson era: deixem a equipe de investigação entrar, ou enfrentem o isolamento internacional e esqueçam da ajuda estrangeira de que vocês precisam desesperadamente.

O pessoal de Kabila era compreensivelmente reticente quanto aos massacres. Por um lado, negavam as acusações; por outro, insistiam que qualquer assassinato de hutus deveria ser situado no contexto apropriado. Muitos ruandeses dos campos que permaneceram no Congo eram não apenas *génocidaires* fugitivos, como também ativos combatentes pró-Mobutu. Mesmo no auge da batalha, esses combatentes haviam se mantido, como sempre, cercados por seus familiares e agregados — mulheres, crianças e idosos, que eles usavam como escudo humano e que sofriam as consequências. Mais que isso: noticiou-se que os militantes do Poder Hutu cometeram massacres de aldeões congoleses e de seus próprios seguidores durante sua retirada em direção ao oeste. (Eu vi o resultado de um desses massacres no campo de Mugunga durante o regresso em massa de novembro de 1996: duas dúzias de mulheres, moças e bebês mortos a facadas e abandonados apodrecendo no meio do acampamento — "porque vieram de outro campo, à procura de comida", de acordo com um residente de Mugunga, que não parecia dar muita importância à chacina.)

De tempos em tempos, o UNHCR conseguia estabelecer acampamentos temporários para dezenas de milhares de hutus de Ruanda em fuga para o oeste. Um dos maiores ficava na aldeia de Tingi-Tingi, no leste do Congo. Pela televisão, parecia um campo qualquer de refugiados desalojados pela guerra, mas ao vivo era também uma grande instalação militar do Poder Hutu. Enojados agentes humanitários e pilotos de aviões de ajuda me contaram mais tarde que a ex-FAR e a *interahamwe* mantinham um regime de terror no campo, matando não combatentes aparentemente a esmo. As mesmas forças controlavam o campo de pouso, onde, misturados com voos genuínos das agências de ajuda, aviões ornados com os logotipos de organizações humanitárias pousavam constantemente trazendo armas e decolavam levando destacados *génocidaires* a Nairóbi. Evidentemente, muito da ajuda verdadeira que chegava era tomada e consumida pelas forças do Poder Hutu.

Em meados de abril de 1997, a primeira página do *New York*

Times exibia um artigo de uma ambivalência incomum sobre a crise dos refugiados no Congo, descrevendo assim um campo para hutus de Ruanda perto da cidade de Kisangani: "Enquanto milhares de crianças pequenas nos campos têm barrigas inchadas e membros finos como varetas, e parecem próximos de morrer de fome, existe também um número considerável de rapazes robustos que parecem muito saudáveis e bem alimentados".

"Quando conseguimos comida, eu como primeiro", disse ao *Times* um "homem corpulento, de 35 anos, pai de três crianças famintas", e "agentes humanitários disseram que a situação dele não era incomum".

Era estranho ler tal matéria, e ao mesmo tempo ouvir que Emma Bonino, a ministra da União Europeia para Assuntos Humanitários, acusava os soldados de Kabila de cometer genocídio contra os refugiados, em parte por obstruir o "acesso da ajuda humanitária". No momento mesmo em que ela falava, a ONU estava levando diariamente para Kigali aviões cheios de hutus ruandeses — muitos deles rapazes saudáveis —, para repatriação e reintegração, num programa sancionado pelos representantes de Ruanda e da Aliança. Pelo menos 50 mil antigos residentes dos campos foram levados de volta a Ruanda dessa maneira, enquanto um número equivalente atravessou as fronteiras para regiões de Angola dominadas por rebeldes apoiadas por mobutistas, para a República Centro-Africana e para o outro Congo — a República do Congo —, onde foram mais uma vez alojados em campos, que mais uma vez foram fortemente militarizados.

Por outro lado, muitos hutus ruandeses estavam claramente desaparecendo no Congo, e muitas das matanças atribuídas aos seguidores de Kabila parecem ter ocorrido fora de situações de combate. Vários massacres pavorosos no estilo dos esquadrões da morte foram relatados em detalhe. Essas chacinas dominaram a cobertura internacional da guerra do Congo e do que veio depois, e a culpa foi atribuída inicialmente a soldados tutsis do Congo e de Ruanda. Não muito tempo depois de ter sido publicado o artigo do *Times* sobre refugiados assassinos em

Kisangani, o campo em questão foi atacado e desmantelado por uma mistura de forças da Aliança e zairenses locais. Circularam histórias de que milhares de seus residentes teriam sido massacrados — mas ninguém pôde saber ao certo o que aconteceu, porque as forças de Kabila barraram o acesso a investigadores.

O embaixador Richardson saiu de sua reunião com boas notícias: Kabila havia prometido conceder à investigação de direitos humanos da ONU acesso ilimitado. De bom humor, Richardson foi de avião visitar um campo para hutus de Ruanda em Kisangani, não muito longe de onde alguns dos maiores massacres de refugiados teriam ocorrido. As pessoas no campo eram em sua maioria mulheres e crianças que tinham vagado pela selva durante meses, e estavam em péssimo estado, algumas delas à beira da morte — peles enrugadas penduradas em esqueletos. Depois de um vagaroso passeio, Richardson parou próximo ao portão do campo, cercado por residentes, e leu uma declaração preparada anteriormente, que descrevia a "crise humanitária no Congo" como "uma tragédia que remonta ao genocídio de 1994 em Ruanda". Mais que isso, ele disse:

> O fracasso da comunidade internacional em reagir adequadamente tanto ao genocídio como à mistura subsequente de assassinos genocidas com a legítima população de refugiados no leste do antigo Zaire só serviu para prolongar a crise. Esse clima de impunidade foi exacerbado mais ainda pela limpeza étnica e pelo conflito na região [do Kivu Norte] e também pelas políticas do ex-presidente Mobutu de deixar essas forças genocidas operarem, recrutando e se abastecendo em seu território. Tragicamente, esse capítulo ainda não foi encerrado. Notícias de matanças generalizadas continuam a chegar. Todos nós, o novo governo da República Democrática do Congo, seus vizinhos e a comunidade internacional, temos a responsabilidade de pôr fim aos assassinatos de civis inocentes. Devemos também proteger re-

fugiados legítimos, continuar os esforços de repatriação e trabalhar para levar os assassinos genocidas à justiça.

Esse foi o reconhecimento oficial de mais alto nível de realidades e responsabilidades feito até então por um estadista internacional, e foi emitido diante de repórteres dos jornais *The New York Times*, *The Washington Post* e *Los Angeles Times*, e inúmeros serviços noticiosos de televisão, rádio e imprensa. Apesar disso, nenhum desses jornais o publicou. O general Kagame me contou depois que vira uma cópia datilografada da declaração e que se perguntara se não seria um trote. Quando lhe assegurei que Richardson havia realmente dito aquelas palavras, ele qualificou-as de uma "importante admissão" e "algo muito importante na situação toda", acrescentando: "Talvez alguém devesse colocá-la na internet ou algo parecido".

Poucas semanas depois da visita de Richardson, a equipe da ONU de investigação do massacre chegou em Kinshasa, de acordo com a agenda prevista. Mas ela nunca teve condições de realizar seu trabalho. Kabila levantava um obstáculo atrás do outro, e mesmo depois que o secretário-geral Kofi Annan concordou em trocar o líder da equipe e ampliar o alcance da investigação de modo a cobrir não apenas os oito meses da guerra do Congo, como também os quatro anos precedentes — desde que os *génocidaires* de Ruanda começaram a encher o leste do Congo com covas coletivas —, Kabila continuou a pôr empecilhos. Muitos chefes de Estado da África cerraram fileiras a seu lado. Seu sentimento era de que, depois de se omitir diante do genocídio de Ruanda, a assim chamada comunidade internacional tinha pouca credibilidade para atuar como juiz moral na guerra contra os *génocidaires*.

Esse era o estado de espírito em grande parte do continente no início do verão de 1997. Em julho, o velho homem forte do Quênia, Daniel Arap Moi, que havia rompido relações com Ruanda após o genocídio, recebeu o general Kagame em visita oficial. Dois dias depois, o Quênia prendeu e entregou ao tribunal da ONU em Arusha sete dos mais procurados mentores do genocídio. Moi denunciou esses ex-amigos como "espiões estrangeiros e criminosos", e as prisões continuaram. Entre aqueles sete presos estavam: o general Gratien Kabiligi, da ex-FAR, que até pouco tempo antes comandara as forças do Poder Hutu no Congo; Georges Ruggiu, o radialista belga da emissora genocida RTLM; e Hassan Ngeze, que havia publicado os Dez Mandamentos hutus e profetizado a morte de Habyarimana no jornal *Kangura*.

Certa vez, quando conversávamos sobre o genocídio e a reação do mundo a ele, o general Kagame disse: "Algumas pessoas chegam a pensar que não devíamos nos abalar. Elas acham que somos como animais. Quando você perde a família, pode ser consolado, receber um pouco de pão e de chá — e esquecer o assunto". Ele gargalhou. "Às vezes penso que isso é desprezo por nós. Eu costumava discutir com esses europeus que costumavam vir e nos dar refrigerantes, dizendo: 'Vocês não devem fazer isso, devem fazer aquilo, façam isso, não façam aquilo'. Eu dizia: 'Vocês não têm sentimentos?'. Esses sentimentos têm abalado as pessoas." Kagame apontou um dedo para seu corpo magro e disse: "Talvez seja por isso que eu não engordo — esses pensamentos não param de me consumir".

No início de junho de 1997, logo após a visita de Richardson ao Congo, fui a Kigali por um dia para ver Kagame, e perguntei-lhe sobre os massacres noticiados de hutus ruandeses no Congo. "Acho que há um pouco de exagero", disse ele, "quando se fala em extermínio sistemático, matança sistemática de refugiados, ou mesmo do possível envolvimento de altas autoridades de diferentes países." Então, acrescentou: "Mas vamos voltar atrás um pouquinho, se as pessoas não querem ser hipócritas. [...] Antes de mais nada, gostaria de trazer à tona o envolvimento de alguns países da Europa. Lembra da *Zone Turquoise*?"

Kagame passou mais de uma hora descrevendo o ressurgimento do Poder Hutu depois da vitória da FPR em 1994, começando com a chegada das forças francesas durante as últimas semanas do genocídio, e passando pelas atividades dos *génocidaires* nos campos de refugiados: o rearmamento, o treinamento, a aliança com Mobutu, as chacinas e expulsões no Kivu Norte, os constantes ataques contra Ruanda, e a campanha pela erradicação dos tutsis banyamulenges do Kivu Sul. Ele metralhou os nomes de cidades do Congo onde grandes batalhas haviam sido travadas durante o avanço da Aliança rumo a Kinshasa, e descreveu os grandes movimentos de tropas das forças do Poder Hutu. "Para mim, é extremamente difícil imaginar que o mundo inteiro é tão ingênuo a ponto de não ver que esse era um problema real", disse. Acrescentou que só podia concluir que "havia alguma conspiração de alto nível" na comunidade internacional para proteger os assassinos e, talvez, ajudá-los a obter uma vitória definitiva.

Mas por que alguma das grandes potências iria seguir uma política tão ensandecida? "Para rechaçar sua culpa diante do genocídio", disse Kagame. "Existe uma grande quantidade de culpa."

Essa foi a mesma conversa em que, no início, Kagame me disse que Ruanda não mantivera soldados no Congo, como vinha dizendo a todo mundo havia oito meses, e na qual acabou me contando que na verdade ele havia iniciado a campanha toda e que suas tropas estiveram lá todo o tempo. A mudança radical me surpreendeu mais do que a informação, e fiquei me perguntando por que um dos mais astutos estrategistas políticos e militares de nossa época assumia o crédito pela guerra justamente no momento em que estava sendo acumulado de acusações de crimes de guerra.

Repassando as fitas de nossa conversa, percebi que as razões de Kagame eram claras. Não estava negando que muitos hutus ruandeses tivessem sido mortos no Congo; ele me disse que nos casos em que a motivação houvesse sido a vingança, tais assassinatos deveriam ser punidos. Mas considerava os *génocidaires* responsáveis pela morte daqueles com quem viajavam. "Esses não são refugiados genuínos", disse. "São simplesmente fugitivos, gente correndo da justiça depois de matar pessoas em Ruanda — *depois de matar*." E continuavam matando.

O breve período de calma em Ruanda que se seguira ao regresso em massa dos campos da ONU no final de 1996 havia sido rapidamente interrompido, e desde fevereiro a matança sistemática de tutsis crescera continuamente. Grande parte do noroeste estava num estado de guerra branda. O leste do Congo, também, permanecia em ebulição, e consideráveis concentrações de combatentes hutus que haviam recusado todas as chances de repatriação continuavam a operar na região. Kagame se preocupava especialmente com as dezenas de milhares de *génocidaires* que haviam fugido para a República Centro-Africana, Congo-Brazzaville e áreas controladas pelos rebeldes em Angola.

"Mesmo agora, esses sujeitos da ex-FAR e milícias estão cruzando nossas fronteiras, misturados talvez com alguns de seus familiares", disse Kagame. "Estão armados com granadas-foguetes e metralhadoras, matando gente enquanto avançam, e isso não é nada para a comunidade internacional. O que interessa é que os tutsis estavam matando refugiados. Tem algo de muito errado aí. É por isso que eu penso que existe essa terrível culpa por parte de algumas pessoas, que tentam rechaçá-la pintando um quadro em que os tutsis são sempre o lado errado e os hutus são as vítimas. Mas não há grau de intimidação e de distorção que possa nos derrotar nisso. Vai nos causar problemas, mas não seremos derrotados." Ele soava raivoso como eu nunca o tinha ouvido antes. "Sobraram muitos deles", disse, referindo-se aos *génocidaires*, "e precisamos continuar lidando com essa situação enquanto ela durar. Não estamos nem um pouco cansados de lidar com ela — são eles que vão se cansar, não nós."

Uma perspectiva sombria, mas Kagame estava tentando explicar por que a guerra no Congo havia acontecido do jeito que aconteceu — para não deixar, segundo ele, Ruanda "ser riscada da face da Terra". Era assim que via sua escolha, e isso explicava a frieza impressionante de seu discurso. Porém, embora sua voz e sua postura estivessem contidas como sempre, ele estava claramente indignado ao ver seus soldados acusados de destruir o que ele considerava um exército empenhado na aniquilação de Ruanda. A revolta de Kagame e seu sentimento de ofensa contribuíam para dar a impressão de uma ira digna de Ahab. Ele não queria simplesmente que o mundo visse as coisas do seu jeito; parecia acreditar que o mundo lhe devia um pedido de desculpas por não ser capaz de aceitar seu raciocínio.

Teoricamente, me disse, uma investigação seria a melhor maneira de esclarecer a história dos massacres no Congo. "Mas, por causa desse retrospecto que lhe descrevi, por causa desse envolvimento faccioso, por causa dessas alegações motivadas politicamente mesmo nas altas esferas da comunidade internacional, você vê que estamos lidando aqui com juízes que não podem ser julgados. E no entanto eles estão terrivelmente errados. Isso é o que há de ruim na coisa toda. Perdi a confiança. Veja, a experiência de Ruanda desde 1994 me deixou sem confiança nessas organizações internacionais. Muito pouca confiança."

"Na verdade", continuou Kagame, "penso que deveríamos começar acusando essas pessoas que de fato sustentaram os campos, gastaram 1 milhão de dólares por dia nesses campos, deram apoio a esses grupos para se reestruturarem como uma força, militarizaram refugiados. Quando esses refugiados acabam sendo apanhados na luta e morrem, acho que isso tem mais a ver com aquelas pessoas do que com Ruanda, com o Congo, com a Aliança. Por que não as deveríamos acusar? Essa é a culpa que eles querem exorcizar. Isso é algo de que estão tentando se esquivar."

Era verdade que a vitória da Aliança pan-africana reunida por Kagame no Congo significara uma derrota para a comunidade internacional. As grandes potências e seus representantes humanitários haviam sido tirados do caminho, e, segundo ele, "eles ficaram zangados, e sua culpa ficou exposta pela derrota". Disse ele: "Eles não tinham determinado esse resultado, e isso é uma coisa que não conseguem engolir". Acrescentou: "Surge Kabila, surge a Aliança, algo muda, Mobutu cai: as coisas acontecem, a região fica feliz com o que acontece, pessoas diferentes têm maneiras diferentes de apoiar o processo. E são deixados de fora, e tudo os colhe de surpresa. Eles ficam extremamente aborrecidos com isso, e não podem deixar por isso mesmo".

No entender de Kagame, "o mundo africano e o mundo ocidental são mundos separados". Contudo, ele parecia reconhecer que uma derrota da comunidade internacional não podia se traduzir em uma vitória de quem quer que fosse. Ele havia passado toda a sua vida na África Central, não lutando contra o que costumava ser chamado de "mundo civilizado", mas lutando para se juntar a ele. Entretanto, havia concluído que aquele mundo estava tentando usar "a questão dos refugiados" para destruir seu progresso. "Essa é de fato a proposta deles", disse. "Não é tanto uma preocupação com os direitos humanos, é algo mais político. É 'Vamos matar esse desenvolvimento, esse perigoso desenvolvimento desses africanos que tentam fazer as coisas do jeito deles'."

22

O primeiro filme exibido no avião na minha penúltima viagem a Ruanda, em fevereiro de 1997, foi *Tempo de matar*. É ambientado no Mississippi, na atmosfera que Faulkner celebrou como "miasmática". Uma dupla de imprestáveis e pobretões caipiras brancos sai bebendo e rodando pela estrada. Eles sequestram uma garota negra e, depois de estuprá-la e torturá-la, largam seu corpo num campo. São pegos e jogados na cadeia. O pai da garota não confia que o judiciário local faça a justiça adequada, então espera o momento em que os homens são levados acorrentados para o tribunal, sai das sombras com sua espingarda e fuzila os dois. Ele é preso por assassinato em primeiro grau e levado a julgamento. Sua culpa nunca é posta em questão, mas um jovem e brilhante advogado branco — arriscando sua reputação, seu casamento, sua vida e a de seus filhos — apela aos sentimentos do júri, e o pai da garota ganha a liberdade. Esse era o filme. Era vendido como uma história de reconciliação racial e social. Vitória para os protagonistas e catarse para a audiência vinham com a absolvição do vigilante matador, cuja ação era entendida por um júri de concidadãos seus como uma forma mais elevada de justiça que a que ele podia esperar da lei.

O segundo filme do voo foi *Sleepers — A vingança adormecida*. A história se passa em Nova York, no violento bairro central da Cozinha do Inferno. Quatro garotos fazem uma travessura que resulta na morte de um transeunte. Eles são mandados para um reformatório, onde são repetidamente currados pelos guardas. Então são soltos. Passam-se anos. Um dia, dois do quarteto original encontram o guarda que havia sido seu principal tormento no reformatório, sacam seus revólveres e o fuzilam. São presos. Para o espectador, sua culpa está fora de dúvida. Mas no tribunal eles negam tudo; dizem que estavam na igreja na hora do assassinato. Esse álibi requer o testemunho cooperativo de um padre, que é também um ex-aluno do terrível reformatório. O padre é um homem de grande honestidade. Antes de testemunhar, ele jura sobre a Bíblia que vai dizer a verdade. Em seguida, mente. Os homens são absolvidos e soltos. Era uma nova história de triunfo da justiça sobre a lei; a mentira do padre era entendida como um ato a serviço de uma verdade mais elevada.

Ambos os filmes haviam obtido muito sucesso nos Estados Unidos — muitos milhões de pessoas os viram. Aparentemente, as questões levantadas por eles tocaram um ponto sensível em suas plateias: e quanto a você? Você consegue condenar esses matadores vigilantes depois de tais violações? Você consegue prantear a escória que eles mataram? Será que você não poderia fazer o mesmo? Essas são questões delicadas a ponderar. Entretanto, eu estava perturbado pela premissa que os dois filmes partilhavam: de que a lei e os tribunais eram tão incapazes de julgar bem os casos em questão que não valia a pena se importar com eles. Talvez eu estivesse levando meu entretenimento de bordo a sério demais, mas estava pensando em Ruanda.

Seis meses antes, em meados de dezembro de 1996, pouco depois da volta em massa dos campos de fronteira, Ruanda havia começado finalmente a realizar julgamentos relacionados ao genocídio. Era um acontecimento histórico: nunca antes no mundo alguém fora levado ao tribunal pelo extraordinário crime de genocídio. Entretanto, os julgamentos receberam escassa atenção internacional. Mesmo o governo parecia relutante em fazer muito alarde em torno deles, uma vez que os tribunais eram inexperientes e pouco refinados, e dificilmente corresponderiam aos padrões ocidentais de processo apropriado. Num dos primeiros julgamentos, na província oriental de Kibungo, uma testemunha com cicatrizes de facadas na cabeça identificou o réu como sendo seu agressor. O réu qualificou a acusação de absurda, dizendo que, se tivesse atingido um homem daquele jeito, não deixaria que sobrevivesse para contar a agressão. Ele foi julgado culpado e condenado à morte. E assim ia. Raramente havia advogados de defesa disponíveis, e os julgamentos quase nunca duravam mais que um dia. A maioria terminava com sentenças de morte ou prisão perpétua, mas houve algumas sentenças mais leves e absolvições, o que era o único jeito de mostrar que o judiciário exercia alguma independência.

No final de janeiro de 1997, o mais destacado *génocidaire* sob custódia em Ruanda — Froduald Karamira, que havia sido amigo de Bonaventure Nyibizi na prisão antes de se tornar um extremista e dar nome ao Poder Hutu — foi levado a julgamento em Kigali. Karamira fora preso na Etiópia; era o único suspeito que Ruanda havia conseguido extraditar do exterior. Para seu julgamento, ele apareceu em roupas de prisioneiro — bermuda rosa e camisa rosa de mangas curtas —, e muitos ruandeses me disseram depois que só o fato de ver tão humilhado aquele homem outrora tão poderoso já fora uma catarse. O julgamento foi transmitido por meio de alto-falantes para uma multidão reunida do lado de fora do tribunal, e pelo rádio para uma atenta audiência nacional. O caso foi muito bem preparado: fitas e transcrições dos sanguinários discursos de propaganda de Karamira foram apresentados como evidências, e testemunhas e sobreviventes de seus inúmeros crimes descreveram como ele havia conclamado as massas a matar e ordenado o massacre de seus vizinhos mais próximos. Quando Karamira tomou a palavra, denunciou seu julgamento como uma farsa e o governo como ilegítimo, porque o Poder Hutu estava fora da coalizão governista, e negou que os tutsis tivessem sido sistematicamente exterminados em 1994. "Sou acusado de genocídio", disse ele, "mas o que isso quer dizer?" Ele permaneceu desafiador mesmo quando disse: "Se minha morte trouxer reconciliação, se minha morte deixar algumas pessoas felizes, então não tenho medo de morrer".

Eu pretendia estar em Ruanda para o julgamento de Karamira, mas ele acabou em três dias, e eu cheguei duas semanas depois, quando ele acabara de ser sentenciado à morte. Outros julgamentos estavam agendados, mas nenhum em Kigali, e fui aconselhado a não viajar para fora da cidade. Mais ou menos na mesma época em que começaram os julgamentos, bandos da ex-FAR e da *interahamwe* — muitos dos quais recém-repatriados do Zaire — haviam retomado sua campanha de terror. Os tutsis eram as vítimas preferenciais, mas os hutus conhecidos por ter se comportado humanamente em 1994, ou que cooperavam com o novo governo, também eram visados. O clima de relativo alívio que havia acompanhado o desmantelamento dos campos de refugiados rapidamente mudou, e os ruandeses começavam a se perguntar se, no fim das contas, seu país não sofrera uma invasão.

Em janeiro, na província de Ruhengeri, no noroeste, três agentes humanitários espanhóis e um padre canadense foram mortos a tiros — os primeiros assassinatos de ocidentais desde o genocídio. O governo responsabilizou hutus insurgentes por essas mortes, mas nenhuma investigação conclusiva foi levada a cabo. Então, no início de fevereiro, três ruandeses e dois funcionários da missão de Direitos Humanos da ONU foram massacrados numa emboscada armada pela *interahamwe* na província de Cyangugu, no sudoeste. A equipe da ONU estava a caminho de um encontro, organizado pelo governo, destinado a convencer aldeões a resistir às pressões para colaborar com *génocidaires*.

Um dos ruandeses mortos era um sobrevivente do genocídio, e um dos estrangeiros era um cambojano sobrevivente dos campos de extermínio de Pol Pot. A cabeça do cambojano havia sido separada completamente do corpo. Depois disso, a maior parte de Ruanda era tratada como "zona proibida" pelos estrangeiros.

Os ruandeses também me aconselharam a não viajar. Mesmo quando eu quis voltar a Taba — a apenas meia hora de carro de Kigali, por estradas boas — para ver o que havia sido feito de Laurencie Nyirabeza e do assassino Jean Girumuhatse, disseram-me que ninguém hesitaria em me chamar de louco se eu fosse morto. Na noite anterior a minha chegada de avião a Kigali, um micro-ônibus táxi fora barrado por uma árvore atravessada na estrada principal, trinta quilômetros ao norte da cidade. O carro foi rapidamente cercado por homens armados, que forçaram os passageiros a descer e os separaram — tutsis aqui, hutus ali — antes de abrir fogo contra os tutsis, matando muitos deles. Num bar em Kigali, ouvi um grupo misto de hutus e tutsis discutir o incidente. O que mais parecia perturbá-los era que nenhum dos passageiros hutus do micro-ônibus, que foram todos deixados ilesos, tivesse tomado a iniciativa de se apresentar e relatar o ataque.

Atos semelhantes de terror continuaram acontecendo, quase diariamente, ao longo de 1997 e dos primeiros meses de 1998. Numa semana boa, *apenas* uma ou duas pessoas eram mortas, e houve semanas em que centenas foram assassinadas. Em pelo menos meia dúzia de ocasiões, bandos de mais de mil bem coordenados combatentes do Poder Hutu enfrentaram o EPR de Ruanda em batalhas campais durante vários dias, antes de recuar e desaparecer de novo nas aldeias do noroeste, onde mantinham suas bases. Como nos velhos campos de fronteira da ONU, os *génocidaires* viviam indistintamente misturados com civis, e diz-se que milhares de hutus desarmados foram mortos por soldados do EPR. O EPR era sensível a essas denúncias a ponto de prender centenas de seus soldados sob a acusação de atrocidades contra civis, enquanto a política do Poder Hutu era a de chacinar civis que se recusassem a participar de suas atrocidades.

Essa era a escolha na nova-velha guerra de Ruanda. Em seu rastro, os *génocidaires* deixavam panfletos, ameaçando com a decapitação aqueles que resistissem a eles. Outros panfletos diziam aos tutsis: "Vocês todos vão morrer", e "Adeus! Seus dias estão contados". Os hutus, por sua vez, eram exortados, no espírito da hipótese hamítica de John Hanning Speke, a varrer todos os tutsis "de volta à Abissínia", e alertados: "Os que colaboram com o inimigo, trabalham para ele ou lhe dão informações também são inimigos. Vamos eliminá-los sistematicamente".

Um dia, parei no Ministério de Justiça para ver Gerald Gahima. "Como vai a justiça?", perguntei. Ele abanou a cabeça. Durante meses, ministros do governo tinham viajado pelo país, de prisão em prisão, distribuindo exemplares da lei especial do genocídio e explicando sua oferta de redução de sentenças para a grande maioria dos prisioneiros, se quisessem confessar. Mas os prisioneiros se recusaram a falar. "É sabotagem deliberada", disse Gahima. "Seus líderes os submeteram a lavagem cerebral. Eles ainda querem sustentar que não houve genocídio neste país, quando a verdade é que o genocídio continua em curso."

Eu quis saber se o governo se arrependia de ter trazido as pessoas de volta dos campos. "Nunca", respondeu Gahima. "A comunidade internacional continuaria a alimentá-los até que estivéssemos todos mortos. Assim, agora só alguns de nós morrem. Não podemos ficar contentes. Podemos apenas lutar para viver em paz." Ele sorriu, um tanto desanimado, e disse: "Não temos nenhuma estratégia de retirada".

Depois de apenas uns poucos dias em Kigali, experimentei a sensação de total exaustão que nas viagens anteriores só havia me dominado depois de semanas, às vezes meses. Reservei um lugar no primeiro voo para fora dali e gastei os dias que me sobravam na varanda de um amigo, cercado por flores aves-do--paraíso, ouvindo passarinhos, observando as altas nuvens sobre o vale colidirem e se esgarçarem, e escapei para um romance centenário sobre um dentista de San Francisco. O livro era *Mc*-

Teague, de Frank Norris, e suas páginas finais falavam de dois homens, outrora os mais fraternos amigos, que se encontram e lutam na desolação alcalina de um deserto solitário; um deles mata o outro, mas, durante a luta, o morto havia algemado o pulso do outro ao seu.

Deixei o livro de lado e saí para tomar uma cerveja com um amigo ruandês. Contei-lhe a história que tinha acabado de ler, e aquela imagem definitiva: um homem morto, o outro algemado a seu corpo — no deserto.

"Mas, Philip", disse meu amigo, "não vamos ser idiotas. Onde há algemas, há uma chave."

Eu lembrei a ele que não havia chave que destrancasse o vasto deserto onde o homem sobrevivente estava encalhado. Usei a frase de Gahima: "Nenhuma estratégia de retirada".

"Os romances são agradáveis", disse meu amigo. "Eles param." Ele moveu os dedos para fazer sinais de aspas no ar. "Dizem: 'Fim'. Muito conveniente. Uma invenção maravilhosa. Aqui, nós temos histórias, mas nunca 'Fim'." Ele bebeu um pouco de cerveja. Depois disse: "Tenho pensado muito sobre Jack, o Estripador, nos últimos tempos, porque os tutsis agora dizem: 'Jack está aqui'. Eles não dizem isso, mas é o que estão pensando desde esse regresso do Zaire. Não revelam que não dormem à noite por causa dos assassinos à espreita. Mas pense no que acontece na mente de um tutsi que espera a chegada de seu assassino".

Pensei sobre isso, e o que me veio à mente foi a carta que o pastor Elizaphan Ntakirutimana, o antigo presidente da Igreja adventista em Kibuye, me entregou em Laredo, Texas — a carta que ele recebera em 15 de abril de 1994, dos sete pastores tutsis que estavam entre os refugiados no hospital Mugonero, contando-lhe que seriam mortos no dia seguinte, e dizendo: "Sua intervenção será altamente reconhecida, assim como a salvação dos judeus por Ester".

Ester era a mulher de Assuero, um imperador persa, cujo domínio se estendia da Índia à Etiópia, 2500 anos antes do massacre de Mugonero. A essência da história é bem conhecida pelos leitores da Bíblia: Ester casa-se com Assuero sem lhe revelar que é uma judia órfã, criada pelo tio, Mardoqueu; o principal príncipe da corte de Assuero, Amã, sente-se ultrajado por Mardoqueu porque o judeu se recusa a curvar-se diante dele; Amã persuade Assuero a baixar um decreto conclamando seus súditos pelo reino afora a "destruir, matar e exterminar todos os judeus, desde os adolescentes até os velhos, inclusive crianças e mulheres, num só dia [...] e confiscar os seus bens"; Ester revela sua identidade ao marido, e pede-lhe que poupe seu povo; o perverso Amã acaba sendo enforcado no próprio patíbulo que mandara construir para executar Mardoqueu. Mas há um capítulo final, menos lembrado, nessa comovente história de genocídio evitado: quando Assuero rescinde sua ordem anterior de extermínio, Ester faz com que ele acrescente uma cláusula concedendo aos judeus "o direito de se reunirem para colocarem sua vida em segurança, com permissão de exterminarem, matarem ou aniquilarem todas as pessoas armadas dos povos e das províncias que os quisessem atacar com suas mulheres e crianças, e também de saquearem seus bens". Ao todo, a Bíblia relata que os judeus e seus aliados mataram uns 75800 "adversários" antes que a paz fosse restaurada no império com um dia de "festas e de regozijo".

Os pastores tutsis de Mugonero certamente conheciam suas escrituras. Será que eles, enquanto esperavam para ser chacinados, desejaram não apenas ser salvos, mas também ver liquidados os inimigos da paz em Ruanda? As esperanças de redenção que histórias como a de Ester têm inspirado em povos perseguidos carregam inevitavelmente uma crença na força restauradora da justiça vingadora. "O exército do faraó se afogou — oh, Mary, não chore", relembrava a velha canção escrava norte-americana, exatamente como Homero cantava o saque de Troia e o extermínio dos pretendentes por Odisseu em Ítaca.

No final do século XX, evidentemente, gostávamos de imaginar que havia meios melhores de fazer o certo prevalecer sobre o iníquo no que se costumava chamar de "sociedade internacional" e hoje se define com o termo mais abrangente "humanidade". Meu amigo sentia que o resto da humanidade havia traído Ruanda em 1994, mas ele não havia perdido sua fé na ideia de humanidade.

"Penso no seu país", ele me disse. "Vocês dizem que todos os homens são criados iguais. Não é verdade e você sabe disso. É apenas a única verdade política aceitável. Mesmo aqui neste pequeno país, com uma única língua, não somos um único povo, mas temos de fazer de conta que sim, até que nos tornemos de fato um. Esse é um grande problema. Conheço muita gente que perdeu todo mundo. Um jovem me procura pedindo conselho. Ele diz: 'Vi um dos assassinos. Eu tinha dezesseis anos na época, mas agora tenho vinte. Tenho um revólver. Você vai me denunciar se eu acertar as contas?'. Eu tenho de dizer: 'Eu também perdi muitos parentes, mas não os conhecia. Estava no exílio — no Zaire, no Burundi. Aqueles que eu perdi — é um pouco abstrato — eu não conhecia, não havia amor'. Então, se esse soldado pede meu conselho, o que devo dizer a ele? É uma situação terrível. Tento ganhar tempo. Saio com ele para caminhar. Eu o acaricio para acalmá-lo. Tento achar seu oficial superior e resumir-lhe o caso, dizendo: 'Cuide deste garoto'. Mas a sério, hein? Isso não vai acabar em um ano, nem em dois, nem em cinco, nem em dez, esse horror que nós vimos. Está intrínseco."

Eu não disse nada, e depois de um momento meu amigo disse: "É melhor a gente achar as chaves daquelas algemas".

Em meados de dezembro de 1997, a secretária de Estado dos Estados Unidos, Madeleine Albright, proferiu um discurso à Organização da Unidade Africana em Adis-Abeba, no qual dizia: "Nós, a comunidade internacional, deveríamos ter sido mais ativos nos estágios iniciais das atrocidades em Ruanda em 1994, e deveríamos tê-las chamado daquilo que eram — genocídio". Albright, que faria uma breve visita a Ruanda durante sua viagem pela África, também condenou o uso da ajuda humanitária "para sustentar campos armados ou apoiar assassinos genocidas". Simples palavras — mas os políticos tendem a não gostar de dizer coisas assim; naquele mesmo mês, em Nova York, ouvi um veterano representante do UNHCR resumir a experiência dos campos controlados pelo Poder Hutu no Zaire com a formulação: "Sim, erros foram cometidos, mas não somos responsáveis". O "pedido de desculpas" de Albright, como ficaria conhecido, marcou um significativo rompimento com os hábitos de pudor e de autodefesa que frequentemente conspiraram para negar à realidade básica do genocídio de Ruanda seu lugar de direito na memória internacional.

Três meses mais tarde, o presidente Clinton seguiu Albright até a África e, em 25 de março de 1998, tornou-se o primeiro chefe de Estado do Ocidente a visitar Ruanda depois do genocídio. Sua parada lá foi breve — ele não saiu do aeroporto —, mas altamente carregada. Depois de ouvir por várias horas as histórias de sobreviventes do genocídio, Clinton teve de reiterar os pedidos de desculpas de Albright por ter se recusado a intervir durante a matança, e por sustentar os assassinos nos campos. "Durante os noventa dias que começaram em 6 de abril de 1994, Ruanda experimentou a mais intensiva matança deste século sangrento", disse Clinton, acrescentando: "É importante que o mundo saiba que esses assassinatos não foram espontâneos ou acidentais [...] eles certamente não foram o resultado de antigos conflitos tribais. [...] Esses eventos foram produzidos por uma política voltada para a destruição sistemática de um povo." E isso dizia respeito não apenas a Ruanda, mas também ao mundo, explicou, porque "cada banho de sangue propicia o seguinte, e à medida que o valor da vida humana é degradado e a violência passa a ser tolerada, o inimaginável torna-se mais concebível".

Os remorsos de Clinton diante do passado eram mais convincentes que suas garantias para o futuro. Quando ele disse "Nunca mais devemos nos calar em face da evidência" de genocídio, não havia razão nenhuma para acreditar que o mundo fosse um lugar mais seguro do que em abril de 1994. Se a experiência de Ruanda trouxe alguma lição para o mundo, é a de que povos ameaçados que dependerem da comunidade internacional para se proteger fisicamente estarão sem defesa. Na manhã da visita de Albright a Ruanda, em dezembro, terroristas do Poder Hutu, gritando "Morte às baratas", haviam esfaqueado, espancado e assassinado a tiros mais de trezentos tutsis num acampamento no noroeste, e nos dias que antecederam a chegada de Clinton a Kigali, cerca de cinquenta tutsis foram assassinados em massacres semelhantes. Diante de um quadro como esse, a promessa de Clinton de "trabalhar como parceiro de Ruanda para acabar com esta violência" soava deliberadamente vaga.

Contudo, em Ruanda, onde as expectativas com relação às grandes potências haviam caído dramaticamente até bem perto de zero, o reconhecimento por parte de Clinton de que a organização do genocídio fora política e o seu louvor aos esforços do governo "para criar uma única nação em que todos os cidadãos possam viver com liberdade e segurança" foram entendidos como a mais incisiva censura internacional até então à contínua tentativa dos *génocidaires* de igualar etnicidade e política, e de provar essa equação pelo assassinato. Serve como medida do sentimento de isolamento de Ruanda o fato de essas observações terem sido noticiadas como extraordinárias. Afinal, Clinton estava apenas proclamando o óbvio. Mas ele não havia sofrido nenhuma pressão política para dar atenção a Ruanda; poderia tranquilamente ter continuado a ignorar o lugar e não dizer nada. Em vez disso, tendo optado por se omitir durante o genocídio, ele estava fazendo o que era — mesmo numa data tão tardia — uma dramática intervenção na guerra em torno do genocídio. Como a voz da maior potência da Terra, fora a Kigali para passar as coisas a limpo.

"Foi muito espantoso para nós", contou-me um amigo hutu pelo telefone, de Kigali. "Aqui estava um político que não tinha nada em risco e que disse a verdade por iniciativa própria." E um tutsi a quem telefonei me disse: "O que ele nos disse foi que não somos meros selvagens esquecidos. Talvez você precise morar em algum lugar distante como a Casa Branca para ver Ruanda daquele jeito. A vida aqui continua terrível. Mas o seu Mr. Clinton fez com que nos sentíssemos menos sozinhos". Ele riu. "Seria surpreendente pensar que alguém que não parecia se importar muito ao ver nosso povo sendo morto pudesse nos fazer sentir assim. Mas é difícil surpreender ainda um ruandês."

Foram incontáveis as vezes, desde que comecei a visitar Ruanda, há três anos, em que me perguntaram: "Existe alguma esperança para aquele lugar?". Em resposta, eu gosto de citar o gerente de hotel Paul Rusesabagina. Quando me contou que o genocídio o havia deixado "desapontado", Paul acrescentou: "Quando se trata dos meus compatriotas — os ruandeses —, a gente nunca sabe no que eles se transformarão amanhã". Embora não fosse essa a intenção dele, isso soou para mim como uma das coisas mais otimistas que um ruandês poderia dizer depois do genocídio, algo não muito diferente da crença do general Kagame de que as pessoas "podem ser tornadas más, e podem ser ensinadas a ser boas".

Mas a esperança é uma força mais fácil de ser alardeada do que de ser praticada. Portanto, deixo a vocês mais uma história, antes que decidam se há ou não esperança para Ruanda. Em 30 de abril de 1997 — quase um ano antes do momento em que escrevo — a televisão ruandesa exibiu imagens de um homem que confessava ter feito parte de um grupo de *génocidaires* que matara dezessete alunas e uma freira belga de 62 anos num internato em Gisenyi dois anos antes. Era o segundo ataque do gênero contra uma escola em um mês: na primeira vez, dezesseis garotas foram mortas e vinte ficaram feridas em Kibuye.

O prisioneiro explicou na televisão que o massacre era parte de uma campanha de "libertação" do Poder Hutu. Seu bando, de 150 militantes, era composto em grande parte por membros da ex-FAR e da *interahamwe*. Durante seu ataque à escola em Gisenyi, assim como no ataque anterior à escola em Kibuye, as alunas, adolescentes que haviam sido arrancadas do sono, receberam a ordem de se separarem — tutsis de um lado, hutus do outro. Mas as alunas haviam se recusado. Em ambas as escolas, as garotas disseram que eram simplesmente ruandesas, e por isso foram espancadas e alvejadas indiscriminadamente.

Os ruandeses não têm necessidade de novos mártires — nem espaço para eles em sua imaginação lotada de cadáveres. Nenhum de nós tem. Mas não poderíamos criar um pouco de coragem inspirados no exemplo daquelas bravas garotas hutus que poderiam ter escolhido viver, mas em vez disso escolheram chamar a si próprias de ruandesas?

Maio de 1995 — abril de 1998

AGRADECIMENTOS

Tenho uma dívida, acima de tudo, com as centenas de ruandeses de todos os setores da vida pública e privada que generosamente me confiaram suas histórias.

Para completar minha própria reportagem, consultei uma grande variedade de escritos sobre Ruanda, publicados e inéditos. Gostaria de agradecer aos autores de alguns dos principais trabalhos, representando diversas perspectivas, que contribuíram para que eu me informasse: Colette Braeckmann, Jean-Pierre Chrétien, Alain Destexhe, Alison des Forges, André Guichaoua, René Lemarchand, Louis de Lacger, Catherine Newbury, Rakiya Omaar, Gérard Prunier e Filip Reyntjens. Sou grato também aos boletins eletrônicos de notícias IRIN da ONU.

Minhas reportagens sobre Ruanda apareceram inicialmente na revista *The New Yorker*, e o apoio de seus editores foi essencial para a realização deste livro. Sou especialmente grato a Tina Brown por seu inquebrantável compromisso com essa reportagem remota e difícil, a Bill Buford, que me mandou pela primeira vez a Ruanda, e a meu soberbo editor, Jeffrey Frank, cujos conselhos, amizade e lucidez me ampararam ao longo do trabalho. Jennifer Bluestein, Jessica Green e Valerie Steiker ajudaram na pesquisa e como âncoras durante minhas longas ausências de casa; Henry Finder, William Finnegan e David Remnick deram valiosos conselhos; John Dorfman, Ted Katauskas e Liesl Schillinger, no departamento de checagem de informações, junto com Eleanor Gould e um exército de leitores de originais, salvaram-me de muitos erros e impropriedades.

Muito obrigado aos editores de *The New York Review of Books, Transition, Double Take*, da revista do *New York Times* e da página de opinião do jornal, por publicarem trechos de meu trabalho na África Central. E agradecimentos especiais a Seth Lipsky, de *The Forward*, que me empregou pela primeira vez como repórter.

Muito obrigado a Elisabeth Sifton, minha editora na Farrar, Straus and Giroux. Sua inteligência, seu humor e seu rigor — sempre revigorantes — tornaram uma honra trabalhar com ela.

Muito obrigado, pela gentileza e pela orientação, a Sarah Chalfant, na Wylie Agency, cujo comprometimento tem sido uma bênção para minha vida de escritor. E obrigado também a Chris Calhoun por sua dedicação e amizade no começo.

Muito obrigado à Corporação de Yaddo, onde parte deste livro foi escrita; à Echoing Green Foundation e ao Instituto dos Estados Unidos para a Paz, pelo apoio financeiro essencial; e ao Instituto de Diplomacia Mundial, pelo apoio institucional.

Muito obrigado, pela generosa hospitalidade em Kigali, a Richard Danziger, Aline Ndenzako e sua filha Daisy, e a Peter Whaley, Kate Crawford e sua filha Susan. Nas estradas de Ruanda e do Zaire, Alison Campbell, Thierry Cruveiler e Annick van Lookeren Campagne foram grandes companheiros. Em casa, em Nova York, Vijay Balakrishnan representou um sustentáculo providencial, além de um ouvido atento para um trabalho em andamento. Tenho a sorte especial de ter pais sábios, Jacqueline e Victor Gourevitch, e um verdadeiro irmão, Marc, que são meus mais exigentes e gratificantes leitores, grandes companheiros e um estímulo constante. Agradeço também a minha avó, Anna Moisievna Gourevitch; a lembrança das histórias que ela me contou paira sobre este livro. Finalmente, Elizabeth Rubin, por seu exemplo, por sua inteligência e sua determinação, sua presença de espírito e seu afeto, me inspirou e me amparou ao longo de todo este trabalho. Por sua companhia, de perto ou de longe, sou sinceramente grato.

Philip Gourevitch mora em Nova York. Integra o quadro de escritores da revista *The New Yorker* e é editor do *Paris Review*. Escreveu sobre a África, a Ásia e a Europa para inúmeras publicações, incluindo *The New York Review of Books*, *Granta* e *Harper's*. De sua autoria, a Companhia das Letras também publicou *Um caso arquivado* (2002).

1ª edição Companhia das Letras [2000]
1ª edição Companhia de Bolso [2006] 1 reimpressão

Esta obra foi composta pela Verba Editorial
em Janson Text e impressa pela Gráfica Bartira em ofsete
sobre papel Pólen da Suzano S.A. em junho de 2024

A marca fsc® é a garantia de que a madeira utilizada na fabricação do papel deste livro provém de florestas que foram gerenciadas de maneira ambientalmente correta, socialmente justa e economicamente viável, além de outras fontes de origem controlada.